統計指數理論的創新研究

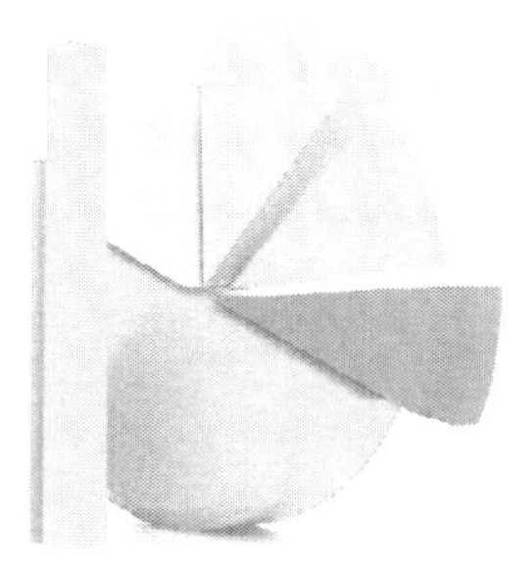

任 楝、王 琦 著

前　言

統計指數分析法是社會經濟統計的一種十分重要的分析方法，至今已有300多年的歷史。但是，作為一種重要和獨特的分析方法，目前統計指數在理論和方法上仍然存在較多未能完善的問題，以至於這種重要而獨特的研究分析方法並沒有能夠充分發揮其應有的作用。我們認為，目前有關統計指數理論深層次方面問題的研究事實上處於長期停滯不前的尷尬局面。因此，我們有必要對統計指數理論進行全面的重新梳理和認真反思，才能夠在統計指數的研究方面有所突破。非常感謝國家社科基金統計學研究項目管理的領導和評審專家們給予了我們這樣一個寶貴的研究機會，使我們有條件來進行一次全面的研究，充分發揮出我們的學識和能力。

由於本課題的研究範圍相對較廣，涉及的問題較多，很難集中在一個框架之內，因此我們的研究也就採用了各章相對獨立的方式來進行。我們在申報本課題時也將本項目的主要成果形式申報為「論文集」，並將各章安排成各篇相對獨立的論文。但由於各章（即各篇論文）具有相對的獨立性，因此，在各篇論文中（主要在論文開始關於問題的引入部分），不免會出現一些與其他各章（即各篇論文）內容交叉和重複的現象，請見諒。

特別需要說明的是，由於本研究課題具有一定的「創新」的含義，所以不可避免地會對學界一些專家和學者的學術觀點提出一些不同的意見，有時難免在措辭和行文上有失「恭敬」——因為過多的「委婉」可能會模糊我們的學術觀點，甚至可能使讀者對我們討論的問題產生異義。因此，對於書中可能出現的「得罪」之處，還請大家看在學術研究的面上多加諒解！並且，我們更希望本項目的研究可以達到「抛磚引玉」的效果，能夠帶動統計學術界展開對現代統計指數理論的深入研究，借以推動中國統計科學研究事業的發展。

作者　謹致

目　錄

第一章　統計指數研究需要新思考

統計指數分析法是在社會經濟活動中廣泛應用的一種統計方法。它不僅應用於經濟發展、經濟效益、生活質量、綜合國力、社會發展水準的綜合研究，而且還是社會經濟分析研究和景氣預測的重要工具。指數方法從產生到現在已經有三百多年的歷史。三百多年的社會實踐，使指數理論應用由簡單到綜合、由經濟到社會甚至應用於自然科學的研究，指數理論本身也有了長足的發展。但是，作為一種重要的和獨特的分析方法，統計指數在理論上至今仍存在著較多未能完善的問題，使這種重要和獨特的研究分析方法並沒有能夠充分發揮其應有的作用。應當說，關於統計指數理論問題的研究事實上處於長期停滯不前的尷尬局面。這與統計指數在社會經濟中廣泛應用的現實情況是嚴重不對稱的。因此，有必要對統計指數理論進行重新梳理和認真反思，以求在統計指數研究的方法上有所突破。

一、現有的統計指數分析方法存在的問題

我們認為，現有的統計指數分析方法存在如下問題：

第一，對統計指數分析方法基本性質的認識不明確，即統計指數究竟是一種確定性的研究方法，還是一種非確定性的研究方法，抑或是一種涵蓋確定性和非確定性兩大領域的綜合性的研究方法。這一問題幾乎在所有關於指數分析的論述中均沒有得到明確的回答。然而就一種科學方法而言，對其方法和性質的認識不同，在分析研究和應用的方法上也會有很大的差異。我們認為，指數問題研究長期停滯不前的重要原因，很大程度上就在於這一基本問題沒有得到很好的解決。

第二，在現有的統計指數理論框架下，作為統計指數分析重要基礎的統計指數體系，只能是應用於各因素變量之間關係為乘積關係的「經濟方程式」，

而且所能容納的因素變量十分有限，由此導致其應用範圍非常狹窄，直接影響了指數分析方法的應用和推廣。

第三，現行的建立在「綜合指數分析的一般原則」基礎之上的統計指數分析方法，實質上是一種確定性的分析方法。即使是建立在「固定籃子」即「代表性商品」集團基礎上的物價抽樣調查以及相應計算出的物價指數，由於「代表性商品」確定上的非隨機性導致了樣本的非隨機性，甚至無法計算物價抽樣調查以及物價指數的抽樣誤差，也就無法確定由此樣本所計算的物價指數所對應的置信概率。因此，無法利用現代統計科學的發展成果來豐富和深化相應的分析，造成了物價指數的統計分析方法幾十年「一貫制」的現狀。

第四，在統計指數分析方法中，關於權數（同度量因素）時間固定的方法，也即按所謂「綜合指數編製的一般原則」在「現實的經濟意義的表象下」所進行的分析，包含了不現實的抽象的假定性和使用者的主觀隨意性，其計算結果是不真實的。而且，即使完全照搬「綜合指數編製的一般原則」來進行指數分析，也會出現絕對數分析和相對數分析的矛盾，這是作為一門嚴謹的方法論科學的一大「瑕疵」。

第五，現行的統計指數體系的多因素分析方法死板僵硬，實際應用中所能分析的「多因素」卻往往不超過 3 個，並且在對多因素的指數體系分析中，雖然在變量或指標的排列順序上必須確定其屬於「質量指標」還是「數量指標」，但在關於質量指標和數量指標的界定上卻不能杜絕「仁者見仁，智者見智」的現象，這不能不說是作為現代應用科學的統計指數分析方法的又一大缺陷。

第六，作為指數體系的一種改進分析方法而引入的「共變影響指數」，其計算結果總是與使用者的預期「背道而馳」，而其「相對數分析」和「絕對數分析」總是經常產生矛盾（可以證明這種矛盾實際上始終存在，只是明顯程度不同，有時不易被發現而已）。而作為統計指數體系另一種改進的分析方法而引進的「增量共變指數體系」，在表面上似乎解決了這種「相對數分析」和「絕對數分析」之間的矛盾，但卻失去了「經濟方程式」這一指數體系賴以存在的客觀基礎，並且最終也未能解決指數體系的內在矛盾問題。

第七，對統計指數體系中的相對數分析和絕對數分析之間關係的研究不足。在目前的「統計指數體系」的分析中，人們習慣將指數體系的相對數關係按照「分子分母之差」來構成其絕對數關係。這就給人造成兩個錯覺：其一是如果乘積關係成立，則和差關係就成立；其二是既然可以用相對數和絕對數結合起來分析，這樣按照「綜合指數編製的一般原則」所編製或計算的指數和相應的指數體系就當然是正確的了。這種錯覺是應該糾正的。

第八，統計指數的理論研究嚴重滯後於社會經濟發展的需要，作為一種歷史悠久並且社會影響很廣的統計方法，統計學界對其深刻的研究可謂稀少。坦率地講，中國統計學界對統計理論問題的研究進展，從總體上講，依然沒有真正突破西方指數理論在20世紀30或40年代的研究水準或蘇聯指數理論在20世紀50年代的研究水準（客觀地講，國際統計學界關於統計指數理論的研究在此之後沒有出現十分重大的突破）。因此，要提高統計科學的研究水準，提高統計的社會地位，充分發揮統計指數分析方法這一重要和獨特的分析方法的作用，加強統計指數理論和方法的研究就勢在必行。

第九，由於現行的統計指數的編製方法和分析方法本身就存在上述眾多的嚴重缺陷，因而在社會經濟的應用中也經常不能「自圓其說」。事實上，中國有關政府部門對外發布的統計指數也屢屢受到社會各界包括一些經濟學名家的質疑。坦率地說，我們在此方面的解釋在很大程度上是蒼白無力的，而其根本原因還在於統計指數理論體系本身並不完善。

第十，統計學界目前關於統計指數的研究情況也並不令人樂觀。在近年來發表的並不多見的關於統計指數的論文中，可以發現兩種傾向：一種是沒有充分考慮指數分析方法本身的基礎和前提，也不考慮方法在應用方面的可操作性，只是進行純抽象的空洞性的研究，對提高統計指數的理論和應用的研究並無積極意義；而另一種傾向則是反覆在低水準上進行重複，同樣也無助於指數研究水準的提高。當然，也有較少一些研究成果頗有見地，為我們的研究提供了一些有益的啟示。

由此可見，現行的統計指數在理論和方法上都存在著比較嚴重的缺陷。我們認為，對於統計指數問題，不能按照傳統的方法進行「循規蹈矩」的研究，因為實踐已經證明這樣的研究解決不了統計指數所存在的問題。簡而言之，統計指數研究需要新思路、新方法。對此，我們做出了如下的思考，希望能夠有拋磚引玉的作用。

二、關於解決目前統計指數相關問題的思考

為了敘述的方便，我們按照前面所提及的目前關於統計指數研究中存在的問題的順序將我們的一些想法說明如下：

第一，關於指數分析方法的性質。我們認為，目前社會經濟統計學中關於

統計指數的研究方法（包括所謂的原子論指數的研究方法），實質上是一種非隨機性的研究方法。雖然國內外先後有人提出構建隨機指數（包括所謂的函數論指數的研究方法）的設想，但由於沒有構建其隨機抽樣的現實基礎，最終陷入抽象和空洞的理論描述而無法付諸實際應用。鑒於此，我們認為：應當構建合理容納隨機型和非隨機型兩大方法體系的統計指數理論。具體的思路是：①將指數分析方法劃分為總體指數的分析方法和樣本指數的分析方法。其中，總體指數的分析方法屬於確定性的研究方法，主要目的在於對總體總量和結構的數量特徵、變動情況、影響因素等方面的研究。分析方法將建立在現有的社會經濟統計指數體系（包含拉氏指數和派氏指數形式）的基礎上，但應對其理論和方法方面加以大刀闊斧的改造和整合。②要構建樣本指數的理論框架及應用分析方法。在此方面我們已經做了一些相應的工作。③從總體指數與樣本指數的關係來看，總體指數是總體參數，其本身就是反應總體結構的極具分析價值的統計指標，同時也是極具自身特色的分析方法。在總體相關數據條件具備的情況下，可以採用指數分析方法對總體指數進行動態分析、結構分析和影響因素分析（包括絕對數分析和相對數分析）。而樣本指數則是在總體容量較大並且不具備總體相關數據條件的情況下，在隨機抽樣基礎上構建出來的用以對總體指數進行估計和推斷的樣本估計量。概率論與數理統計的理論告訴我們：只有在此基礎上構建的樣本指數才具有作為一種優良的估計量的性質，才有可能計算和控制抽樣誤差。當然，由於樣本指數的構建方法依賴於總體指數的結構，所以，樣本指數依然是一種統計指數，樣本指數同樣可以用統計指數的分析方法。有關此問題的研究，是對統計指數進行創新研究的一大任務。

第二，關於在現有的統計指數理論框架下，統計指數體系只能依賴於乘積關係的「經濟方程式」的問題。我們認為：作為一種歷史悠久的科學分析方法，統計指數分析方法的發展現狀是十分尷尬的。作為統計指數分析的重要基礎的統計指數體系，只能是乘積關係的「經濟方程式」的研究範式，不能不說是導致其應用範圍非常狹窄並直接影響統計指數分析方法的應用和推廣的又一重大原因。我們認為：經濟現象之間的聯繫是千絲萬縷和複雜多樣的，或者說，在數量關係上表現為和差積商及更複雜關係的「經濟方程式」（例如，社會經濟活動的成果包括商品和服務兩種形式，而傳統的「經濟方程式」只能用商品的數量乘以其單位價格來表現商品的價值，因此統計指數研究的分析範圍至少應擴展到「商品+服務」的價值，這就必須拓展「經濟方程式」的內涵）。這樣，在我們對經濟現象進行定量分析的時候，就應當按照經濟現象之間的內在聯繫方式和類型來建立數量分析模型，而統計指數體系其本質上也應當是一種包含多種經濟變量的數量分析模型。因此，沒有必要也不應當把指數體系的分析方法限制在乘積關係的「經濟方程式」的狹小框架之內，人為地限制這種科學分析方法的應用範圍。根據我們的研究成果，我們已經建立了包括「乘法模型」「加法模型」和「混合模型」在內的多種指數分析體系，這將極大地擴大統計指數體系分析的應用範圍。

第三，關於現行統計指數分析方法的非隨機性問題。在分析研究的基礎上，我們認為：中國現行的建立在「綜合指數分析的一般原則」基礎之上的指數分析方法，實際上直接來源於蘇聯統計指數理論，並在較大程度上受到蘇聯計劃經濟模式的影響。其核算的基本理論體系是以總產值為中心的 MPS 核算體系。這種方法在本質上是一種確定性的分析方法。誠然，我們並不否認這種分析方法在經濟活動類型單一、數理科學分析方法很少應用於經濟分析中的計劃經濟時代曾經發揮過積極的作用，但是要用這種分析方法來應對當前這種經濟多元化、經濟全球化和現代數理科學廣泛應用於經濟分析的信息化時代的現代經濟環境，就顯得力不從心了。而且，即使是建立在「固定籃子」即「代表性商品」集團基礎上的物價抽樣調查，由於「代表性商品」的決定方式所導致的非隨機性決定了樣本的非隨機性，因此無法計算物價抽樣調查的抽樣誤差，也無法確定由此樣本所計算的物價指數所對應的置信概率。沒有充分利用現代統計科學的發展成果，造成了物價抽樣調查理論研究停滯不前，在實際應用方面經常遭到社會各方面質疑的令人困惑的局面。我們認為，解決這一困境的唯一方法就是從理論上深刻認識建立在蘇聯計劃經濟模式基礎上的統計指數分析方法已經不再適用於現代的市場經濟環境，必須引入現代科學的分析方法，從根本上對統計指數分析方法（也包括物價抽樣調查和物價指數編製方法）進行徹底改造，以適應現代經濟發展和統計科學發展的客觀要求。

第四，關於權數（同度量因素）時間固定的方法，也即按「綜合指數編製的一般原則」在「現實的經濟意義的表象下」所進行的分析，包含了不現實的抽象的假定性和使用者的主觀隨意性，其計算結果是不真實的。具體地講，我們的看法是：在現行的建立在「綜合指數編製的一般原則」基礎之上的指數分析方法中，關於權數（同度量因素）時間固定的方法，即所謂「在研究質量指標指數時，以相應的數量指標為同度量因素，並將其固定在報告期；在研究數量指標指數時，以相應的質量指標為同度量因素，並將其固定在基期」的編製方法，只不過是在「現實的經濟意義的表象下」進行的分析，包含了不現實的抽象的假定性和使用者的主觀隨意性，其計算結果是不真實的。其實質是在使用報告期數量指標作權數的質量指標指數，其中不僅包含了質量指標的變動，還包含了質量指標和數量指標共同變動的影響，而使用基期質量指標作權數的數量指標指數，卻只包含了數量指標自身的變動。這一現象已被一些已有的研究成果證實。由於這種變動程度測度上的偏差，就可能（實際上是必然，只不過是偏差程度不同，有時候表現不明顯而已）造成指數分析中絕對數分析和相對數分析的矛盾。當然，解決這一問題的方法就是充分認識造成這一問題「綜合指數分析的一般原則」的弊端，重構指數分析的「一般原則」。在此方面，我們也已取得了一定的成果。

第五，關於現行的統計指數體系的多因素分析方法所存在的問題。我們的看法是，現行統計指數體系的多因素分析方法或稱為連鎖替代法，這種方法具有以下幾個特點：一是要求各因素或其因素指數呈乘積關係；二是各因素的權數由基期到報告期順次（連鎖）變化；三是反應各因素變動的時間順序應按照先質量指標後數量指標的順序進行。由此我們就可以發現這種分析方法的局限性：首先，前已說明，各因素或其指數必須呈乘積關係的要求已將大量的經濟關係的分析排除在外，成為指數分析方法發展的「桎梏」。其次，各因素的權數由基期到報告期順次（連鎖）變化，造成這種「多元」指數的度量因素有些固定在報告期，有些固定在基期，形成一組相互關係錯綜複雜的假定數據，根本談不上有什麼「現實的經濟意義」。如果說在經濟統計分析中要避免分析中的「數字游戲」的話，那其實這就是一種典型的「數字游戲」。再次，在分析的變量超過兩個的情況下，要套用所謂的「綜合指數編製的一般原則」就不太方便了，因為要在此情況下判斷某一指標到底是質量指標還是數量指標，很難找出一個通用的原則和標準，而方法使用的正確與否主要依賴於使用者的「聰明才智」，可能的結果就是——「100 個人就有 100 個哈姆雷特」。由此，在質量指標和數量指標的界定這種基本問題上都存在「仁者見仁，智者見智」的現象，實際上是一種科學意義上的不成熟，這不能不說是統計指數分析方法的又一缺陷。最後，所謂「指數體系的多因素分析方法」，實際上能夠分析的因素一般都不超過 3 個，能夠達到 4 個或 5 個因素的情況都非常罕見而且其排列順序及其意義的解釋也是十分勉強的。至於 6 個以上經濟影響因素的因素分析，則可以說是聞所未聞。由此可見，這樣的「多因素分析方法」怎麼能夠適應現代經濟如此複雜的相互關係呢？而我們提出的包含「乘法模型」「加法模型」和「混合模型」在內的多種指數分析體系，就試圖從根本上改變這一現象，克服多因素指數分析的這一「痼疾」。這也是本書中的一大重點。

第六，關於作為指數體系的一種改進分析方法而引入的「共變影響指數」，其計算結果總是與使用者的預期「背道而馳」，而其「相對數分析」和「絕對數分析」總是經常產生矛盾，需要從按照「綜合指數編製的一般原則」所編製或計算的指數包含了一種抽象的假定性、「誇大」或「縮小」了真實結果的問題說起。對這一問題，人們其實早有發現。早在20世紀80年代，國內老一輩統計學家楊曾武等人就試圖通過提出一種「共變影響指數」來解決這一問題。但是，作為指數體系的一種改進分析方法而引入的「共變影響指數」，其計算結果總是與使用者的預期「背道而馳」，而其「相對數分析」和「絕對數分析」總是經常產生矛盾，從而使使用者不能「自圓其說」。而關於這種「共變影響指數」的研究，雖然成了統計科學研究過程中失敗的嘗試，但卻給我們提出了很多有益的啟示。我們的研究表明：並不是所有的經濟現象都可以構成乘積關係的指數體系，而兩個「拉氏指數」的乘積的餘項也不一定就是一個「共變影響指數」；「共變影響指數」概念的提出是非常有意義的，但其測度和分析應該遵循其意義和性質來完成。事實上，我們已經證明：兩個「拉氏指數」的乘積的餘項與「共變影響指數」並沒有必然的聯繫。

第七，關於統計指數體系中的相對數分析和絕對數分析之間關係的研究不足的問題。我們認為，這個問題包括以下幾種含義：首先，統計指數是早期社會統計學家留給我們的寶貴的統計財富。從社會經濟統計方法論的角度來講，具有重大社會經濟影響、有廣闊理論研究發展空間且同時統計特色鮮明的統計方法並不多見，統計指數在此方面可以說是屈指可數的了。但有如前述，近數十年來，即使從整個國內外統計學界來看，在學術研究上也並沒有取得重大的突破，這種現象與統計指數所應當享有的學術地位很不相稱。因此可以說，將統計指數理論和應用的研究發揚光大，是歷史賦予我們這一代統計工作者的重大歷史使命。其次，從統計指數的功能和作用來看，統計指數是一種極具特色同時也是其他科學研究方法難以替代的研究工具，它具有廣闊的發展空間，理應在現代複雜多變的市場經濟條件下發揮更大的作用。再次，統計指數是社會辨識度和認知度相當高的一種統計方法，加強統計指數的研究，對於提高社會統計的水準，進而提高統計的社會地位，有十分重要的意義和作用。最後，關於「如果乘積關係成立，則和差關係就成立」的問題，我們的研究結論表明，從數學的意義上講，如果指數的乘積關係成立則和差關係就成立的原理並不成立。這種關係的成立需要一定的條件，這種條件與同度量因素及其固定的時間有重要的關係。但這並不能反證「綜合指數編製的一般原則」所編製或計算的指數和相應的指數體系的正確性，事實上，用與「綜合指數編製的一般原則」恰好相反的方式來固定權數的時間，所形成的相對數關係和絕對數關係同樣成立。

第八，統計指數的理論研究嚴重滯後於社會經濟發展的需要，作為一種歷史悠久並且社會影響很廣的統計方法，統計學界對其的深刻研究可謂稀少。這裡我們大膽地提出，社會經濟統計理論要發展，指數理論研究就要先行。對此，我們充滿信心，而且做好了必要的準備。總之，我們認為：要提高統計的社會地位，提高統計科學的研究水準，加強對統計指數的研究就勢在必行。

第九，關於社會各界質疑現行的統計指數的編製方法和分析方法的問題。我們認為應當從兩個方面來認識這一問題：一方面，中國社會公眾的統計水準有待提高，統計知識的宣傳工作應該加強。另一方面，也應當清楚地看到，我們所發布的有些統計指標數據以及相應的計算和分析方法，本身也存在一些有待完善的地方；我們在回應社會各界質疑的一些問題時所做的解釋，在一些方面的確是蒼白無力的。這就更加充分地說明：中國關於統計理論和應用的研究，特別是關於統計指數理論和應用的研究，也還存在一些缺陷和不足，需要盡快地加強、完善和提高。

第十，目前中國統計學界關於統計指數研究的滯後是一個客觀存在和亟待解決的問題。一個令人可喜的現象是：中國統計科研管理部門已經認識到了加強統計指數研究的重要性，正在通過各種方式促進統計指數的研究。我們欣喜地看到：關於統計指數（特別是消費物價指數）的理論和方法的研究，已經列入了國家哲學社會科學「十二五」研究規劃中的統計學的研究規劃。我們可以期待，在不久的將來，中國統計指數理論和應用的研究必將取得重大的突破，並由此帶動整個統計理論和方法研究的發展。

三、本書延伸討論的幾個指數理論和應用問題

以上關於統計指數理論問題的分析，主要是基於中國現行的統計指數理論和分析方法存在的問題來展開的。在本書中，我們還從理論和應用相結合的角度進一步拓展和延伸到了一些與統計指數的理論和應用密切相關的問題。這些問題主要包括：關於拉氏指數與帕氏指數的數量比例關係問題的研究、關於中國 CPI 權重調整問題的研究、關於中國統計核算中（自有）住房核算範圍變動方法選擇的研究、關於統計指數若干理論和應用問題的探索、關於物價指數抽樣估計方法的研究以及中國消費者信心指數的形成機理研究等。

在拉氏指數與帕氏指數的數量比例關係研究一章中，我們在回顧「帕歇

效應」基本含義的基礎上，首先論證了拉氏指數與帕氏指數之間的數量關係，得出了拉氏指數與帕氏指數的孰大孰小可以通過對商品物價和物力變動的相關係數的正負來觀察和分析的觀點和方法。在此基礎上，我們進行了商品物價和物量變動數量關係的細分，即針對多種可能的情況進行了對比分析，其結論是：拉氏指數和帕氏指數的數量關係和作用機理遠超出了「帕歇效應」所描述的情況。在數量上，拉氏指數可能大於帕氏指數，也可能小於帕氏指數，還可能等於或十分接近於帕氏指數。而上述三種情況不僅表現為一種數量關係問題，同時還具有十分深厚的現實經濟背景，而且還展現出了深刻的經濟學和市場學的研究空間。

從統計指數的應用方面來看，指數的應用十分廣泛，但其中最重要且最受社會關注的統計指數莫過於居民消費價格指數（Consumer Price Index，CPI）了。CPI 是衡量與居民生活相關的商品和服務價格變化的重要指標。CPI 影響著社會經濟生活的各個方面，並已成為中國宏觀調控和關注民生的重要依據。然而，隨著人們對 CPI 關注的增多，質疑的聲音也越來越高，而這種質疑更多地可以歸結到各類商品和服務的權重上面。為了解決這一問題，國家統計局分別在 2006 年和 2011 年起草了 CPI 編製的新的權重方案，調整的重點是上調了居住類價格權重，下調了食品類價格權重。據稱，該調整使得 CPI 數據更貼近居民實際生活狀況。那麼，這種「漸進式」的權重調整是否能夠解決目前 CPI 未能準確反應「一定時期內城鄉居民所購買的生活消費品價格和服務項目價格的變動趨勢和程度」等問題呢？本書並不支持肯定的結論。在本書中，我們運用 Divisia 指數分析方法，將 CPI 分解為消費規模效應、消費結構效應和異類商品的差別效應，在計算機模擬和計量經濟模型分析和檢驗的基礎上，得出了消費規模和異類商品的差別雖然對 CPI 的波動具有「削勻」的作用，但消費結構效應才是塑造 CPI 分佈形態的主導者的結論。

通過 Divisia 指數分析方法對中國物價指數的解構，我們可以看到：消費核算框架的確定，消費支出結構的差異而非權重本身對物價指數編製的作用明顯。這一結論與索尔貝克（Sauerbeck）、米尔斯（Frederck Ceci Mills）等人的觀點具有一致性，即「編製物價指數的關鍵問題是確定商品的種類和性質，而非權重」，所以對核算範圍的選擇進行分析研究具有其必要性。對於大類商品和服務範圍的選擇，目前爭議最大的就是自有住房的核算問題。在分析研究的基礎上，本書充分論證了關於「首次購房價格應計入消費物價指數」的觀點，並進一步討論了將首次購房價格計入 CPI 其相應的計入方法和形式、CPI 中居住類的類別又應當如何調整等問題。之後，在自有住房核算方法的選擇上，我們通過對目前各國分別採用的「排除法」「淨購置法」「支出法」「消費成本法」和「等值租金法」等方法的對比分析，提出了將淨購置法作為中國自有住房核算方法的建議。

在統計指數基本理論和應用問題的探索部分，本書就統計學術界關於統計指數的基本理論問題的一些學術觀點進行了商榷。這些問題包括統計個體指數的統計分佈規律問題、統計指數在總量計算和統計推斷方面的區別問題、關於中國物價調查是概率抽樣還是非概率抽樣的問題、關於物價調查方法是簡單隨機抽樣還是分層抽樣的問題、關於拉氏指數是不是個體物價指數數學期望的優良估計量問題、關於指數偏誤與抽樣誤差的關係等問題，我們對此進行了廣泛而深入的研討。

在以上研究的基礎上，我們進一步探討了統計物價指數的抽樣估計方法問題。眾所周知，抽樣調查研究的核心問題是抽樣誤差問題，但在中國物價抽樣調查的歷史上，從來都只是發布物價指數，而從來都沒有發布這個物價指數的抽樣誤差，以及相關的置信概率、區間估計及抽樣估計精度等相關的內容。即使在統計部門對於有關方面對物價指數的質疑的解釋中，也都是從公眾心理、調查規模等方面加以解釋，而並沒有從隨機抽樣的理論和方法方面加以說明。針對這一問題，在本書中，我們在隨機抽樣的基礎上，提出了幾種可行的統計物價指數的隨機抽樣的樣本估計方法，具體包括多層次分層隨機抽樣的均值估計方法、多層次分層隨機抽樣的比率估計方法、多層次按比例分層 PPS 抽樣估計方法等，希望由此可以解決相關的物價指數的區間估計問題。

統計指數分析方法應用廣泛，在社會經濟的分析中，除了編製分析物價指數之外還有很多的應用。例如：消費者信心指數就是一種建立在統計指數基本分析方法基礎上，結合示性函數方法的一種典型的指數方法的擴展型應用分析方法。消費者信心指數（Consumer Confidence Index ，CCI）是反應消費者信心強弱的指標，用以綜合反應並量化消費者對當前經濟形勢、家庭收入、物價、就業和耐用消費品購買的評價，以及對其未來變動的判斷，是以消費者主觀感受預測經濟走勢和市場消費趨向的一個重要的先行指標，因而是監測與把握宏觀經濟運行的一個重要依據。中國以市場需求為導向的改革，消費需求的規模和結構變化對經濟增長的拉動與制約作用顯著提升。國家統計局於 1997 年 12 月開始調查編製中國消費者信心指數。目前，國家統計局景氣監測中心發布的中國消費者信心指數（與國際著名的調研機構尼爾森公司合作編製），每月編製發布一次，這是由國家層面的獨立第三方研究機構編製的且發布頻率最高的指標。本書在回顧消費者信心指數的編製以及國內外相關研究的基礎上，根據

2006—2011 年中國有關宏觀經濟指標的數據，採用計量經濟模型的分析方法對中國消費者信心指數的形成機理進行了實證研究，分析了消費者信心指數與若干重要宏觀經濟變量之間的複雜聯繫，得出了中國消費者信心指數受到 GDP 增長率的「暈輪效應」影響，以及受城鎮登記失業率、房地產開發景氣指數與 CPI 同比指數等因素影響等若干結論。

第二章 對西方指數「三大檢驗」理論的再認識——兼論馬埃指數的優良性

一、「三大檢驗」理論是統計指數理論的基石

1. 西方指數理論的發展脈絡

指數的起源源遠流長，早期的指數概念來源於對商品物價變動測量的需要。一般公認的指數起源是1675年英國學者賴斯·沃漢（Rice Vaughan）在其撰寫的《鑄幣及貨幣鑄造論》（*A Discourse of Coin and Coingee*）一書中，以穀物、家畜、魚、布和皮革為測量對象，將這些物品在1352—1650年間的價格水準進行了比較，至今已經有三百多年了。

1707年，英國學者比希普·弗里特·伍德在《寶貨歷史》（*Chromele Precious*）一書中，將1440—1480年英國五磅金幣所購買的肉類、飲料和布帛的數量，與1707年以同樣金額所購的上列物品數量相比較，並進而研究了600年間39種物品價格的變化。

1738年，法國學者杜托（Dutot）編製出了路易十四時期與路易十二時期相比較的簡單綜合物價指數。

1764年，義大利學者卡利（G. R. Carli）在將1750年與1500年的穀物、酒類和油品三種價格進行了綜合對比後，計算了簡單算術平均指數和簡單調和平均指數。

1818年，英國學者楊格（Arthur Young）提出採用典型年份（tipical year）數量或數年平均數量為權數的加權指數方法。

1863年，英國學者杰文斯（W. S. Jevons）首先提出了隨機指數的概念，

並首創了簡單幾何平均指數。

1864 年，為了解決多個不同計量單位的物品不能加總的矛盾，德國學者拉斯貝爾（Laspeyres）利用物品價格作為同度量因素，首創出加權綜合指數，開創了綜合指數編製的先河。為了準確反應所考察現象的綜合變化，在計算綜合指數時，需要把同度量因素固定在一個特定的時期。對此，拉斯貝爾將同度量因素固定在基期，由此產生了著名的拉氏指數。

1874 年，德國學者帕歇（Peasche）在綜合指數的編製中，將同度量因素固定在報告期。由此形成了另一個著名的指數——帕氏指數。

1887—1890 年，美國學者馬歇爾（Marshall）和埃奇渥思（Edgworth）用基期和報告期物量的平均數加權的綜合物價指數，這即是所謂馬埃指數。

在此期間的幾十年內，許多著名的學者參與了指數的編製方法和計算公式的研究，先後提出了 130 多種不同的加權指數形式。

1922 年美國著名統計學家歐文・費雪（Irving Fisher）的著作《指數的編製》一書出版，書中集各家之大成，對指數理論和方法進行了系統的整理和歸納，系統地提出了包括「三大檢驗」在內的有關指數偏誤的檢驗理論，並在此基礎上推出了具有較優良性質的指數——拉氏指數與派氏指數的幾何平均數指數，亦即費雪及後人所稱的「理想指數」。至此，以「三大檢驗」為主體的統計指數檢驗理論宣告形成，並在以後的數十年中在指數理論中佔有不容否認的權威地位。美國統計學家艾・費雪也因此被後人譽為現代統計指數理論的奠基人。

2.「三大檢驗」理論奠定了西方指數理論的基石

事實上，費雪所提出的統計指數檢驗方法主要包括八種檢驗：

（1）恒等性檢驗：某時期的資料與其自身比較，結果必然為 100%。

（2）公度性檢驗：指數的值不隨各種物品的計量單位變化而變化。

（3）比例性檢驗或平均值檢驗：若每個個體指數均相同，設為 C，則總指數亦為 C。

（4）確定性檢驗：當某商品的單位價格或數量為 0 時，價格指數既不為 0，也不為無窮大，更不為不定型。

（5）進退檢驗（withdrawal entry test）或聯合檢驗（association test）：當在原有 n 個商品的資料中，增加或減去一個商品的資料時，若該商品的個體指數恰好等於原總指數，則所得的結果仍與按原資料計算的指數值相等。

（6）時間互換檢驗：同一經濟問題順時間總指數與其同類的逆時間總指數互為倒數。即 $P_{1/0} \times P_{0/1} = 1$，這裡特別把不滿足該項指數檢驗的指數稱為存在「型偏誤」的指數。

(7) 循環檢驗或連鎖檢驗：多個環比指數的循環乘積為 1，或多個環比指數連乘積應等於相應的定基指數，記為 $P_{1/0} \times P_{2/1} \times \cdots \times P_{t/t-1} = P_{1/0}$。

(8) 因子互換檢驗：互換價格和物量因素後得到的兩個同型指數的乘積應等於相應的價值指數，即 $P_{1/0} \times Q_{1/0} = V_{1/0}$。這裡特別把不滿足該項檢驗的指數稱為存在權偏誤的指數。

在以上的八種檢驗（也有將其更詳細地列為十種檢驗的方法）中，前四種檢驗比較直觀，一般指數都容易通過，第五種檢驗對於較大樣本或增加的商品為非重要商品而言，也影響不大。由此核心的檢驗就是餘下的第六至第八種檢驗，即時間互換檢驗、循環檢驗和因子互換檢驗。一般將這三種檢驗合併稱為「三大檢驗」。

至此，由「八種檢驗」或「三大檢驗」所構成的西方指數理論檢驗體系得以形成。這一體系幾乎成為西方統計指數理論中具有「公理化」意義的檢驗，如後來被 Eichorn 和 Voeller（1983）及 Diewert（1992）稱為「指數的公理化方法」（axiomatie approach）。此後，西方統計學家們對所有的統計指數，包括以簡單指數公式計算的第一代指數、以加權指數公式計算的第二代指數、以交叉對偶指數公式計算的第三代指數以及以積分指數公式計算的第四代指數統統進行了檢驗。事實上，通過檢驗類型較少的指數或被淘汰或受到使用上的限制，而通過檢驗類型較多的指數則受到學術界的推崇。由此可見，費雪所提出的檢測理論得到了西方指數理論界的認同，其作為西方指數理論基石的作用得以確定。

3.「三大檢驗」理論對於西方指數應用現實的指引

迄今為止，根據西方統計學家的統計，在指數歷史發展的三百多年之中，統計學家共提出了 134 種不同的指數計算公式，但從社會經濟與統計工作的應用情況來看，使用較多的主要有以下指數公式：

(1) 拉氏指數公式。即

$$L_p = \frac{\sum_i p_i^1 q_i^0}{\sum_i p_i^0 q_i^0}, \quad L_q = \frac{\sum_i p_i^0 q_i^1}{\sum_i p_i^0 q_i^0}$$

(2) 帕氏指數公式。即

$$P_p = \frac{\sum_i p_i^1 q_i^1}{\sum_i p_i^0 q_i^1}, \quad P_q = \frac{\sum_i p_i^1 q_i^1}{\sum_i p_i^1 q_i^0}$$

這兩種指數的應用可以說已經深入到我們的日常生活之中，故此不贅述。

(3) 費氏指數公式。即

$$F_p = \sqrt{\frac{\sum_i p_i^1 q_i^0}{\sum_i p_i^0 q_i^0} \times \frac{\sum_i p_i^1 q_i^1}{\sum_i p_i^0 q_i^1}}, F_q = \sqrt{\frac{\sum_i p_i^0 q_i^1}{\sum_i p_i^0 q_i^0} \times \frac{\sum_i p_i^1 q_i^1}{\sum_i p_i^1 q_i^0}}$$

如在對比不同國家的人均 GDP 時，聯合國統計局主持的國際比較項目(International Comparison Program，簡稱 ICP) 就使用了理想指數這一方法計算貨幣購買力平價指數。而中國至今尚未參加這一項目，儘管原因是多方面的，但統計方法上的缺憾不可忽視。

在國民經濟指標領域的年度和季度核算中，美國、加拿大等國使用鏈式費雪指數。在國際經濟對比中，價格換算指數的編製和反應地域差別的生活費用指數的編製也考慮了費雪的型偏誤理論。

(4) 馬埃指數。主要的應用情況有：經濟指標國際對比中價格換算指數的編製，反應地域差別的生活費指數的編製（或消費者物價指數的編製）等。此外，這類指數也被某些國家用於編製動態性質的對外貿易物價指數（因為利用交叉權數可以調和外貿商品成交數量大起大落的影響）。

(5) 揚格指數[①]。美國勞工統計局 (BIS) 曾用該項公式編製過批發物價指數等。

二、指數「三大檢驗」理論的重要意義

1. 時間互換檢測是對指數公式時間偏誤性的檢驗，即 $P_{1/0} \times P_{0/1} = 1$。

我們先從個體指數來觀察，即 $\frac{p_1}{p_0} \times \frac{p_0}{p_1} = 1$，可以用一個簡單的數列來說明一下：例如某種產品基期單價為 8 元，報告期單價為 10 元，則 $\frac{p_1}{p_0} = \frac{10}{8} = 1.25$ 或 125%，說明報告期單價為基期的 125%，而 $\frac{p_0}{p_1} = \frac{8}{10} = 0.8$ 或 80%，說明基期

---

① 設以 q_i^n 表示典型年數量或數年數量平均數，則楊格指數公式為：$p_{01} = \frac{\sum_i p_i^1 q_i^n}{\sum_i p_i^0 q_i^n}$。

單價為報告期單價的80%。很顯然，這種時間因素互換並沒有造成指數計算的偏倚。但費雪的檢驗對象重點是加權指數。為此我們把剛才的例子擴大一下，如表 2-1 所示：

表 2-1　　某企業三種主要產品銷售情況

商品名稱	銷售價格(萬元)		銷售量		銷售額（萬元）							
	p_i^0	p_i^1	q_i^0	q_i^1	$p_i^0q_i^0$	$p_i^0q_i^1$	$p_i^1q_i^0$	$p_i^1q_i^1$	$p_i^0\bar{q}$	$p_i^1\bar{q}$	$q_i^0\bar{p}$	$q_i^1\bar{p}$
甲	8	10	100	100	800	800	1,000	1,000	156	800	1,000	900
乙	20	20	40	60	800	1,200	800	1,200	176	1,000	1,000	800
合計	—	—	—	—	1,600	2,000	1,800	2,200	332	1,800	2,000	1,700

對於型偏誤的具體測定，美國統計學家莫杰特（D. Mudgett）給出了一個更為具體的公式，即 $E_1 = P_{1/0} \cdot P_{0/1} - 1$，並給出檢驗依據：

若 $E_1 = 0$，則指數公式滿足時間互換測驗；

若 $E_1 < 0$，則指數公式存在下偏的型偏誤；

若 $E_1 > 0$，則指數公式存在上偏的型偏誤。

根據統計發展史的研究，在費雪寫作《指數的編製》一書時，統計學界已提出超過 134 個指數計算方式。這不僅給理論研究造成了困惑，而且使實際應用陷入了迷茫。因此，這就迫切要求理論界拿出一個判別指數計算方式優劣的標準和體系出來。可以說，費雪檢驗體系（或者說三大檢驗理論）的產生，絕不是來源於費雪的偶然靈感，而是統計科學研究發展的必然產物。

類似於概率統計最小二乘估計中對優良的樣本估計量提出了最小方差線性無偏估計（即 BLUE 的估計）準則一樣，費雪在創立檢驗體系時必須提出一個指數模型「優」的標準來，雖然費雪在《指數的編製》中並未直接表述這個標準，但我們從這個檢驗體系的特徵上可以看出，費雪對優良指數的要求是：平衡、穩定和無偏誤的性質。事實上，費雪的各項檢驗均是在這一目標下，從時間變動、因子變動、變動與權數的交叉關係、分量與總量的平衡關係等不同側面來檢驗的。因此，費雪最終把在關鍵性的三大檢驗中，將通過檢驗個數最多的指數——拉氏指數與帕氏指數的幾何平均數指數稱為「理想指數」而隆重推出，這也展現出了費雪檢驗的終極目標或三大檢驗的真諦。

由上可見，在三大檢驗中，時間互換檢驗就是檢驗一個指數模型是否會出現時間因素上的偏倚，而因子互換檢驗就是檢驗一個指數模型是否存在權重上的偏倚，而循環檢驗則是檢驗一個指數數列中的定基指數與各環比指數的平衡性，事實上，平衡性也是偏誤性的另一種觀測方式。

下面我們對前列表 2-1 的數據進行指數偏誤性（型偏誤）的測算。

按拉氏指數公式計算：

$$E_1 = \frac{\sum_i p_i^1 q_i^0}{\sum_i p_i^0 q_i^0} \times \frac{\sum_i p_i^0 q_i^1}{\sum_i p_i^1 q_i^1} - 1 = \frac{1,800}{1,600} \times \frac{2,000}{2,200} - 1 = 0.022,7 > 0 \quad (2.1)$$

可見存在上型偏誤。

按帕氏指數公式計算：

$$E_1 = \frac{\sum_i p_i^1 q_i^1}{\sum_i p_i^0 q_i^1} \times \frac{\sum_i p_i^0 q_i^0}{\sum_i p_i^1 q_i^0} - 1 = \frac{2,200}{2,000} \times \frac{1,600}{1,800} - 1 = -0.022,2 < 0 \quad (2.2)$$

可見存在下型偏誤。

按理想指數公式計算：

$$E_1 = \sqrt{\frac{\sum_i p_i^1 q_i^0}{\sum_i p_i^0 q_i^0} \times \frac{\sum_i p_i^1 q_i^1}{\sum_i p_i^0 q_i^1}} \times \sqrt{\frac{\sum_i p_i^0 q_i^1}{\sum_i p_i^1 q_i^1} \times \frac{\sum_i p_i^0 q_i^0}{\sum_i p_i^1 q_i^0}} - 1$$

$$= \sqrt{\frac{1,800}{1,600} \times \frac{2,200}{2,000}} \times \sqrt{\frac{2,000}{2,200} \times \frac{1,600}{1,800}} - 1 = 0 \quad (2.3)$$

不存在型偏誤。

按馬埃指數公式計算：

$$E_1 = \frac{\sum_i p_i^1 \bar{q}_i}{\sum_i p_i^0 \bar{q}_i} \times \frac{\sum_i p_i^0 \bar{q}_i}{\sum_i p_i^1 \bar{q}_i} - 1 = \frac{2,000}{1,800} \times \frac{1,800}{2,000} - 1 = 0 \quad (2.4)$$

也不存在型偏誤。

可見拉氏指數和帕氏指數，都無法滿足時間互換測驗。通常而言，由於拉氏指數以基期權數加權，會降低對比的基數，使指數值偏高，從而會形成上型偏誤；而由於帕氏指數採用報告期權數加權，會增大對比的基數，使指數值偏低，因此會形成下型偏誤；但從費氏指數和馬埃指數來看，加權後的指數值並不會受到權數時間的影響，所以不存在型偏誤，就此意義上講，二者均優於拉氏指數和帕氏指數。

2. 因子互換檢驗是對指數公式權數偏誤性的檢驗

因子互換檢驗是由歐文・費雪提出的，費雪認為，根據同一指數構造方式所得到的物價指數與相應的物量指數的乘積，應該等於相應的價值指數，即

$$K_p \times K_q = V, \text{ 其中 } V = \sum_i p_i^1 q_i^1 / \sum_i p_i^0 q_i^0$$

關於檢驗的目的，費雪指出：因子互換檢驗，就是要求各因子指數與其對

偶因子等價。因此，要求互為因子對偶的指數此消彼長彼此對應，這就是因子互換檢驗所包含的真實內涵。

我們知道，所謂第三代指數，又稱為對偶交叉指數。這裡的對偶關係，也就是我們常稱的指數化因素與同度量因素之間的關係。並且，這種關係是對偶的，也就是說，在甲指數中，作為指數化因素的對偶因素是同度量因素或權數。反過來，在相對應的乙指數中，指數化因素是甲指數中的同度量因素，而作為甲指數的指數化因素現在由於對偶關係，反過來以同度量因素的身分出現。因子互換檢驗所檢驗的就是這種指數化因素和同度量因素的彼此適應性，而對偶指數（第三代指數）首先必然是加權指數（第二代指數），因此，因子互換檢驗也可視為對一種指數的對偶因素——即權數的偏誤性的檢驗。如果這種指數模型形式所採用的對偶權數可以適應上述的對偶關係，它就可以通過因子互換檢驗；反之，就無法通過這一檢驗。這就產生了一種偏誤，也就是費雪所稱的權偏誤。

對於偏誤的具體測定，美國統計學家莫杰特也給出了具體的測算公式，即 $E_2 = K_p \times K_q/V - 1$，並給出了檢驗的依據：

若 $E_2 = 0$，則指數公式滿足因子互換檢驗；

若 $E_2 < 0$，則指數公式存在下偏的權偏誤；

若 $E_2 > 0$，則指數公式存在上偏的權偏誤；

同樣，根據以上的數例，我們來進行權偏誤的測算。

按拉氏指數公式計算：

$$E_2 = \frac{\sum_i p_i^1 q_i^0}{\sum_i p_i^0 q_i^0} \times \frac{\sum_i p_i^0 q_i^1}{\sum_i p_i^0 q_i^0} / \frac{\sum_i p_i^1 q_i^1}{\sum_i p_i^0 q_i^0} - 1$$

$$= \frac{1,800}{1,600} \times \frac{2,000}{1,600} / \frac{2,200}{1,600} - 1 = -0.022,7 < 0 \qquad (2.5)$$

存在上權偏誤+2.27%。

按帕氏指數公式計算：

$$E_2 = \frac{\sum_i p_i^1 q_i^1}{\sum_i p_i^0 q_i^1} \times \frac{\sum_i p_i^1 q_i^1}{\sum_i p_i^1 q_i^0} / \frac{\sum_i p_i^1 q_i^1}{\sum_i p_i^0 q_i^0} - 1$$

$$= \frac{2,200}{2,000} \times \frac{2,200}{1,800} / \frac{2,200}{1,600} - 1 = -0.022,2 < 0 \qquad (2.6)$$

存在下權偏誤-2.22%。

按費雪指數公式計算：

$$E_2 = \sqrt{\frac{\sum_i p_i^1 q_i^0}{\sum_i p_i^0 q_i^0} \times \frac{\sum_i p_i^1 q_i^1}{\sum_i p_i^0 q_i^1}} \cdot \sqrt{\frac{\sum_i p_i^0 q_i^1}{\sum_i p_i^0 q_i^0} \times \frac{\sum_i p_i^1 q_i^1}{\sum_i p_i^1 q_i^0}} \Big/ \frac{\sum_i p_i^1 q_i^1}{\sum_i p_i^0 q_i^0} - 1$$

$$= \sqrt{\frac{1,800}{1,600} \times \frac{2,200}{2,000}} \cdot \sqrt{\frac{2,000}{1,600} \times \frac{2,200}{1,800}} \Big/ \frac{2,200}{1,600} - 1 = 0 \qquad (2.7)$$

不存在權偏誤。

按馬埃指數公式計算：

$$E_2 = \frac{\sum_i p_i^1 \bar{q}_i}{\sum_i p_i^0 \bar{q}_i} \times \frac{\sum_i q_i^1 \bar{p}_i}{\sum_i q_i^0 \bar{p}_i} \Big/ \frac{\sum_i p_i^1 q_i^1}{\sum_i p_i^0 q_i^0} - 1$$

$$= \frac{2,000}{1,800} \times \frac{2,100}{1,700} \Big/ \frac{2,200}{1,600} - 1 = -0.001,8 < 0 \qquad (2.8)$$

可見只存在微弱的下權偏誤，或近似地不存在權偏誤。

費雪在他的全部檢驗體系中，最重視的莫過於因子互換檢驗。他所做的大量工作就是尋找或者構造該檢驗的指數形式①。為此，費雪考察了邏輯形式基本合理的所有已被提出的指數計算方法。結果大致為：

（1）所有個體指數均能滿足該項檢驗；

（2）所有簡單指數及基本加權指數均不能滿足該項檢驗；

（3）少數對偶加權指數能滿足該項檢驗。

費雪在對少數滿足該項檢驗的對偶交叉加權指數進行了深入的分析後宣稱，在經濟上真正可用的只有一種，那就是互為因子對偶的拉氏指數和派氏指數的幾何平均數指數，因此，費雪將其稱之為「理想指數」。

在東方統計學界，曾經有過對「理想指數」的很多批評，指責其「缺少經濟內容的主觀主義」「數學形式主義」「資料取得困難」以及「計算公式複雜」等問題。其實只要我們拋開「西方統計即資產階級統計」的舊框框，理解指數公式的型偏誤和權偏誤的科學含義，就應當承認費雪指數或理想指數公式在解決這些問題的思路和方式上存在合理性和有效性，並承認一些批評費雪指數「缺乏經濟內容」的觀點是站不住腳的②。我們知道，在統計指數中，拉

---

① 楊燦. 指數性質的數學測驗問題［J］. 統計研究，2002（5）.

② 事實上，在指數理論中，也存在將拉氏指數與派氏指數作算術平均的指數——杜比西（Drobish）指數，其指數模型為 $\overline{K_p} = \frac{1}{2}\left(\frac{\sum p_1 q_0}{\sum p_0 q_0} + \frac{\sum p_1 q_1}{\sum p_0 q_1}\right)$，但因該指數無法通過三項檢驗而極少被採用。

氏指數與帕氏指數是得到廣泛認可的，是具有明確經濟意義的兩種指數公式。但這兩種模型公式從不同的方向上出現了指數的權偏誤，而費雪指數則通過交叉平均保留了兩式中合理的成分並克服了其中存在的不足。

關於費雪指數存在「數學形式主義」的批評，其主要是針對費雪指數中的幾何平均方式而非算術平均方式而言的。我們知道：幾何平均法和算術平均法均為合理的數學平均方式。一般而言，若總量等於各分量之和，則分量的平均形式應為算術平均，如平均職工人數等。若現象總量等於各分量之積，則分量的平均形式應為幾何平均，如平均發展速度等。這裡，$L \times P = V$，是屬於後者，理當採用幾何平均，又何來「數學形式主義」或「沒有經濟意義」的道理呢？難道說：按幾何平均法計算的平均發展速度經濟指標沒有經濟意義嗎？其答案是不言而喻的。

至於「資料取得困難」的說法則更是不負責任，因為費雪指數的資料要求，並沒有超過拉氏指數和帕氏指數（因為它不過是拉氏指數和帕氏指數的幾何平均數而已）。如果我們對拉氏指數和派氏指數沒有「資料取得困難」的指責，那麼我們為什麼要用此來指責費雪指數呢？或者有人會說，拉氏指數和派氏指數，都可以轉化為加權算術平均數指數或加權調和平均數指數來計算，採用的資料更加現實。殊不知，費雪指數就是由這兩種指數構成的，難道就不可以轉化了嗎？最後，就「計算公式太複雜」一說，在計算技術空前發達的今天，這個問題不談也罷。

3. 循環檢驗是對指數公式動態穩定性的檢驗

循環檢驗是指若干個逐期的同一環比指數的連乘積是否等於相應的定基指數。即 $P_{1/0} \times P_{2/1} \times \cdots \times P_{N/N-1} = P_{N/0}$

或 $P_{1/0} \times P_{2/1} \times \cdots \times P_{N/N-1} \times P_{0/N} = 1$

從個體的指數來觀察，即 $\dfrac{P_1}{P_0} \times \dfrac{P_2}{P_1} \times \cdots \times \dfrac{P_N}{P_{N-1}} = \dfrac{P_N}{P_0}$

或 $\dfrac{P_1}{P_0} \times \dfrac{P_2}{P_1} \times \cdots \times \dfrac{P_N}{P_{N-1}} \times \dfrac{P_0}{P_N} = 1$

我們來回顧一下時間互換檢驗，即 $P_{1/0} \times P_{0/1} = 1$。

可見，時間互換檢驗是就相鄰兩期的指數對比而言的，而循環檢驗則是就一個指數時間序列而言的。因此時間互換檢驗實際上只是循環檢驗的一個特例。一個指數模型，如果能夠滿足循環檢驗，必然能滿足時間互換檢驗，但反過來並不成立，如果可以證明連續三期以上的指數序列均滿足時間互換檢驗，則我們可以用遞推的方式將其推廣到 N 期，從而證明該指數模型滿足循環檢驗。

然而，在費雪所測定的指數中，只有少數簡單指數可以通過該項檢驗。例如有：

簡單總和法指數：$\frac{\sum P_1}{\sum P_0} \times \frac{\sum P_2}{\sum P_1} \times \frac{\sum P_0}{\sum P_2} = 1$

簡單幾何平均法指數：$\sqrt[N]{\prod (\frac{P_1}{P_0})} \times \sqrt[N]{\prod (\frac{P_2}{P_1})} \times \sqrt[N]{\prod (\frac{P_0}{P_2})} = 1$

在具有邏輯意義的加權指數中，幾乎只有揚格指數可以通過循環檢驗，即對於 $P_{01} = \frac{\sum p_1(q_0 + q_1 + \cdots)}{\sum p_0(q_0 + q_1 + \cdots)}$，其中 q_0，q_1，$\cdots$ 為指數所含各年份的物量。則有

$$P_{01} \times P_{12} \times P_{02} = \frac{\sum p_1(q_0 + q_1 + q_2)}{\sum p_0(q_0 + q_1 + q_2)} \times \frac{\sum p_2(q_0 + q_1 + q_2)}{\sum p_1(q_0 + q_1 + q_2)} \times \frac{\sum p_0(q_0 + q_1 + q_2)}{\sum p_2(q_0 + q_1 + q_2)} = 1$$

（這裡，我們注意到，如果時間序列只有兩期，則對應的揚格指數為 $P_{01} = \frac{\sum p_1(q_0 + q_1)}{\sum p_0(q_0 + q_1)}$，而與相應的馬埃指數完全相同。）

事實上，一些常用的且通常被認為統計性質較好的指數如拉氏指數、派氏指數、馬埃指數，甚至費雪指數都不能通過循環檢驗。那麼這裡就出現了一個問題，既然循環檢驗如此難通過，費雪為何要將其列為三種重要的檢驗之一呢？雖然費雪本人並沒有明確地回答這一問題，但我們可以從以下的分析中體會到費雪的本意或者費雪檢驗的真諦。

第一，個體指數（及序列）的性質是費雪檢驗的出發點。事實上，費雪檢驗中的八項檢驗（後人也有歸納為 10 項檢驗），個體指數均能通過。

第二，將檢驗理論施行於加權指數（或總指數）是在個體指數之上的直接延伸。個體指數直接準確或單純地體現了指數（及序列）的真實性質，則加權後的指數不應背離這些性質，否則就可能會扭曲指數的真值。

第三，是否背離指數的真實性質，就是偏誤檢驗理論和方法的核心所在。所謂型偏誤或權偏誤，都是對指數真實性質的背離，也是對指數真值的扭曲或偏誤，而這一方面是費雪檢驗的核心。

第四，還必須說明：任何數學方法應用於社會經濟分析，都必須先進行社會經濟的基本邏輯性的檢驗。正如同並非任意兩個變量序列都可以用來進行相關分析一樣（可能出現沒有邏輯意義的僞相關現象）：指數模型的構造，不僅是一個數學或統計學問題，同時更是一個社會經濟問題，判斷一個指數模型是否可以通過檢驗，首先應對其進行社會經濟和基本邏輯的分析。由此，那些為通過檢驗而不考慮其社會經濟內涵甚至違背客觀現象邏輯關係而人為「構造」的所謂「滿意指數」，是根本沒有條件參與指數檢驗體系的。

對於最後這一條分析，費雪並沒有特別直接地說明，但從費雪檢驗體系的構造和分析中，我們應當能夠深刻領會到。因此，對於那種為通過費雪檢驗而人為「構造」出的一些毫無社會經濟意義甚至違反邏輯的所謂「滿意指數」，又反過來攻擊費雪科學的統計指數檢驗體系的科學性做法，我們只能視其為一種無趣的游戲而已。

三、馬埃指數與三大檢驗的關係研究

馬埃指數是 1887—1890 年由英國學者馬歇爾（Marshall）和埃奇渥思（Edgeworth）共同設計構造的，其物價指數和物量指數的指數模型為：

$$M_p = \frac{\sum_i p_i^1 (\frac{q_i^0 + q_i^1}{2})}{\sum_i p_i^0 (\frac{q_i^0 + q_i^1}{2})} = \frac{\sum_i p_i^1 \bar{q}_i}{\sum_i p_i^0 \bar{q}_i}$$

$$M_q = \frac{\sum_i q_i^1 (\frac{p_i^0 + p_i^1}{2})}{\sum_i q_i^1 (\frac{p_i^0 + p_i^1}{2})} = \frac{\sum_i q_i^1 \bar{p}_i}{\sum_i q_i^0 \bar{p}_i}$$

由前述已知，由於拉氏指數和派氏指數都存在比較明顯的偏誤，但二者的偏誤通常相反，因此，統計學家們很自然地就採用了對偶交叉加權的方法對偏誤進行了折中計算，折中的方法首選的是幾何平均交叉法和算術平均交叉法。其中，幾何平均交叉法的典型模式就是費雪指數或稱理想指數。鑒於學術界對這一指數的分析研究比較透澈，這裡暫不對其展開討論，而算術平均交叉法的典型模式就是馬埃指數。我們認為：對於馬埃指數，學術界的研究尚有嚴重不足。過去的一些研究認為，馬埃指數在三大測驗中只能通過時間互換檢驗，因此，統計性質一般。但根據我們的研究，馬埃指數不僅能夠完全通過時間互換檢驗，也能近似地通過因子互換檢驗，並且可以在指數體系分析包括多元的指數體系分析中發揮極其重要的作用，具有十分優良的統計性質，值得深入研究發掘。

1. 馬埃指數完全通過時間互換檢驗

由前述，時間互換檢驗為 $P_{1/0} \times P_{0/1} = 1$

對於馬埃指數，有

$$\frac{\sum_i p_i^1(q_i^0 + q_i^1)}{\sum_i p_i^0(q_i^0 + q_i^1)} \times \frac{\sum_i p_i^0(q_i^0 + q_i^1)}{\sum_i p_i^1(q_i^0 + q_i^1)} = \frac{\sum_i p_i^1 q_i^0 + \sum_i p_i^1 q_i^1}{\sum_i p_i^0 q_i^0 + \sum_i p_i^0 q_i^1} \times \frac{\sum_i p_i^0 q_i^0 + \sum_i p_i^0 q_i^1}{\sum_i p_i^1 q_i^0 + \sum_i p_i^1 q_i^1} \equiv 1$$

或有 $$\frac{\sum_i q_i^1(p_i^0 + p_i^1)}{\sum_i q_i^0(p_i^0 + p_i^1)} \times \frac{\sum_i q_i^0(p_i^0 + p_i^1)}{\sum_i q_i^1(p_i^0 + p_i^1)} = \frac{\sum_i p_i^0 q_i^1 + \sum_i p_i^1 q_i^1}{\sum_i p_i^0 q_i^0 + \sum_i p_i^1 q_i^0} \times \frac{\sum_i p_i^0 q_i^0 + \sum_i p_i^1 q_i^0}{\sum_i p_i^0 q_i^1 + \sum_i p_i^1 q_i^1} \equiv 1$$

2. 馬埃指數近似通過因子互換檢驗

因子互換檢驗是指根據同一指數構造方式得到的物價指數與相應的物量指數的乘積，應該等於相應的價值指數。即

$K_p \times K_q = V$，其中，$V = \sum_i p_i^1 q_i^1 / \sum_i p_i^0 q_i^0$

如果馬埃指數能夠完全通過因子互換檢驗，就應當滿足：

$$\frac{\sum_i p_i^1 q_i^1}{\sum_i p_i^0 q_i^0} = \frac{\sum_i p_i^1 \bar{q}_i}{\sum_i p_i^0 \bar{q}_i} \times \frac{\sum_i q_i^1 \bar{p}_i}{\sum_i q_i^0 \bar{p}_i}$$

歷史上，統計學家們一直認為：$\frac{\sum_i p_i^1 q_i^1}{\sum_i p_i^0 q_i^0} \neq \frac{\sum_i p_i^1 \bar{q}_i}{\sum_i p_i^0 \bar{q}_i} \times \frac{\sum_i q_i^1 \bar{p}_i}{\sum_i q_i^0 \bar{p}_i}$，也就是說，馬埃指數並不能夠完全通過因子互換檢驗，但這並不說明，馬埃指數不能近似地通過因子互換檢驗。

事實上，在本書第四章「統計指數體系內在矛盾的破解」中，我們首先證明了

$$\sum_i p_i^1 q_i^1 - \sum_i p_i^0 q_i^0 = \left(\sum_i p_i^1 \bar{q}_i - \sum_i p_i^0 \bar{q}_i\right) - \left(\sum_i q_i^1 \bar{p}_i - \sum_i q_i^0 \bar{p}_i\right)$$

並在此基礎上證明了 $\dfrac{\sum_i p_i^1 q_i^1}{\sum_i p_i^0 q_i^0} \approx \dfrac{\sum_i p_i^1 \bar{q}_i}{\sum_i p_i^0 \bar{q}_i} \times \dfrac{\sum_i q_i^1 \bar{p}_i}{\sum_i q_i^0 \bar{p}_i}$，也即證明了 $M_p \times M_q \approx V$。

因此可得結論：馬埃指數近似地通過因子互換檢驗。

3. 馬埃指數無法通過一般性的循環檢驗

由前述可知，一般性的循環檢驗即為 $P_{1/0} \times P_{2/1} \times \cdots \times P_{N/N-1} \times P_{0/N} = 1$。

我們注意到：循環檢驗是基於數據資料的時期在兩期以上而言的，如時間僅為兩期，即 $P_{1/0} \times P_{0/1} = 1$，即成為時間互換檢驗。換言之，時間互換檢驗可以稱為循環檢驗的特例，而循環檢驗則可稱為推廣的（或廣義的）時間互換檢驗。而馬埃指數可以滿足循環建議的特例，但不能滿足一般性的循環檢驗。

費雪通過對各種指數進行有關循環檢驗的考慮，得出了以下結論：

（1）所有個體指數均能通過測驗；

（2）簡單指數中，僅有綜合指數與幾何平均指數能通過檢驗；

（3）基本加權指數中，只有固定權數加權的綜合指數及幾何平均指數能通過檢驗；

（4）對偶加權指數中，具有經濟分析價值且能夠通過該項檢驗的指數極少，例如如下指數是可以通過檢驗的：

$$K_p = \frac{\sum p_1 \times \frac{1}{N}(q_0 + q_1 + \cdots + q_N)}{\sum p_0 \times \frac{1}{N}(q_0 + q_1 + \cdots + q_N)} = \frac{\sum p_1(q_0 + q_1 + \cdots + q_N)}{\sum p_1(q_0 + q_1 + \cdots + q_N)}$$

不難看出，這個指數實際上是馬埃指數的推廣。下面以 $N = 2$ 加以例證。設指數序列共有三期，即第 0、1、2 期，則由各期廣義馬埃指數所構成的循環檢驗式為（以物價指數為例）：

$$M_{1/0} \times M_{2/1} \times M_{0/2} = \frac{\sum p_1(q_0 + q_1 + q_2)}{\sum p_0(q_0 + q_1 + q_2)} \times \frac{\sum p_2(q_0 + q_1 + q_2)}{\sum p_1(q_0 + q_1 + q_2)} \times \frac{\sum p_0(q_0 + q_1 + q_2)}{\sum p_2(q_0 + q_1 + q_2)} = 1$$

由前述可知，有邏輯意義的指數均無法全部通過三種檢驗，即使是「理想指數」也只能通過兩項檢驗，可見馬埃指數的統計性質還是比較優良的。

四、正確認識「三大檢驗」理論，促進中國統計科學的發展

要正確認識「三大檢驗」理論，就有必要重新回顧一下「三大檢驗」理論形成的歷史過程。

西方統計學家認為，指數[①]是由經濟學家或統計學家根據一定的研究目的所構造的一種反應社會經濟現象相對綜合變化的統計數學模型。但是，這些統計數學模型是否具有科學的性質，是需要通過科學的檢驗才能夠確認的。這就需要建立一套科學、完整並具有通用性質的檢驗體系，或稱為具有「公理性」性質的科學檢驗體系。在統計指數理論發展的早期，隨著各種加權指數模型的不斷推出，統計學家們也在統計指數的檢驗方法和理論上進行了不懈的努力。對此，現代統計學家 B. M. 巴克這樣寫道：「這是一個如此自然的過程，即僅僅發明一種新的指數公式是不夠的，它的發明者還需要提供一些證據來證明其優於其他的公式。」[②]

早在 1863 年，當杰文斯推出幾何平均價格指數時，就指出了該指數在比較兩期的價格水準變化時，與基期的選擇是無關的。後人將對這一性質的檢驗稱為基期不變性檢驗。

1871 年拉斯拜爾提出了恒等性檢驗，他認為如果價格基期和比較期的各種商品價格水準完全相同，就會促使兩期的物量水準存在差異，但最終的價格指數仍為 1。

1890 年韋斯特拉德（H. Westergaard）提出了循環檢驗及指數數列中定基指數與環比指數之間的等量關係。

1896 年，柏森（N. G. Person）提出了公度性檢驗與時間互換檢驗。

其後，著名美國統計學家歐文・費雪（I. Fisher，1911—1922）集各家研究之大成，歸納、整理並完善了統計指數的檢驗方法，並據以制訂了統計指數的優良標準，形成了統計指數的檢驗體系。在此基礎上，眾多的研究者通過批評、改進等方式，不斷推進和完善這一體系，使之逐漸成為西方指數理論中的具有重要意義的檢驗體系。對於歐文・費雪這一創造性的貢獻，西方統計學界給予了極高的推崇，歐文・費雪甚至被認為是「現代指數之父」。以「三大檢

---

① 這裡主要指加權指數或綜合指數。

② BALK，BERT M. Axiomatic price index theory：A survey［J］. International Statistical Review，1995，63（1）：69-73.

驗」為核心的指數檢驗理論，不僅直接影響著統計的第三代和第四代指數，而且作為統計指數基礎理論的指數檢驗方法，對其他的統計指數理論和方法，諸如以佛里特伍德（B. W. Fleetwood）為先驅的指數固定籃子研究方法、以杰文斯為鼻祖的隨機指數的研究方法、以康紐斯為創始人的經濟指數的創造方法、以迪威斯為代表的積分指數研究方法，都有十分重要的影響和制約。可以說雖然存在一些不同的意見或質疑，但在整個西方統計指數理論和方法的研究領域中，費雪所提出的指數檢驗的公理化體系，具有不可否認的權威地位①。

在中國，由於受到蘇聯統計理論和「左傾」思想的影響，人們對西方的統計指數理論持有一種盲目否定和輕視的態度。這著重體現在對三大指數檢驗方法和費雪指數的批判上。在長達幾十年的時間裡，這些批判性的論文層出不窮、不勝枚舉，僅在此列舉如下幾個主要的論點：

第一，所謂「時間互換檢驗」是違反經濟發展過程和科學規律的荒唐理論，其基本依據是時間怎麼可以「互換」或者「倒置」呢？其中，也有一些學者對此做出了一定善意的「退讓」，認為時間可以固定但不能「倒置」，也就是說，時間互換檢驗不適合檢驗動態指數，但如果用以檢驗一些「特殊」的指數，如計劃與實際相對比的「計劃指數」、甲地與乙地相對比的「空間指數」應該還是有意義的。對此我們持有不同的看法。我們認為：所謂時間「倒置」只不過是一種科學的抽象，它是在一定的研究目的下所做出的特殊的抽象設定。對於這種抽象法的研究，我們是不適合用所謂的「現實主義」的視角來評價的。如同愛因斯坦在形象地解釋「相對論」時所舉出的例子，即如果我們乘坐一輛以光速或者超過光速的列車旅行，我們將會看到很多想像不到的景象，如果我們以「火車按光速運行是根本不現實的」這一觀點來否定愛因斯坦的相對論，恐怕愛因斯坦本人也只能無語了。因此，我們對「時間互換檢驗」持肯定的態度，認為「時間互換檢驗」中所謂「時間的倒置」是科學抽象的必要，通過這種「時間的倒置」可以檢驗出加權指數在權數設定時間上的不同是否會影響該指數的準確計算，從而準確檢驗出指數「偏誤」來。

有學者指出：關於因子互換檢驗的合理性問題，東西方理論界歷來存在截然不同的見解。西方的大多數指數理論研究者持肯定或默認的態度，東方指數理論界則基本上持否定的觀點。總體來講，他們的觀點可以概括為以下幾個方面：

---

① 楊燦. 現代指數形式理論評析 [J]. 廈門大學學報（哲學和社會科學版），2002（3）.

（1）指數作為經濟指標必須具有明確的經濟內容。

（2）科學的指數體系應該按照「連鎖替換」的原則構造，因素指數的變動順序是數量指標在先而質量指標在後，不能像因素互換測驗所要求的那樣，把各因素的變動置於平行的位置上。

（3）因素互換測驗混淆了不同性質的經濟指數之間的差別。①

對此我們的看法是：（1）的內容主要涉及費雪指數（理想指數）的性質，也即幾何平均數有無明確的經濟意義的問題，對此我們已在前文中做了必要的分析和說明，並將在後文中繼續加以詳細論述。關於（2）（3），其實際上講的是同一類的問題，我們一併分析如下：①「東方指數理論界」的所謂「連鎖替代原則」，本身就是一個似是而非的充滿主觀色彩和極大爭議的不科學的「原則」，不能作為批判西方指數不具有科學性的「依據」（對此我們還將在後文章節中有關指數體系的部分詳加論述）；②這種觀點從邏輯分析來講，就是凡是不符合我所規定的「原則」的就是不科學的思維方式，這可以說與「長頸鹿理論」如出一轍。

第二，因子互換檢驗的目的是檢驗加權指數是否會因為不同權數的引入而使指數產生「權偏誤」。作為一種科學嚴謹的檢驗方法，它當然應當把「各因素的變動置於平行的位置上」，若非如此就無從檢驗了。這就好比我們看不同的人戴不同的有色眼鏡，這能看得清真實的差異來嗎？

第三，至於循環檢驗的問題，因為它針對的是多期指數，而兩期的指數循環檢驗實際又回到了時間互換檢驗，因此就不再贅述。

然而，提到對於西方指數理論的認識，有一種指數是不得不提的，那就是費雪極為推崇的「理想指數」。事實上，中國指數界對西方指數的批判，多數情況下是針對「理想指數」而言的。其實，對「理想指數」的批判，其核心之處就在於它是拉氏指數與派氏指數的幾何平均數。一些學者認為，拉氏指數與派氏指數都有各自的經濟意義，把二者幾何平均一下，到底是牛還是馬呢？這不就混淆了經濟的內容了嗎？至於平均不是用算術平均而是用幾何平均——這不是典型的數學游戲嗎？行文於此，我們似乎也不需要過多地重複敘述太多的理由，簡述如下：拉氏指數和派氏指數都具有權偏誤，但方向是相反的，因此，採用平均的折中方式恰好抵消掉兩者的權偏誤，這正是理想指數的絕妙之處。關於為什麼是幾何平均的問題，前面已經解釋過，對於指數之間的乘積關係，當然以幾何平均為佳。至於指數採用幾何平均有無經濟意義的問題，我們

① 楊燦. 指數性質的數學測驗問題［J］. 統計研究，2001（3）.

可以思考一下：既然我們可以在多目標評判時採用幾何平均的功效系數法，可以在計算平均發展速度時採用幾何平均法，那為何在指數乘積的平均時，用幾何平均法就沒有經濟意義了呢？可見，不是它沒有經濟意義，而是我們沒有理解它的經濟意義罷了。

綜上所述，我們認為：以「三大檢驗」為核心的西方統計指數理論體系，雖然具有較多的數學抽象性或「數學形式主義」的色彩，但難掩其科學、嚴謹的本色。它也是人類文明的共同遺產。因此，我們應該正確地看待和汲取西方指數理論中的科學營養，要從蘇聯統計思想的「桎梏」中真正地走出來，這不僅有利於中國統計工作與國際統計科學的接軌，也有利於我們東方社會經濟統計科學理論的發展。

第三章　六種統計指數體系的對比分析

統計指數的因素分析法是一種很重要的統計分析方法，它常用以測定複雜現象總體的總變動中，各影響因素的變動所起的作用和程度。但傳統的指數因素分析法是以傳統的綜合指數體系為理論依據的。隨著人們對這種分析方法的認識的不斷深入和研究範圍的不斷擴大，傳統的綜合指數因素分析法的缺陷和不足就日益凸顯出來，其結果就必然導致經濟分析的蒼白無力，並最終使得有關指數的研究停滯不前。在本章中，我們將把在統計指數體系研究中前後提出的五種指數體系，以及在本書中我們經過分析研究後認為最為科學合理的第六套指數體系——均值加權指數體系，在同樣的數據條件下進行對比和分析，以期得到對統計指數體系的性質和實際計算中的特點的進一步認識，從而推動統計指數體系理論研究的深入和在實際應用方面的發展。

一、傳統的綜合指數體系的缺陷

綜合指數是由兩個經濟總量對比而形成的比值或指數。在綜合指數的編製中，為了達到單純反應一個經濟影響因素變動的目的，往往需要將其餘的因素以同度量因素的方式加以固定，以此說明不能直接加總的諸因素的變動對複雜經濟現象總體變動的綜合影響情況。指數因素分析法以傳統的綜合指數為基礎，從相對數分析和絕對數分析兩方面分析複雜經濟現象綜合變動的原因和結果。然而在事實上，這種分析法並非總是有效的——其分析結果往往會出現某些我們不能解釋的矛盾現象。實際上，這種矛盾現象的根源在於綜合指數體系內部固有的矛盾性。因此，當我們就每個因素的相對變動和絕對影響進行分析時，往往會出現彼此矛盾和失真的現象。實際上，綜合指數體系的數學形式並沒有科學地界定和歸集各構成要素對總指數的影響程度，多數統計學家認為：從單純反應指數化因素變動的目的來看，無論是數量指標指數還是質量指標指數，均應採用拉氏指數公式，即用基期指標作同度量因素，但由於在加權指數條件下各因素指數的連乘積不等於總變動指數，因此無法構造指數體系；若其中另一因素指數採用報告期指標作同度量因素，其指數分析結果又不可避免地伴有同度量因素變動的影響。所以現實中的綜合指數體系的構造是「數量指標的分析採用基期的質量指標作同度量因素，質量指標的分析用報告期的數量指標作同度量因素」原則。顯然，按傳統綜合指數體系進行因素分析就必然會出現「失真 」或「失效」的現象，有時甚至會導致指數因素分析結論的錯誤。下面以一案例來說明根據傳統指數體系計算所產生的矛盾現象，如表 3-1 所示：

表 3-1　　某企業兩種主要產品銷售情況

商品名稱	計量單位	銷售量		銷售價格(萬元)		銷售額（萬元)			
		q_i^0	q_i^1	p_i^0	p_i^1	$p_i^0 q_i^0$	$p_i^0 q_i^1$	$p_i^1 q_i^0$	$p_i^1 q_i^1$
甲	臺	50	80	2.4	3.0	120	192	150	240
乙	件	100	120	1.6	2.2	160	192	220	264
合計	—	—	—	—	—	280	384	370	504

按此資料，我們來分析該企業基報兩期兩種主要產品的銷售額、銷售量和產品銷售價格的變動情況，以及該企業兩種主要產品基報兩期、產品銷售量和產品銷售價格的變動對銷售額變動的影響情況。對此我們採用傳統的第一套指數體系的方法來進行分析。

二、傳統的第一套指數體系分析

所謂傳統的第一套指數體系，也就是在中國現有的社會經濟統計學中，佔有主導地位的統計指數體系。這一套指數體系基於的是「綜合指數編製的基本原則」，即「在編製數量指標指數時，以相應的質量指標作為其同度量因素，並將其固定在基期；在編製質量指標指數時，以相應的數量指標作為同度量因素，並將其固定在報告期」，該指數體系就是用此方法編製的質量指標指數和數量指標指數相乘所構成的。實際上，這一套指數體系來源於蘇聯的統計學，在中國的統計學科發展的歷史過程中，曾經發揮過一定的積極作用，但作為指數體系而言，它可能會出現相對數分析和絕對數分析之間的矛盾。這裡我們根據表 3-1 的案例有以下分析：

相對數分析如下：

$$\frac{\sum_i p_i^1 q_i^1}{\sum_i p_i^0 q_i^0} = \frac{\sum_i p_i^1 q_i^1}{\sum_i p_i^0 q_i^1} \times \frac{\sum_i p_i^0 q_i^1}{\sum_i p_i^0 q_i^0} \tag{3.1}$$

即有　180% = 131.25%×137.14%

式（3.1）表明：該企業兩種主要產品的銷售額報告期比基期增長 80%，產品銷售價格報告期比基期增長 31.25%，產品銷售量報告期比基期增長 37.14%。

絕對數分析如下：

$$\sum_i p_i^1 q_i^1 - \sum_i p_i^0 q_i^0 = (\sum_i p_i^1 q_i^1 - \sum_i p_i^0 q_i^1) + (\sum_i p_i^0 q_i^1 - \sum_i p_i^0 q_i^0) \tag{3.2}$$

即有　224（萬元）= 120（萬元）+104（萬元）

式（3.2）表明：該企業兩種主要產品的銷售額報告期比基期增加了 224 萬元，其中，由於產品銷售價格報告期比基期增長 31.25%，使銷售額增加了 120 萬元；由於產品銷售量報告期比基期增長 37.14%，使銷售額增加了 104 萬元。

從以上分析中，我們不難看出這樣一個矛盾現象：從相對數分析來看，對銷售額的增長影響較大的是產品銷售量的增長（銷售量指數比銷售價格指數高出 5.89 個百分點）；但從絕對數分析分析來看，對銷售額的增長影響較大的是產品價格的增長（價格變動對銷售額的影響比銷售量變動對銷售額的影響高出 16 萬元）。這樣就清晰地顯示出在傳統的第一套指數體系的分析中，存在著相對數分析和絕對數分析的矛盾現象。

以下的分析則表明：這種矛盾現象在第二套指數體系中也是同樣存在的。

三、傳統的第二套指數體系分析

所謂的傳統的第二套指數體系，實際上是第一套指數體系的副產品。根據前述的綜合指數編製的一般原則，形成了第一套指數體系。但由於分析對比的需要，傳統的社會經濟統計學的指數理論也不排除：在特別需要的情況下，也可以採用「在編製數量指標指數時，以相應的質量指標作為其同度量因素，並將其固定在報告期；在編製質量指標指數時，以相應的數量指標作為同度量因素，並將其固定在基期」的特殊方法來進行指數的分析。特別是在本例的情況下，由於第一套指數體系出現了相對數分析和絕對數分析之間的矛盾現象，人們自然而然地就想到了採用第二套指數體系。於是便有了以下的分析：

相對數分析如下：

$$\frac{\sum_i p_i^1 q_i^1}{\sum_i p_i^0 q_i^0} = \frac{\sum_i p_i^1 q_i^0}{\sum_i p_i^0 q_i^0} \times \frac{\sum_i p_i^1 q_i^1}{\sum_i p_i^1 q_i^0} \tag{3.3}$$

即有　180% = 132.14%×136.22%

式（3.3）表明：該企業兩種主要產品的銷售額報告期比基期增長 80%，產品銷售價格報告期比基期增長 32.14%，產品銷售量報告期比基期增長 36.22%。

絕對數分析如下：

$$\sum_i p_i^1 q_i^1 - \sum_i p_i^0 q_i^0 = \left(\sum_i p_i^1 q_i^0 - \sum_i p_i^0 q_i^0\right) + \left(\sum_i p_i^1 q_i^1 - \sum_i p_i^1 q_i^0\right) \tag{3.4}$$

即有　224（萬元）= 90（萬元）+134（萬元）

式（3.4）表明：該企業兩種主要產品的銷售額報告期比基期增加了 224 萬元，其中由於產品銷售價格報告期比基期增長 32.14%，使銷售額增加了 90 萬元；由於產品銷售量報告期比基期增長 36.22%使銷售額增加了 134 萬元。

果然，採用第二套指數體系進行分析，就沒有出現相對數分析和絕對數分析矛盾的現象。難道第二套指數體系真的不會出現相對數分析和絕對數分析的矛盾現象嗎？事實上並非如此。實際的情況是：由於剛才的兩套指數體系採用的是同一個案例，而在同一個案例中是難以同時出現兩種不同的矛盾現象的，所以我們可以將以上案例簡單修改之後再來進行分析。以下是修改後的某企業基報兩期生產兩種主要產品的有關資料，如表 3-2 所示：

表 3-2　**某企業兩種主要產品銷售情況**

商品名稱	計量單位	銷售量		銷售價格（萬元）		銷售額（萬元）			
		q_i^0	q_i^1	p_i^0	p_i^1	$p_i^0 q_i^0$	$p_i^0 q_i^1$	$p_i^1 q_i^0$	$p_i^1 q_i^1$
甲	臺	24	30	5.0	8.0	120	150	192	240
乙	件	16	22	10.0	12.0	160	220	192	264
合計	—	—	—	—	—	280	370	384	504

下面我們再按照傳統的第二套指數體系進行分析：

相對數分析如下：

$$\frac{\sum_i p_i^1 q_i^1}{\sum_i p_i^0 q_i^0} = \frac{\sum_i p_i^1 q_i^0}{\sum_i p_i^0 q_i^0} \times \frac{\sum_i p_i^1 q_i^1}{\sum_i p_i^1 q_i^0} \tag{3.5}$$

即有　180%＝131. 25%×137. 14%

式（3. 5）表明：該企業兩種主要產品的銷售額報告期比基期增長了80%，產品銷售價格報告期比基期增長 31. 25%，產品銷售量報告期比基期增長 37. 14%。

絕對數分析如下：

$$\sum_i p_i^1 q_i^1 - \sum_i p_i^0 q_i^0 = \left(\sum_i p_i^1 q_i^0 - \sum_i p_i^0 q_i^0\right) + \left(\sum_i p_i^1 q_i^1 - \sum_i p_i^1 q_i^0\right) \tag{3.6}$$

即有　224（萬元）＝120（萬元）+104（萬元）

式（3. 6）表明：該企業兩種主要產品的銷售額報告期比基期增加 224 萬元，其中由於產品銷售價格報告期比基期增長 31. 25%，使銷售額增加了 120 萬元；由於產品銷售量報告期比基期增長 37. 14%，使銷售額增加了 104 萬元。從以上分析中，我們又看到了這樣一個矛盾現象：在相對數分析中，對銷售額的增長影響較大的是產品銷售量的增長（銷售量指數比銷售價格指數高出 5. 89 個百分點），但在絕對數分析中，對銷售額的增長影響較大的是產品價格的增長（價格變動對銷售額的影響比銷售量變動對銷售額的影響高出 16 萬元）。這樣就清晰地顯示出在第二套指數體系分析中，同樣可能存在著相對數分析和絕對數分析矛盾的現象。由於實際數據出現什麼情況都是有可能的，所以我們可以得出結論：第一套指數體系和第二套指數體系都有可能出現相對數分析和絕對數分析矛盾的現象。

四、第三套指數體系——包含共變影響指數的指數體系

在社會經濟統計學的研究中，由於傳統的第一套和第二套統計指數體系存在著相對數分析和絕對數分析相矛盾這一難以解決的問題，統計學界又陸續提出了第三套指數體系——「包含共變指數的指數體系」和第四套指數體系——基於增量分析的「增量共變指數體系」，考慮到本書分析的完整性，以下仍按表 3-1 的資料進行分析說明。

如前所述，在中國社會經濟統計學的研究中，由於傳統的第一套和第二套統計指數體系存在著相對數分析和絕對數分析的矛盾這一難以解決的問題，楊曾武、徐前和傅春生等老一輩統計學家在 20 世紀 80 年代初提出了「包含共變

影響指數的指數體系」的分析方法。他們認為，在統計指數體系的分析中，總量指標雖然只是表現為質量指標和數量指標兩因素的乘積，但它的變動卻應當受到三個因素的影響，即除了質量指標和數量指標兩個因素之外，還應當受到二者的共同變動因素即「共變因素」的影響，由此可以建立一種「包含共變指數的指數體系」，即如下的相對數和絕對數分析體系（按表 3-1 資料分析）：

相對數分析如下：

$$\frac{\sum_i p_i^1 q_i^1}{\sum_i p_i^0 q_i^0} = \frac{\sum_i p_i^1 q_i^0}{\sum_i p_i^0 q_i^0} \times \frac{\sum_i p_i^0 q_i^1}{\sum_i p_i^0 q_i^0} \times \left(\frac{\sum_i p_i^1 q_i^1}{\sum_i p_i^0 q_i^1} \div \frac{\sum_i p_i^1 q_i^0}{\sum_i p_i^0 q_i^0} \right) \tag{3.7}$$

即有　180.0%＝137.14%×132.14%×99.33%

絕對數分析如下：

$$\sum_i p_i^1 q_i^1 - \sum_i p_i^0 q_i^0 = \left(\sum_i p_i^1 q_i^0 - \sum_i p_i^0 q_i^0 \right) + \left(\sum_i p_i^0 q_i^1 - \sum_i p_i^0 q_i^0 \right) + \left[\left(\sum_i p_i^1 q_i^1 - \sum_i p_i^0 q_i^1 \right) - \left(\sum_i p_i^1 q_i^0 - \sum_i p_i^0 q_i^0 \right) \right] \tag{3.8}$$

即有　224（萬元）＝104（萬元）＋90（萬元）＋30（萬元）

他們提出的分析說明是：該企業兩種主要產品的銷售額報告期比基期增加了 224 萬元，其中由於產品銷售價格報告期比基期增長 37.14%，使銷售額增加了 104 萬元；由於產品銷售量報告期比基期增長 32.14%，使銷售額增加了 90 萬元；由於產品銷售價格和產品銷售量的共變影響使銷售額降低了 0.64%，使銷售額增加了 30 萬元。從以上分析中，我們雖然沒有明顯看出價格因素和銷售量因素在相對數分析和絕對數分析中的矛盾現象，但在所謂的共變影響因素的分析中，卻又產生了一個新的矛盾現象：在相對數分析中，共變因素是一種下降的因素——使銷售額降低了 0.64%；但在絕對數分析中，共變因素卻又是一種上升的因素——使銷售額增加了 30 萬元。這一矛盾現象實際上比前一種矛盾現象更加難以被合理地解釋。因此在社會經濟統計指數的分析中，統計研究人員又逐漸放棄了這樣一種分析方法。在本書中，我們認為，這個所謂的「共變影響因素」實際上並不是一種科學意義上的「交互變動影響」因素，而只不過是一種統計加權指數中不可避免的指數「權偏誤」，也就是一種統計指數計算方法所造成的指數的「偏誤」而已。在後文中，我們還將對此進行進一步的分析。

雖然中國統計學家們在「包含共變影響」的指數體系的研究中沒有取得

預期的成功，但他們在這個指數體系的絕對數分析方法之上又找到了新的「靈感」，這就催生了所謂的第四套指數體系——「增量共變指數體系」。

五、第四套指數體系——「增量共變指數體系」

如前所述，雖然第三套指數體系——「包含共變影響的指數體系」無法解決傳統統計指數的「內在矛盾」，但一些統計學家發現，該體系的絕對數分析所顯示的各因素的增量關係還是比較清晰的，並且這種增量關係在個體指數之上以及在圖形上的表現也是非常直觀的。於是，他們以第三套指數體系的絕對數分析體系為基礎，在這個絕對數分析體系的兩端，即

$$\sum_i p_i^1 q_i^1 - \sum_i p_i^0 q_i^0 = \sum_i (p_i^1 - p_i^0) q_i^0 + \sum_i (q_i^1 - q_i^0) p_i^0 + \sum_i (p_i^1 - p_i^0)(q_i^1 - q_i^0) \tag{3.9}$$

兩邊同除以 $\sum_i p_i^0 q_i^0$ ，則得到：

$$\frac{\sum_i p_i^1 q_i^1 - \sum_i p_i^0 q_i^0}{\sum_i p_i^0 q_i^0} = \frac{\sum_i (p_i^1 - p_i^0) q_i^0}{\sum_i p_i^0 q_i^0} + \frac{\sum_i (q_i^1 - q_i^0) p_i^0}{\sum_i p_i^0 q_i^0} + \frac{\sum_i (p_i^1 - p_i^0)(q_i^1 - q_i^0)}{\sum_i p_i^0 q_i^0} \tag{3.10}$$

由此他們認為：式（3.9）和式（3.10）結合起來便構成了「增量共變指數體系」或稱為第四套指數體系的絕對數分析和相對數分析的公式。考慮到最終希望說明價格因素（物價因素）和銷售量因素（物量因素）最終影響程度，人們就設想可以對「共變影響因素」的影響按某種方式進行「分解」。因此，在較長的一段時間內，有相當多的統計學者進一步研究了如何進一步對「共變影響因素」進行分解和分攤的方法，由此出現了很多關於此問題研究的學術論文，甚至有人在統計學的教材中引入和介紹「增量共變指數體系」。在此背景下，第四套指數體系似乎有取代第一套指數體系成為統計指數研究的主流方法的傾向。

對此我們的看法是：我們並不認為所謂「增量共變指數體系」或第四套指數體系是一套科學合理的指數體系。其一，我們認為，所謂「增量共變指數體系」本質上屬於增量分析而不是屬於指數分析。增量分析與指數分析雖

然相關，但增量分析與指數分析的內涵存在著很大的差異，增量分析不能夠取代指數分析。其二，增長率或變化率與統計指數在統計意義和統計量綱上也完全不同（即百分點和百分比是在兩個統計意義上的完全不同的概念），因此增量分析取代不了指數分析。其三，統計指數體系的基礎是經濟方程式，其數學特徵是乘積關係，其數量關係的分析來自積商空間；而增量分析的數學特徵是加減關係，其數量關係的分析來自和差空間，因此不能將二者混為一談。試圖用「增量共變指數體系」來解決傳統指數體系的「內在矛盾」，實際上是一個哲學意義上的「偷換概念」的錯誤。其四，在「增量共變指數體系」中的所謂共變影響因素，其實並不是什麼兩因素或多因素共同變動的作用或影響，如前所述，這個來自第三套指數體系的「馬甲」，依然改變不了它不過是一種統計加權指數的「偏誤」的本質。其五，我們在後文中還將分析，所謂的「增量共變指數體系」的思想來自微積分的「全增量分析法」的說法也是一個「偷換概念」的錯誤，在數學分析中，並不存在所謂的「全增量分析法」，在微分的概念中，所謂的全增量只是一個「高階無窮小量」，是無法形成現實的經濟數量的。「全增量分析法」的錯誤在於它在微分概念的描述中「掐頭去尾」，拋棄了微分分析的核心——極限的概念，而將其取極限之前的過程部分誤稱為「全增量分析法」——須知在取極限之後，這個所謂的「共變因素」就會因成為「高階無窮小」而菸消雲散。事實上，查遍數學大辭典，在微積分的詞語中，根本沒有「全增量分析法」這個概念（對此我們在本書的後文中有專門的剖析，此處不再贅述）。

儘管如此，為了本書中指數體系分析的完整性，我們依然根據表 3-1 的資料按「增量共變指數分析法」進行分析。

相對數分析如下：

$$\frac{\sum_i p_i^1 q_i^1 - \sum_i p_i^0 q_i^0}{\sum_i p_i^0 q_i^0} = \frac{\sum_i (p_i^1 - p_i^0)\, q_i^0}{\sum_i p_i^0 q_i^0} + \frac{\sum_i (q_i^1 - q_i^0)\, p_i^0}{\sum_i p_i^0 q_i^0} + \frac{\sum_i (p_i^1 - p_i^0)\,(q_i^1 - q_i^0)}{\sum_i p_i^0 q_i^0} \quad (3.11)$$

即有 $\frac{224}{280} = \frac{104}{280} + \frac{90}{280} + \frac{30}{280}$

或 $80\% = 37.14\% + 32.14\% + 10.71\%$

絕對數分析如下：

$$\sum_i p_i^1 q_i^1 - \sum_i p_i^0 q_i^0 = \sum_i (p_i^1 - p_i^0) q_i^0 + \sum_i (q_i^1 - q_i^0) p_i^0 + \sum_i (p_i^1 - p_i^0)(q_i^1 - q_i^0) \tag{3.12}$$

即有　224（萬元）= 104（萬元）+90（萬元）+30（萬元）

按增量共變指數體系可分析如下：式（3.11）和式（3.12）的計算分析表明該企業兩種主要產品的銷售額報告期比基期增加 224 萬元，其中由於產品銷售價格報告期比基期增長 37.14%，使銷售額增加了 104 萬元；由於產品銷售量報告期比基期增長 32.14%，使銷售額增加了 90 萬元；由於產品銷售價格和產品銷售量的共變影響使銷售額增長了 10.71%，使銷售額增加了 30 萬元。

表面上看，所謂「增量共變指數體系」似乎解決了傳統的指數體系分析中絕對數分析和相對數分析的矛盾，然而實際情況並非如此，也就是說，「增量共變指數體系」實際上也並沒有解決這一矛盾。在一定的情況下，同樣會出現這種相對數分析和絕對數分析之間的矛盾現象。由於對此問題的剖析稍顯複雜且需占據較大的篇幅，加之該剖析有特別的意義，因此我們將在後文中僻出專章來進行分析，此不贅述。

另外，不難看出，在「增量共變指數體系」中，建立在經濟方程式「商品銷售額=商品銷售價格×商品銷售量」基礎之上的指數體系「商品銷售額指數=商品銷售價格指數×商品銷售量」早已不復存在。因此，我們有必要對統計綜合指數體系的最初來源進行回顧——這裡將涉及著名美國統計學家費雪的「理想指數」以及中國一些統計學者按此方式設立的第五套指數體系——「理想指數體系」。

六、第五套指數體系——費雪的「理想指數體系」

我們知道，美國著名統計學家費雪對統計指數分析做出了巨大的貢獻，他在統計學名著《指數的編製》中，歸納出了著名的統計指數的公理化體系。其中，著名的「三大檢驗」即「時間互換檢驗」「因子互換檢驗」和「循環關係檢驗」是其核心所在。中國一些統計學家認為：我們現在所討論的指數體系，其應當來源於費雪的「因子互換檢驗」。

因此，中國一些統計研究者也按照我們的統計指數體系的分析方法，建立起了費雪的「理想指數體系」，也有一些統計研究人員將其稱為「第五套指數體系」。在此，我們也將本例數據用費雪的「理想指數體系」分析如下：

為便於比較，我們首先按表 3-1 的資料計算分析。

相對數分析如下：

$$F_{pq}=F_p\times F_q=\sqrt{\frac{\sum_i p_i^1q_i^0}{\sum_i p_i^0q_i^0}\times\frac{\sum_i p_i^1q_i^1}{\sum_i p_i^0q_i^1}}\times\sqrt{\frac{\sum_i p_i^0q_i^1}{\sum_i p_i^0q_i^0}\times\frac{\sum_i p_i^1q_i^1}{\sum_i p_i^1q_i^0}}\qquad(3.13)$$

其中 $F_p=\sqrt{\frac{\sum_i p_i^1q_i^0}{\sum_i p_i^0q_i^0}\times\frac{\sum_i p_i^1q_i^1}{\sum_i p_i^0q_i^1}}=\sqrt{\frac{370}{280}\times\frac{504}{384}}=131.70\%$

$$F_q=\sqrt{\frac{\sum_i p_i^0q_i^1}{\sum_i p_i^0q_i^0}\times\frac{\sum_i p_i^1q_i^1}{\sum_i p_i^1q_i^0}}=\sqrt{\frac{384}{280}\times\frac{504}{370}}=136.68\%$$

即有 180.0% = 131.70% × 136.68%

相對數分析表明：該企業兩種主要產品的銷售額報告期比基期增長 80%，產品銷售價格報告期比基期增長 31.70%，產品銷售量報告期比基期增長 36.68%。

絕對數分析如下：

$$\sum_i p_i^1q_i^1-\sum_i p_i^0q_i^0=\frac{1}{2}\Big[\Big(\sum_i p_i^1q_i^0-\sum_i p_i^0q_i^0\Big)+\Big(\sum_i p_i^1q_i^1-\sum_i p_i^0q_i^1\Big)\Big]+\frac{1}{2}\Big[\Big(\sum_i p_i^0q_i^1-\sum_i p_i^0q_i^0\Big)+\Big(\sum_i p_i^1q_i^1-\sum_i p_i^1q_i^0\Big)\Big]\qquad(3.14)$$

即有 224（萬元）= 105（萬元）+119（萬元）

絕對數分析表明：該企業兩種主要產品的銷售額報告期比基期增加 224 萬元，其中由於產品銷售價格報告期比基期增長 31.70%，使銷售額增加了 105 萬元；由於產品銷售量報告期比基期增長 36.68%，使銷售額增加了 119 萬元。

以上計算分析表明，按表 3-1 的資料計算分析，費雪指數體系並沒有使相對數分析和絕對數分析之間產生矛盾現象。為便於更完整地對比與分析，我們進一步按表 3-2 的資料用費雪的「理想指數體系」分析計算，看變化以後的數據是否會導致費雪的「理想指數體系」像「第二套指數體系」一樣在相對數分析和絕對數分析之間出現矛盾現象。具體分析如下：

相對數分析如下：

$$F_{pq} = F_p \times F_q = \sqrt{\frac{\sum_i p_i^1 q_i^0}{\sum_i p_i^0 q_i^0} \times \frac{\sum_i p_i^1 q_i^1}{\sum_i p_i^0 q_i^1}} \times \sqrt{\frac{\sum_i p_i^0 q_i^1}{\sum_i p_i^0 q_i^0} \times \frac{\sum_i p_i^1 q_i^1}{\sum_i p_i^1 q_i^0}} \tag{3.15}$$

其中 $$F_p = \sqrt{\frac{\sum_i p_i^1 q_i^0}{\sum_i p_i^0 q_i^0} \times \frac{\sum_i p_i^1 q_i^1}{\sum_i p_i^0 q_i^1}} = \sqrt{\frac{384}{280} \times \frac{504}{370}} = 136.68\%$$

$$F_q = \sqrt{\frac{\sum_i p_i^0 q_i^1}{\sum_i p_i^0 q_i^0} \times \frac{\sum_i p_i^1 q_i^1}{\sum_i p_i^1 q_i^0}} = \sqrt{\frac{370}{280} \times \frac{504}{384}} = 131.70\%$$

即有 180.0% = 136.68%× 131.70%

相對數分析表明：該企業兩種主要產品的銷售額報告期比基期增長 80%，產品銷售價格報告期比基期增長 36.68%，產品銷售量報告期比基期增長 31.70%。

絕對數分析如下：

$$\sum_i p_i^1 q_i^1 - \sum_i p_i^0 q_i^0 = \frac{1}{2}\left[\left(\sum_i p_i^1 q_i^0 - \sum_i p_i^0 q_i^0\right) + \left(\sum_i p_i^1 q_i^1 - \sum_i p_i^0 q_i^1\right)\right] + \frac{1}{2}\left[\left(\sum_i p_i^0 q_i^1 - \sum_i p_i^0 q_i^0\right) + \left(\sum_i p_i^1 q_i^1 - \sum_i p_i^1 q_i^0\right)\right] \tag{3.16}$$

即有 224（萬元）= 119（萬元）+105（萬元）

絕對數分析表明：該企業兩種主要產品的銷售額報告期比基期增加 224 萬元，其中由於產品銷售價格報告期比基期增長 36.680%，使銷售額增加了 119 萬元；由於產品銷售量報告期比基期增長 31.70%使銷售額增加了 105 萬元。

以上計算分析表明：按表 3-2 資料計算分析，費雪的理想指數體系也並沒有使相對數分析和絕對數分析之間產生矛盾現象。因此，應當承認，費雪的理想指數體系具有一定的科學合理性。但如果回顧一下中國統計學科發展的歷史就不難看到，中國統計學界長期以來對費雪及其理想指數進行了大量的批判。雖然這些批評從現在來看已成為歷史，但回顧歷史我們可以看到，這些批判一般來講很多方面可以說都是無中生有的，至少也是言過其實的。在書中，我們也不想對此過多回顧。實際上，我們的研究表明：從指數體系分析方法的角度來看，費雪的「理想指數體系」其實並非是最「理想」的指數體系，而應該是我們在馬埃指數的基礎上建立起來的一個新的指數分析體系——「均值加權指數體系」(或稱馬埃指數體系)。我們在後文詳細地論證了「均值加權指數體系」優良的統計性質和實用性。為了照顧到本書中分析的系統性，我們不妨將建立在費雪指數基礎之上的費雪指數體系稱為第五套指數體系，而將建立在馬埃指數基礎之上的均值加權指數體系稱為第六套指數體系。

七、第六套指數體系——均值加權指數體系

經過認真地對比分析和研究，我們認為建立在馬埃指數基礎之上的「均值加權指數體系」較之於上述各套指數而言具有更多的優點。我們知道：1887—1890 年，美國學者馬歇爾和埃奇渥思設計出用基期和報告期物量的平均數加權的綜合物價指數，這即是所謂的馬埃指數。我們的進一步研究表明，馬埃指數還具有一些我們尚未完全瞭解的性質和功能。因此，在分析研究的基礎上我們發現：建立在馬埃指數基礎之上的均值加權指數體系具有一些獨特的科學和實用的性質，從指數體系分析而言，可稱其為一種「更理想」的指數體系。這裡，我們同樣以本章案例中表 3-1 和表 3-2 的資料進行計算和分析。

由於「均值加權指數體系」公式對計算數據要求有所不同，我們首先將表 3-1 的數據轉為以下表 3-3 的數據：

表 3-3　　某企業兩種主要產品銷售情況

商品名稱	計量單位	銷售量		銷售價格（萬元）		銷售額（萬元）			
		q_i^0	q_i^1	p_i^0	p_i^1	$p_i^0\bar{q}$	$p_i^1\bar{q}$	$q_i^0\bar{p}$	$q_i^1\bar{p}$
甲	臺	50	80	2.4	3	156	195	135	216
乙	件	100	120	1.6	2.2	176	242	190	228
合計	—	—	—	—	—	332	437	325	444

相對數分析如下：

$$\frac{\sum_i p_i^1 q_i^1}{\sum_i p_i^0 q_i^0} \approx \frac{\sum_i p_i^1 \bar{q}_i}{\sum_i p_i^0 \bar{q}_i} \times \frac{\sum_i q_i^1 \bar{p}_i}{\sum_i q_i^0 \bar{p}_i} \tag{3.17}$$

即有　180.0% = 131.63% × 136.62%

絕對數分析如下：

$$\sum_i p_i^1 q_i^1 - \sum_i p_i^0 q_i^0 = \left(\sum_i p_i^1 \bar{q}_i - \sum_i p_i^0 \bar{q}_i\right) + \left(\sum_i q_i^1 \bar{p}_i - \sum_i q_i^0 \bar{p}_i\right) \tag{3.18}$$

即有　224（萬元）= 105（萬元）+119（萬元）

計算表明該企業兩種主要產品的銷售額報告期比基期增加 224 萬元，其中

由於產品銷售價格報告期比基期增長 31.63%，使銷售額增加了 105 萬元；由於產品銷售量報告期比基期增長 36.62%，使銷售額增加了 119 萬元。可見此分析與費雪的「理想指數體系」的分析極為接近，也並沒有出現絕對數分析和相對數分析之間的矛盾現象。

為便於比較分析，下面我們按照表 3-2 的資料進行計算，因數據要求不同，我們依然先將表 3-2 的數據轉為表 3-4 的數據：

表 3-4　　　　某企業兩種主要產品銷售情況

商品名稱	計量單位	銷售量		銷售價格（萬元）		銷售額（萬元）			
		q_i^0	q_i^1	p_i^0	p_i^1	$p_i^0\bar{q}$	$p_i^1\bar{q}$	$q_i^0\bar{p}$	$q_i^1\bar{p}$
甲	臺	5	8	24	30	135	216	156	195
乙	件	10	12	16	22	190	228	176	242
合計	—	—	—	—	—	325	444	332	437

相對數分析如下：

$$\frac{\sum_i p_i^1 q_i^1}{\sum_i p_i^0 q_i^0} \approx \frac{\sum_i p_i^1 \bar{q}_i}{\sum_i p_i^0 \bar{q}_i} \times \frac{\sum_i q_i^1 \bar{p}_i}{\sum_i q_i^0 \bar{p}_i} \tag{3.19}$$

即有　180.0% = 136.62%×131.63%

絕對數分析如下：

$$\sum_i p_i^1 q_i^1 - \sum_i p_i^0 q_i^0 = \left(\sum_i p_i^1 \bar{q}_i - \sum_i p_i^0 \bar{q}_i\right) + \left(\sum_i q_i^1 \bar{p}_i - \sum_i q_i^0 \bar{p}_i\right) \tag{3.20}$$

即有　224（萬元）= 119（萬元）+105（萬元）

計算表明：該企業兩種主要產品的銷售額報告期比基期增加 224 萬元，其中由於產品銷售價格報告期比基期增長 36.62%，使銷售額增加了 119 萬元；由於產品銷售量報告期比基期增長 31.63%，使銷售額增加了 105 萬元。可見按表 2-2 資料分析的結果仍與費雪的「理想指數體系」的分析結果幾乎完全一致，也並沒有出現用第一套和第二套指數體系分析時曾出現過的絕對數分析和相對數分析之間的矛盾現象。由此也可以看出均值指數體系與費雪「理想指數體系」均具有比較優良的統計性質。

下面，我們用一個表格將上述六種指數體系的分析加以綜合對比，由此便可以比較清晰地看到各種指數體系的分析效果（見表 3-5）。

表 3-5　　六種指數體系的對比分析表

指數體系	相對數分析體系	絕對數分析體系	矛盾和問題
第一套指數體系	180%=131.25%×137.14%	224=120+104	相對數與絕對數分析有矛盾
第二套指數體系	180%=131.25%×137.14%	224=120+104	相對數與絕對數分析有矛盾
包含共變影響指數體系	180%=137.14%×132.14%×99.33%	224=104+90+30	相對數與絕對數分析有矛盾
增量共變指數體系	80%=37.14% + 32.14%+10.71%	224=104+90+30	沒有指數體系只有增量分析， 相對數與絕對數分析有矛盾
費雪理想指數體系	180% = 131.70%×136.68%	224=105+119	沒有矛盾
均值加權指數體系	180% = 131.63%×136.62%	224=105+119	沒有矛盾

註：為簡明分析起見，除第二套指數體系的數據是表 2-2 的資料外，其餘各套指數體系的數據均為表 2-1 的資料。

由表 3-5 的分析可見，在上述六套指數體系中，只有第五套指數體系——費雪理想指數體系和第六套指數體系——均值加權指數體系沒有產生明顯的矛盾和問題，而且二者的相對數分析結果十分接近，而絕對數分析的結論甚至完全相等——這本身也是對指數體系科學性的一種印證。

另外，由於第六套指數體系——「均值加權指數體系」是建立在馬埃指數的基礎之上的，因此，以下我們將對西方指數「三大檢驗」理論以及馬埃指數的基本性質做一個回顧，為「均值加權指數體系」奠定一個更加堅實的理論基礎。

第四章　統計指數體系內在矛盾的破解

一、統計指數體系的內在矛盾問題簡述

統計指數是由兩個經濟總量數值在不同時間或空間上的對比而形成的比值。統計指數的因素分析法就是以傳統的綜合指數為基礎，從相對數分析和絕對數分析兩方面來分析複雜經濟現象綜合變動的原因和結果。然而在事實上，這種分析法並非總是有效的——其分析結果往往會出現我們很難解釋的一些矛盾現象。下面以一案例說明根據傳統指數體系所產生的矛盾現象，如表4-1所示：

表 4-1　　某企業基報兩期生產的兩種主要產品資料（1）

產品種類	計量單位	銷售量 q		產品單價（萬元）p		銷售額（萬元）			
		基期	報告期	基期	報告期	$p_i^0q_i^0$	$p_i^1q_i^1$	$p_i^0q_i^1$	$p_i^1q_i^0$
甲	臺	50	80	2.4	3.0	120	240	192	150
乙	件	100	120	1.6	2.2	160	264	192	220
合計	——	——	——	——	——	280	504	384	370

按此資料，我們來分析該企業基報兩期兩種主要產品的銷售額、銷售量、產品銷售價格的變動情況，以及該企業兩種主要產品的產品銷售量和產品銷售價格在基報兩期的變動對銷售額變動的影響情況。

(一) 按傳統的第一套指數體系分析

相對數分析如下：

$$\frac{\sum_i p_i^1 q_i^1}{\sum_i p_i^0 q_i^0} = \frac{\sum_i p_i^1 q_i^1}{\sum_i p_i^0 q_i^1} \times \frac{\sum_i p_i^0 q_i^1}{\sum_i p_i^0 q_i^0} \tag{4.1}$$

即有　180% = 131.25% × 137.14%

絕對數分析如下：

$$\sum_i p_i^1 q_i^1 - \sum_i p_i^0 q_i^0 = (\sum_i p_i^1 q_i^1 - \sum_i p_i^0 q_i^1) + (\sum_i p_i^0 q_i^1 - \sum_i p_i^0 q_i^0) \tag{4.2}$$

即有　224（萬元）= 120（萬元）+104（萬元）

從以上分析中，我們不難看出這樣一個矛盾現象：從相對數分析來看，對銷售額的增長影響較大的是產品銷售量的增長（銷售量指數比銷售價格指數高出 5.89 個百分點）；但從絕對數分析分析來看，對銷售額的增長影響較大的是產品價格的增長（價格變動對銷售額的影響比銷售量變動對銷售額的影響高出 16 萬元）。這就清晰地顯示出在傳統的第一套指數體系的分析中，存在著相對數分析和絕對數分析的矛盾現象。以下的分析表明：這種矛盾現象在第二套指數體系中也是同樣存在的。

(二) 按傳統的第二套指數體系分析

相對數分析如下：

$$\frac{\sum_i p_i^1 q_i^1}{\sum_i p_i^0 q_i^0} = \frac{\sum_i p_i^1 q_i^0}{\sum_i p_i^0 q_i^0} \times \frac{\sum_i p_i^1 q_i^1}{\sum_i p_i^1 q_i^0} \tag{4.3}$$

即有　180% = 132.14%×136.22%

絕對數分析如下：

$$\sum_i p_i^1 q_i^1 - \sum_i p_i^0 q_i^0 = (\sum_i p_i^1 q_i^0 - \sum_i p_i^0 q_i^0) + (\sum_i p_i^1 q_i^1 - \sum_i p_i^1 q_i^0) \tag{4.4}$$

即有　224（萬元）= 90（萬元）+134（萬元）

從表面上看，採用第二套指數體系進行分析，沒有出現相對數分析和絕對數分析的矛盾現象。難道第二套指數體系真的不會出現相對數分析和絕對數分析的矛盾現象嗎？事實上並非如此。實際的情況是：由於剛才的兩套指數體系採用的是同一個案例，而在同一個案例中是難以同時出現兩種不同類型的矛盾現象的，所以我們可以將以上案例簡單修改之後再來進行分析（見表 4-2）。

表 4-2　　　某企業基報兩期生產的兩種主要產品資料（2）

產品種類	計量單位	銷售量 q		產品單價（萬元）p		銷售額（萬元）			
		基期	報告期	基期	報告期	$p_i^0q_i^0$	$p_i^1q_i^1$	$p_i^0q_i^1$	$p_i^1q_i^0$
甲	臺	24	30	5.0	8.0	120	240	150	192
乙	件	16	22	10.0	12.0	160	264	220	192
合計	—	—	—	—	—	280	504	370	384

下面我們再按照傳統的第二套指數體系進行分析：

相對數分析如下：

$$\frac{\sum_i p_i^1q_i^1}{\sum_i p_i^0q_i^0}=\frac{\sum_i p_i^1q_i^0}{\sum_i p_i^0q_i^0}\times\frac{\sum_i p_i^1q_i^1}{\sum_i p_i^1q_i^0}\tag{4.5}$$

即有　180%＝131.25%×137.14%

絕對數分析如下：

$$\sum_i p_i^1q_i^1-\sum_i p_i^0q_i^0=(\sum_i p_i^1q_i^0-\sum_i p_i^0q_i^0)+(\sum_i p_i^1q_i^1-\sum_i p_i^1q_i^0)\tag{4.6}$$

即有　224（萬元）＝120（萬元）＋104（萬元）

從以上分析中我們又看到了這樣一個矛盾現象：在相對數分析中，對銷售額的增長影響較大的是產品銷售量的增長（銷售量指數比銷售價格指數高出 5.89 個百分點），但在絕對數分析中，對銷售額的增長影響較大的是產品價格的增長（價格變動對銷售額的影響比銷售量變動對銷售額的影響高出 16 萬元）。這樣就清晰地顯示出在第二套指數體系分析中，同樣可能出現相對數分析和絕對數分析的矛盾現象。由於實際數據出現什麼情況都是有可能的，所以我們可以得出結論：第一套指數體系和第二套指數體系都有可能出現相對數分析和絕對數分析的矛盾現象。

為了解決這一問題，中國很多統計學者對此做出了不懈的努力。早在 20 世紀 80 年代初，楊曾武、徐前和傅春生等老一輩統計學家就提出了一種「包含共變影響指數的指數體系」即前述的「第三套指數體系」。

由以上案例的數據，可按「包含共變影響指數的指數體系」進行分析。

相對數分析如下：

$$\frac{\sum_i p_i^1q_i^1}{\sum_i p_i^0q_i^0}=\frac{\sum_i p_i^1q_i^0}{\sum_i p_i^0q_i^0}\times\frac{\sum_i p_i^0q_i^1}{\sum_i p_i^0q_i^0}\times\left(\frac{\sum_i p_i^1q_i^1}{\sum_i p_i^0q_i^1}\div\frac{\sum_i p_i^1q_i^0}{\sum_i p_i^0q_i^0}\right)\tag{4.7}$$

即有　180.0% = 137.14%× 132.14% × 99.33%

絕對數分析如下：

$$\sum_i p_i^1 q_i^1 - \sum_i p_i^0 q_i^0 = \left(\sum_i p_i^1 q_i^0 - \sum_i p_i^0 q_i^0\right) + \left(\sum_i p_i^1 q_i^0 - \sum_i p_i^0 q_i^0\right) + \left[\left(\sum_i p_i^1 q_i^1 - \sum_i p_i^1 q_i^0\right) - \left(\sum_i p_i^1 q_i^0 - \sum_i p_i^0 q_i^0\right)\right] \tag{4.8}$$

即有　224（萬元）= 104（萬元）+90（萬元）+30（萬元）

以上計算表明，該企業兩種主要產品的銷售額報告期比基期增加了 224 萬元，其中由於產品銷售價格報告期比基期增長 37.14%，使銷售額增加了 104 萬元；由於產品銷售量報告期比基期增長 32.14%，使銷售額增加了 90 萬元；由於產品銷售價格和產品銷售量的共變影響使銷售額降低了 0.64%，使銷售額增加了 30 萬元。

從以上分析中我們雖然沒有明顯看出價格因素和銷售量因素在相對數分析和絕對數分析中的矛盾現象，但在所謂的共變影響因素的分析中，卻又產生了一個新的矛盾現象：在相對數分析中，「共變因素」是一種下降的因素——使銷售額降低了 0.64%；但在絕對數分析中，「共變因素」卻又是一種上升的因素——使銷售額增加了 30 萬元。這一矛盾現象實際上比前一種矛盾現象更加難以合理解釋。因此在社會經濟統計指數的分析中，統計研究人員又逐漸放棄了這樣一種分析方法。

雖然第三套指數體系即「包含共變影響的指數體系」無法解決傳統統計指數的「內在矛盾」問題，但邵祥能、楊本全、莫子御等人發現，該體系的絕對數分析所顯示的各因素的增量關係還是比較清晰的，而且這種增量關係在個體指數在圖形上的表現也是非常直觀的。於是，他們以第三套指數體系的絕對數分析體系為基礎，提出了「第四套指數體系」。

$$\sum_i p_i^1 q_i^1 - \sum_i p_i^0 q_i^0 = \sum_i (p_i^1 - p_i^0)\, q_i^0 + \sum_i (q_i^1 - q_i^0)\, p_i^0 + \sum_i (p_i^1 - p_i^0)(q_i^1 - q_i^0) \tag{4.9}$$

兩邊同除以 $\sum_i p_i^0 q_i^0$，則得到：

$$\frac{\sum_i p_i^1 q_i^1 - \sum_i p_i^0 q_i^0}{\sum_i p_i^0 q_i^0} = \frac{\sum_i (p_i^1 - p_i^0)\, q_i^0}{\sum_i p_i^0 q_i^0} + \frac{\sum_i (q_i^1 - q_i^0)\, p_i^0}{\sum_i p_i^0 q_i^0} + \frac{\sum_i (p_i^1 - p_i^0)(q_i^1 - q_i^0)}{\sum_i p_i^0 q_i^0} \tag{4.10}$$

由此他們認為：以上兩式便構成了所謂「增量共變指數體系」，該體系被以後的統計學者稱為第四套指數體系的絕對數分析和相對數分析的公式。對此我們的看法是：我們並不認為所謂「增量共變指數體系」或第四套指數體系是一套科學合理的指數體系。事實上，所謂的「增量共變指數體系」也並沒有解決傳統指數體系分析中相對數分析和絕對數分析的矛盾。由於對此問題的剖析具有特別的意義，並且稍顯複雜且需占據較大的篇幅，因此我們將在後文中僻出專章來進行分析，此處不贅述。

由上可見，指數體系分析中的「內在矛盾」問題已困擾中國統計學術界多年且未能得到真正的解決。坦率地講，作為社會經濟統計分析重要工具的指數體系分析方法未能在社會經濟實踐中得到廣泛應用，這不能不說是一個主要的原因。因此，如何破解這一「矛盾困局」以及提出解決問題的正確方法，對於社會經濟統計學理論的發展和應用的推動，有著十分重要的意義。

我們的研究發現：指數體系分析的內在矛盾來源於統計指數自身可能存在的偏誤性。只有深刻分析指數偏誤的形成以及其對指數體系分析的影響，才有可能真正地認識和解決這一問題。對此，我們有必要簡要地回顧一下有關統計指數的偏誤問題及相關的檢驗理論和統計指數體系的由來。

二、指數偏誤及檢驗理論簡述和統計指數體系的由來

眾所周知，在西方統計指數的偏誤及相關檢驗方法和理論體系的研究方面，美國統計學家歐文・費雪做出了卓越的貢獻。他在 1911 年寫的《貨幣的購買力》（*The Purchasing Power of Money*）一書的附錄中，就首次提出了關於檢測統計指數公式質量的一系列的檢驗方法。後來，他又在 1922 年出版的一部統計指數的經典性著作《指數的編製》中對指數檢驗理論進行了系統性的修改，由此形成了對統計指數理論具有公理化意義的指數檢驗理論。

費雪的統計指數檢驗理論可以概括為八種檢驗方法（後人也有概括為十種檢驗方法），由於其中多數檢驗方法都比較容易通過，因此費雪認為其中最核心的檢驗是時間互換檢驗、因子互換檢驗和循環檢驗。因此，統計指數檢驗又經常簡化為這「三大檢驗」。

費雪的大量實驗分析表明，除了個別為通過檢驗而專門設計的沒有實質性意義的統計指數之外，沒有發現任何具有實質性意義的統計指數可以通過這三大檢驗，而大多數常用的指數甚至不能通過其中的一項檢驗。比如，最常用的

統計指數即拉氏指數和派氏指數，就無法通過三大檢驗中的任何一項。換言之，根據統計指數檢驗理論，可以認為這些指數具有比較嚴重的指數「偏誤」。

具體地講，統計指數檢驗理論認為：統計指數的偏誤包括型偏誤和權偏誤這兩大類型。

所謂型偏誤，是指因指數的構造方法不正確而造成的偏誤。型偏誤在簡單指數和加權指數中都有可能存在。所謂權偏誤，則是指在加權指數中，因權數的固定時間選擇不正確而造成的偏誤。進一步，統計檢驗理論認為，時間互換檢驗就是關於型偏誤的檢驗方法，而因子互換檢驗則是關於權偏誤的檢驗方法。對於簡單指數而言，由於不存在權數問題，所以只存在指數構造方法問題的檢驗，即對型偏誤的檢驗；而對於加權指數而言，偏誤的產生，既可能存在方法問題，也有可能存在權數問題。也就是說，一個加權指數可能存在權偏誤，也有可能權偏誤和型偏誤兼而有之。

根據統計指數檢驗理論，我們可以對一些常用的加權指數進行這兩種檢驗。

首先，拉氏指數和派氏指數都既通不過「時間互換檢驗」，也通不過「因子互換檢驗」。這是因為：

拉氏指數的時間互換檢驗：$$\frac{\sum_i p_i^1 q_i^0}{\sum_i p_i^0 q_i^0} \cdot \frac{\sum_i p_i^0 q_i^1}{\sum_i p_i^1 q_i^1} \neq 1 \tag{4.11}$$

派氏指數的時間互換檢驗：$$\frac{\sum_i p_i^1 q_i^1}{\sum_i p_i^0 q_i^1} \cdot \frac{\sum_i p_i^0 q_i^0}{\sum_i p_i^1 q_i^0} \neq 1 \tag{4.12}$$

拉氏指數的因子互換檢驗：$$\frac{\sum_i p_i^1 q_i^0}{\sum_i p_i^0 q_i^0} \cdot \frac{\sum_i p_i^0 q_i^1}{\sum_i p_i^0 q_i^0} \neq \frac{\sum_i p_i^1 q_i^1}{\sum_i p_i^0 q_i^0} = V_{1/0} \tag{4.13}$$

派氏指數的因子互換檢驗：$$\frac{\sum_i p_i^1 q_i^1}{\sum_i p_i^0 q_i^1} \cdot \frac{\sum_i p_i^1 q_i^1}{\sum_i p_i^1 q_i^0} \neq \frac{\sum_i p_i^1 q_i^1}{\sum_i p_i^0 q_i^0} = V_{1/0} \tag{4.14}$$

需要特別注意的是：雖然拉氏指數和派氏指數皆不滿足時間互換檢驗和因子互換檢驗，但二者不論在任何條件下，其偏誤的方向正好相反，其偏誤的絕對值也幾乎完全相等。於是人們就想到可以用二者的平均值來構成一個指數。正因為如此，費雪就採用二者的幾何平均值構成了所謂「費氏指數」。

費氏的物價指數為：

$$F_p = \sqrt{\frac{\sum_i p_i^1 q_i^0}{\sum_i p_i^0 q_i^0} \times \frac{\sum_i p_i^1 q_i^1}{\sum_i p_i^0 q_i^1}} \tag{4.15}$$

費雪指數既可以通過時間互換檢驗，也可以通過因子互換檢驗，所以他將其稱為「理想指數」。

費雪指數的時間互換檢驗：

$$\sqrt{\frac{\sum_i p_i^1 q_i^0}{\sum_i p_i^0 q_i^0} \times \frac{\sum_i p_i^1 q_i^1}{\sum_i p_i^0 q_i^1}} \times \sqrt{\frac{\sum_i p_i^0 q_i^1}{\sum_i p_i^1 q_i^1} \times \frac{\sum_i p_i^0 q_i^0}{\sum_i p_i^1 q_i^0}} = 1 \tag{4.16}$$

費雪指數的因子互換檢驗：

$$\sqrt{\frac{\sum_i p_i^1 q_i^0}{\sum_i p_i^0 q_i^0} \times \frac{\sum_i p_i^1 q_i^1}{\sum_i p_i^0 q_i^1}} \times \sqrt{\frac{\sum_i p_i^0 q_i^1}{\sum_i p_i^0 q_i^0} \times \frac{\sum_i p_i^1 q_i^1}{\sum_i p_i^1 q_i^0}} = \frac{\sum_i p_i^1 q_i^1}{\sum_i p_i^0 q_i^0} = V_{1/0} \tag{4.17}$$

人們也很自然地還想到了用同度量因素在基期和報告期的平均值作權數。由此則產生了馬埃指數。

馬埃的物價指數為：

$$M_p = \frac{\sum p_i^1 \left(\frac{q_i^1 + q_i^0}{2} \right)}{\sum p_i^0 \left(\frac{q_i^1 + q_i^0}{2} \right)} = \frac{\sum_i p_i^1 \bar{q}_i}{\sum_i p_i^0 \bar{q}_i} \tag{4.18}$$

統計學界通常認為：馬埃指數可以通過時間互換檢驗，但不能通過因子互換檢驗。

馬埃指數的時間互換檢驗：

$$\frac{\sum_i p_i^1 \bar{q}_i}{\sum_i p_i^0 \bar{q}_i} \cdot \frac{\sum_i p_i^0 \bar{q}_i}{\sum_i p_i^1 \bar{q}_i} = 1 \tag{4.19}$$

馬埃指數的因子互換檢驗：

$$\frac{\sum_i p_i^1 \bar{q}_i}{\sum_i p_i^0 \bar{q}_i} \times \frac{\sum_i q_i^1 \bar{p}_i}{\sum_i q_i^0 \bar{p}_i} \neq \frac{\sum_i p_i^1 q_i^1}{\sum_i p_i^0 q_i^0} = V_{1/0} \tag{4.20}$$

但我們的研究發現：馬埃指數不僅可以通過時間互換檢驗，而且還可以近似地通過因子互換檢驗。

即有

$$\frac{\sum_i p_i^1 q_i^1}{\sum_i p_i^0 q_i^0} \approx \frac{\sum_i p_i^1 \bar{q}_i}{\sum_i p_i^0 \bar{q}_i} \times \frac{\sum_i q_i^1 \bar{p}_i}{\sum_i q_i^0 \bar{p}_i} \tag{4.21}$$

換言之，馬埃指數不僅不具有型偏誤，而且也近似地不具有權偏誤。因此，也是一個比較「理想」的指數形式。(證明見後)

毋庸諱言，中國的社會經濟統計理論直接來源於蘇聯的統計理論。由於「左」的思想的錯誤影響，蘇聯的統計理論對西方指數理論採取了一種幾乎完全否定和批判的態度。特別是將費雪的「三大檢驗」理論和「理想指數」斥為「典型的數學形式主義」。對於費雪關於拉氏指數和派氏指數均不能滿足「時間互換檢驗」和「因子互換檢驗」，因而具有「型偏誤」和「權偏誤」的分析，蘇聯的統計學家卻反其道而行之，發現拉氏數量指標指數與派氏的質量指標指數的乘積，等於相應的總價值量指數，即

$$\frac{\sum_i p_i^1 q_i^1}{\sum_i p_i^0 q_i^1} \times \frac{\sum_i p_i^0 q_i^1}{\sum_i p_i^0 q_i^0} = \frac{\sum_i p_i^1 q_i^1}{\sum_i p_i^0 q_i^0} \tag{4.22}$$

且用拉氏的質量指標指數與派氏的數量指標指數的乘積也等於相應的總價值量指數，即

$$\frac{\sum_i p_i^1 q_i^0}{\sum_i p_i^0 q_i^0} \times \frac{\sum_i p_i^1 q_i^1}{\sum_i p_i^1 q_i^0} = \frac{\sum_i p_i^1 q_i^1}{\sum_i p_i^0 q_i^0} \tag{4.23}$$

進一步，他們還發現，對應於上述兩個相對數體系，二者都還存在著兩個分子分母之差的關係，即

$$\sum_i p_i^1 q_i^1 - \sum_i p_i^0 q_i^0 = \left(\sum_i p_i^1 q_i^1 - \sum_i p_i^0 q_i^1\right) + \left(\sum_i p_i^0 q_i^1 - \sum_i p_i^0 q_i^0\right) \tag{4.24}$$

$$\sum_i p_i^1 q_i^1 - \sum_i p_i^0 q_i^0 = \left(\sum_i p_i^1 q_i^0 - \sum_i p_i^0 q_i^0\right) + \left(\sum_i p_i^1 q_i^1 - \sum_i p_i^1 q_i^0\right) \tag{4.25}$$

這恰好就構成了目前我們的社會經濟統計學中所謂的「第一套」和「第二套」指數體系。由此，占東方社會經濟統計學指數理論重要地位長達數十年的「指數體系分析方法」由此誕生；然而，困擾東方社會經濟統計學指數理論長達數十年的指數體系分析方法「內在矛盾」的困局也由此開局。

應當指出，由於傳統的「第一套」和「第二套」指數體系的建立僅僅來自一種數量上的等量關係，而沒有建立在一種真正嚴謹的科學理論基礎之上，事實上成了一種無原則的「湊合」關係。並且，在應用中只能採用「實用主義」的方法：當「第一套」指數體系出現矛盾的時候，就可以放棄「綜合指數編製的一般原則」，改用「第二套」指數體系；反之，當「第二套」指數體

系出現問題的時候，又改用「第一套」指數體系。這顯然不是一種正確的科學分析方法。

實際上，傳統的「第一套」和「第二套」統計指數體系建立的基礎可以看作一種簡單的數學恒等式。如第一套指數體系的相對數體系來自恒等式：

$$\sum_i p_i^1 q_i^1 \equiv \sum_i p_i^1 q_i^1 \quad 以及 \quad \frac{\sum_i p_i^1 q_i^1}{\sum_i p_i^0 q_i^0} \equiv \frac{\sum_i p_i^1 q_i^1}{\sum_i p_i^0 q_i^0}$$

然後在其右邊分別乘以和除以一個 $\sum_i p_i^0 q_i^1$，就形成了一個「相對數指數體系」公式：

$$\frac{\sum_i p_i^1 q_i^1}{\sum_i p_i^0 q_i^0} \equiv \frac{\sum_i p_i^1 q_i^1}{\sum_i p_i^0 q_i^1} \times \frac{\sum_i p_i^0 q_i^1}{\sum_i p_i^0 q_i^0} \qquad (4.26)$$

而第二套指數體系的相對數體系同樣來自恒等式：

$$\sum_i p_i^1 q_i^1 \equiv \sum_i p_i^1 q_i^1 \quad 以及 \quad \frac{\sum_i p_i^1 q_i^1}{\sum_i p_i^0 q_i^0} \equiv \frac{\sum_i p_i^1 q_i^1}{\sum_i p_i^0 q_i^0}$$

然後在其右邊分別乘以和除以一個 $\sum_i p_i^1 q_i^0$，就又形成了另一個「相對數指數體系」公式：

$$\frac{\sum_i p_i^1 q_i^1}{\sum_i p_i^0 q_i^0} \equiv \frac{\sum_i p_i^1 q_i^0}{\sum_i p_i^0 q_i^0} \times \frac{\sum_i p_i^1 q_i^1}{\sum_i p_i^1 q_i^0} \qquad (4.27)$$

從指數的絕對數分析體系來看也同樣如此。如第一套指數體系的絕對數體系可以看成是來自恒等式：

$$\sum_i p_i^1 q_i^1 \equiv \sum_i p_i^1 q_i^1 \quad 以及 \quad \sum_i p_i^1 q_i^1 - \sum_i p_i^0 q_i^0 \equiv \sum_i p_i^1 q_i^1 - \sum_i p_i^0 q_i^0$$

然後在其右邊分別加上和減去一個 $\sum_i p_i^0 q_i^1$，就形成了一個「絕對數指數體系」公式：

$$\sum_i p_i^1 q_i^1 - \sum_i p_i^0 q_i^0 = \left(\sum_i p_i^1 q_i^1 - \sum_i p_i^0 q_i^1\right) + \left(\sum_i p_i^0 q_i^1 - \sum_i p_i^0 q_i^0\right) \qquad (4.28)$$

而第二套指數體系的絕對數體系同樣可以看成是來自恒等式：

$$\sum_i p_i^1 q_i^1 \equiv \sum_i p_i^1 q_i^1 \quad 及 \quad \sum_i p_i^1 q_i^1 - \sum_i p_i^0 q_i^0 \equiv \sum_i p_i^1 q_i^1 - \sum_i p_i^0 q_i^0$$

然後在其右邊分別加上和減去一個 $\sum_i p_i^1 q_i^0$，就又形成了另一個「絕對數的指數體系」公式：

$$\sum_i p_i^1 q_i^1 - \sum_i p_i^0 q_i^0 = (\sum_i p_i^1 q_i^0 - \sum_i p_i^0 q_i^0) + (\sum_i p_i^1 q_i^1 - \sum_i p_i^1 q_i^0) \quad (4.29)$$

很顯然，從數學的意義上講，我們在恒等式

$$\sum_i p_i^1 q_i^1 - \sum_i p_i^0 q_i^0 \equiv \sum_i p_i^1 q_i^1 - \sum_i p_i^0 q_i^0$$

的右端之中加減任意一個實數 x，都成立：

$$\sum_i p_i^1 q_i^1 - \sum_i p_i^0 q_i^0 = (\sum_i p_i^1 q_i^1 - x) + (x - \sum_i p_i^0 q_i^0) \quad (4.30)$$

而相對數指數體系也可以視為在恒等式 $\frac{\sum_i p_i^1 q_i^1}{\sum_i p_i^0 q_i^0} \equiv \frac{\sum_i p_i^1 q_i^1}{\sum_i p_i^0 q_i^0}$ 的右邊分別乘除以一個 x，即

$$\frac{\sum_i p_i^1 q_i^1}{\sum_i p_i^0 q_i^0} = \frac{\sum_i p_i^1 q_i^1}{x} \times \frac{x}{\sum_i p_i^0 q_i^0} \quad (4.31)$$

不難看出，當 $x = \sum_i p_i^0 q_i^1$ 時，則上述關係就形成了所謂第一套指數體系；而當 $x = \sum_i p_i^1 q_i^0$ 時，則上述關係就形成了所謂的第二套指數體系。從數學的意義上講，當 x 取其他任意實數值時，都可以形成任意的「指數體系」了。因為由此可產生任意多個形式不同的恒等式，這似乎才真是一個十分簡單的卻又可以「隨心所欲」的數學游戲。但如果我們還糾纏於這其中哪些形式具有「現實的經濟意義」而哪些形式不具有「現實的經濟意義」的「研究」，那就大錯特錯了，事實上，只考慮指數體系的等量關係而不考慮其等量關係建立的客觀必然條件，就很難避免產生「絕對數分析和相對數分析的矛盾現象」。

三、指數權偏誤是指數體系矛盾現象的根源

應當說，以上的分析讓我們瞭解了「矛盾現象」產生的外部情況，進一步，我們還需要厘清「矛盾現象」產生的內在機制問題。也就是說，我們要弄清楚這些「矛盾」或「差異」是如何形成的、「差異」的大小和方向是如何決定的，由此才可以從根本上認識清楚這種「矛盾現象」產生的內在機制，從而才有可能從根本上規避「矛盾現象」的出現。

統計指數從本質上講是一種相對數，因此，從更具一般性的層面上，我們需要考察兩個相對數的大小與其對應的絕對數差異（或稱為分子分母之差）之間的關係。

社會經濟統計學理論告訴我們，為了從不同的角度全面地反應社會經濟現象的數量，統計指標有著各種不同的分類方法。其中，根據指標數值表現形式的不同，統計指標可分為總量指標、相對指標和平均指標，它們分別採用了絕對數、相對數和平均數的形式來反應社會經濟現象的數量特徵。

相對指標或相對數在社會經濟統計分析中具有十分重要的地位和意義，它可以揭示社會經濟現象直接的數量聯繫和對比關係，可以更深入地反應客觀現象的本質特徵和規律性。早在兩千多年以前，孟子就曾說過「權，然後知輕重；度，然後知長短」。十分簡單的一句話，就道出了數字在其相對性分析上的重要作用。

統計指數就是一種反應社會經濟現象變動方向和程度的動態相對數，或者更廣義地講，它是反應不同時間、空間條件下現象綜合大小的比較數字，所以，所有的相對數都可以視為廣義的指數。所以，要辨明統計指數體系中相對數分析和絕對數分析之間的關係，我們就必須先辨明相對數和絕對數之間的簡明數學關係。

（一）相對數和絕對數關係的簡要數學分析

為簡化分析並考慮到分析的一般性，我們設社會經濟現象有四個總量指標，分別為 a、b、c、d。由於社會經濟現象的總量一般不會為負，為分析簡便起見，不妨設 $a > 0$，$b > 0$，$c > 0$，$d > 0$。同時設這四個總量指標構成了兩個相對數即 a/b 與 c/d 。仿照上述有關統計指數體系中的相互關係，可將這四個總量指標構成如下的相對數關係和絕對數關係。我們來分析以下等式成立的條件和可能出現的問題：

可能的相對數關係體系為：$\frac{a}{b} \times \frac{c}{d} = \frac{a}{d}$

可能的絕對數關係體系為：$(a - b) + (c - d) = a - d$

不難看出，如果要模擬傳統的第一套和第二套指數體系各數據之間的關係，只需假設 $b = c$ ，由此則形成以下兩個恒等式：

相對數關係體系為：$\frac{a}{b} \times \frac{b}{d} \equiv \frac{a}{d}$

絕對數關係體系為：$(a - b) + (b - d) \equiv a - d$

為了使分析更具有一般性，我們可以考慮不假設 $b = c$，再來觀察數據之間會出現什麼樣的情況。

為了便於分解統計指數體系分析中的相對數分析和絕對數分析之間的矛盾現象，我們可以簡明地把這種矛盾現象表示為：

當 $a/b > c/d$ 或 $a/b - c/d > 0$ 時，出現 $a - b < c - d$ 或 $(a - b) - (c - d) < 0$ 現象的條件和關係問題。

第一，從絕對數分析來看，分子分母之差的大小，即 $(a - b) - (c - d)$ 的大小僅由一個因素來決定——分子分母絕對差異的大小，可記為 $(a - b) - (c - d)$ 的大小。

而從相對數分析來看，相對數的大小由兩個因素所決定，其一當然是分子分母絕對差異的大小，其二則是分母的數值水準的高低。就兩個相對數相比較而言，在其分母的數值水準相同的條件下，相對數的大小完全取決於二者分子分母絕對差異的大小，其中分子分母絕對差異較大者，其對應的相對數也較大，反之則較小。對此用上述符號可表示為：當 $b = d$ 時，若 $a/b > c/d$，必有 $a > c$ 以及 $a - b > c - d$ 或 $(a - b) - (c - d) > 0$。注意在此條件下，不會出現相對數分析和絕對數分析之間的矛盾現象。

第二，當二者分母的數值水準不同時，又可分為兩種情況：

第一種情況是二者的分子分母的差異十分顯著時，即使二者的分母水準有所不同，但分子分母差異特別大者，其相對數也更大。對此可用以上符號表示為：當 $(a - b) >> (c - d)$ 時，$a/b > c/d$。注意在此條件下，也不會出現相對數分析和絕對數分析之間的矛盾現象。

應當注意的是第二種情況，即兩個相對數的分子分母的差異並不顯著時（為便於觀察，不妨假設二者相等），其中分母數值較低者，其對應的相對數較大，而分母的數值較高者，其對應的相對數較小。用上述符號不妨表示為：當 $a - b = c - d$ 時，若 $b > d$，（為避免問題複雜化，不妨設 $a > b$），則有

$$b(c - d) > d(a - b),$$

$$b/(a - b) > d/(c - d),$$

$$(a - b)/b < (c - d)/d,$$

故有

$$a/b < c/d$$

可見當兩相對數的分子分母差異不大時（這裡暫且用 $a - b = c - d$ 表示，且有 $b > d$），就可能出現相對數之間有明顯差異的情況，即有 $a/b < c/d$。注意這裡出現問題的關鍵還在於兩個相對數的分母有明顯的差異，即 $b > d$。

由上述可見，兩個相對數及對應的分子分母之差的所謂矛盾現象，是在其

二者分母存在明顯差異而二者的分子分母之差相對差異並不明顯的情況下出現的。當兩個相對數的差異是決定於二者的分母數值差異較大而不是二者的分子分母差異較大時，就極有可能出現所謂的相對數分析和絕對數分析之間的「矛盾現象」。這就是統計指數體系出現「矛盾現象」的癥結所在。

（二）統計指數的相對數和絕對數之間的關係分析

統計指數的相對數和絕對數之間的關係，是上述簡明的一般數學關係在經濟統計指數分析中的具體表現。由上述分析可知，在指數分析中，作為相對數的分母的數值水準的高低又是由兩方面的因素所決定的：其一是客觀因素，也就是經濟變量發展的客觀現實數據使然，這是真實經濟情況的反應，是正常的。其二是非客觀因素即人為的因素所造成的，即是由統計指數公式的構造者在加權指數的構造中，加入了某種偏高或偏低的權數（同度量因素）所致。舉例來說，在數量指標和質量指標均呈現總體向上的情況下（即 $\sum_i p_i^1 q_i^1 > \sum_i p_i^0 q_i^0$ 時），由上述分析可知，如果此時採用拉氏指數公式即採用基期指標加權的話，即會在一定程度上降低分母的水準，並在一定程度上提高相對數的數值，但這對於分子分母之差的影響相對較小，從而造成相對數的增長高於絕對數增長程度的情況；同樣，在數量指標和質量指標均呈現整體向上的情況下，由上述分析可知，如果採用派氏指數公式即採用報告期指標加權的話，即會在一定程度上提高分母的水準，並在一定程度上降低相對數的數值，從而造成相對數的增長低於絕對數增長程度的情況。反之，在數量指標和質量指標均呈現總體向下的情況下（即 $\sum_i p_i^1 q_i^1 < \sum_i p_i^0 q_i^0$ 時），如果採用拉氏指數或派氏指數公式即採用基期或報告期指標加權的話，則會出現與上述情況正好相反的現象。這就說明在統計指數分析中，由於加權不當就有可能導致兩個（及以上）相對數的分母出現明顯的數量差異，所以我們可以得出如下結論：統計指數體系分析中出現的這種所謂的相對數分析和絕對數分析的「矛盾現象」，其根源就來自統計指數加權方式不當所形成的「權偏誤」。

由上述可知，傳統指數體系分析中的相對數分析和絕對數分析的「矛盾現象」的出現不是偶然的，它們正是由拉氏指數公式和派氏指數公式本身的加權時間標志的不一致所產生的，或者說是由拉氏指數公式和派氏指數公式本身所具有的「權偏誤」性質的影響所造成的，而並非什麼「交互影響」或「共變因素」所致。而之所以在中國指數理論研究方面長期對其爭論不休，正是由於我們忽視了統計經典指數理論關於指數「偏誤」的檢測和分析。

總而言之，在一般情況下，用報告期同度量因素加權，會使分子分母的差異相對趨大，而使相對數值相對趨小；而使用基期的同度量因素加權，會使分子分母的差異相對趨小，而使相對數值相對趨大。用基期加權相對比用報告期加權，會使其產生反向的效果，但都會產生方向相反的趨向性偏差——「權偏誤」。因此，人們很容易想到可以用平均的方式來消除權偏誤，由此就產生了基於費雪指數的幾何平均指數體系：

費雪指數體系為 $F_{pq} = F_p \times F_q$，或展開為：

$$\frac{\sum_i p_i^1 q_i^1}{\sum_i p_i^0 q_i^0} = \sqrt{\frac{\sum_i p_i^1 q_i^0}{\sum_i p_i^0 q_i^0} \times \frac{\sum_i p_i^1 q_i^1}{\sum_i p_i^0 q_i^1}} \times \sqrt{\frac{\sum_i p_i^0 q_i^1}{\sum_i p_i^0 q_i^0} \times \frac{\sum_i p_i^1 q_i^1}{\sum_i p_i^1 q_i^0}} \tag{4.32}$$

這恰好就是費雪對「理想指數」進行因子互換檢驗的公式。

其對應的絕對數關係體系為：

$$\sum_i p_i^1 q_i^1 - \sum_i p_i^0 q_i^0 = \frac{1}{2}\left[\left(\sum_i p_i^1 q_i^0 - \sum_i p_i^0 q_i^0\right) + \left(\sum_i p_i^1 q_i^1 - \sum_i p_i^0 q_i^1\right)\right] + \frac{1}{2}\left[\left(\sum_i p_i^0 q_i^1 - \sum_i p_i^0 q_i^0\right) + \left(\sum_i p_i^1 q_i^1 - \sum_i p_i^1 q_i^0\right)\right] \tag{4.33}$$

根據我們前面的分析，由於 F_p 和 F_q 這兩大指數的權數固定時期相同，所以其不會產生權偏誤，從而不會出現相對數分析和絕對數分析之間的矛盾。

同時我們也很容易想到可以用基期和報告期的算術平均數來加權以消除權偏誤。由此我們可以考慮建立以馬埃指數為基礎的均值加權指數體系（相關證明見後文）。

相對數分析體系為：

$$\frac{\sum_i p_i^1 q_i^1}{\sum_i p_i^0 q_i^0} \approx \frac{\sum_i p_i^1 \bar{q}_i}{\sum_i p_i^0 \bar{q}_i} \times \frac{\sum_i q_i^1 \bar{p}_i}{\sum_i q_i^0 \bar{p}_i} \tag{4.34}$$

絕對數分析體系為：

$$\sum_i p_i^1 q_i^1 - \sum_i p_i^0 q_i^0 = \left(\sum_i p_i^1 \bar{q}_i - \sum_i p_i^0 \bar{q}_i\right) - \left(\sum_i q_i^1 \bar{p}_i - \sum_i q_i^0 \bar{p}_i\right) \tag{4.35}$$

同樣，根據我們前面的分析，由於其中的 $\frac{\sum_i p_i^1 \bar{q}_i}{\sum_i p_i^0 \bar{q}_i}$ 和 $\frac{\sum_i q_i^1 \bar{p}_i}{\sum_i q_i^0 \bar{p}_i}$ 這兩大指數採用了相同的加權方式，即採用了用報告期和基期的算術平均值加權，所以也基本上可以消除權偏誤，而不會出現相對數分析和絕對數分析之間的矛盾。

四、均值加權指數體系的創立

前述西方指數理論中關於馬埃指數的結論是：馬埃指數滿足時間互換檢驗，但不滿足因子互換檢驗。我們認為，這個結論是不夠完整和準確的。事實上，馬埃指數不僅滿足時間互換檢驗，而且還近似地滿足因子互換檢驗。在此基礎上，我們可以創立以馬埃指數為基礎的均值加權指數體系：

相對數分析體系為：

$$\frac{\sum_i p_i^1 q_i^1}{\sum_i p_i^0 q_i^0} \approx \frac{\sum_i p_i^1 \bar{q}_i}{\sum_i p_i^0 \bar{q}_i} \times \frac{\sum_i q_i^1 \bar{p}_i}{\sum_i q_i^0 \bar{p}_i} \tag{4.36}$$

絕對數分析體系為：

$$\sum_i p_i^1 q_i^1 - \sum_i p_i^0 q_i^0 = \left(\sum_i p_i^1 \bar{q}_i - \sum_i p_i^0 \bar{q}_i\right) - \left(\sum_i q_i^1 \bar{p}_i - \sum_i q_i^0 \bar{p}_i\right) \tag{4.37}$$

注意在以上公式中，指數體系的相對數分析體系是近似成立的，而絕對數分析體系是完全成立的。顯然，要由一個近似成立的式子推出一個完全成立的式子是不合適的。下面，我們將由式（4.37）反推式（4.36）的合理性。

在此之前，我們先證明式（4.37）的科學性。

$$\begin{aligned}
\text{右邊} &= \left(\sum_i p_i^1 \bar{q}_i - \sum_i p_i^0 \bar{q}_i\right) - \left(\sum_i q_i^1 \bar{p}_i - \sum_i q_i^0 \bar{p}_i\right) \\
&= \left[\sum_i p_i^1 \left(\frac{q_i^0 + q_i^1}{2}\right) - \sum_i p_i^0 \left(\frac{q_i^0 + q_i^1}{2}\right)\right] + \\
&\quad \left[\sum_i \left(\frac{p_i^0 + p_i^1}{2}\right) q_i^1 - \sum_i \left(\frac{p_i^0 + p_i^1}{2}\right) q_i^0\right] \\
&= \frac{1}{2}\left[\left(\sum_i p_i^1 q_i^0 + \sum_i p_i^1 q_i^1\right) - \left(\sum_i p_i^0 q_i^0 + \sum_i p_i^0 q_i^1\right)\right] + \\
&\quad \frac{1}{2}\left[\left(\sum_i p_i^0 q_i^1 + \sum_i p_i^1 q_i^1\right) - \left(\sum_i p_i^0 q_i^0 + \sum_i p_i^1 q_i^0\right)\right] \\
&= \frac{1}{2}\left[2\sum_i p_i^1 q_i^1 - 2\sum_i p_i^0 q_i^0\right] = \sum_i p_i^1 q_i^1 - \sum_i p_i^0 q_i^0 = \text{左邊}
\end{aligned}$$

顯然，式（4.37）的等量關係是完全成立的。接下來，我們可以用式（4.37）來反推式（4.36）的合理性。這就意味著我們將以均值加權指數體系的絕對數分析體系為基礎，來導出均值加權指數體系的相對數分析體系。

為便於後面推導的需要，我們首先進行變量的預處理：記 $\sum_i p_i^n q_i^n$ 為

$\sum_i p_i^1 q_i^1$，$\sum_i p_i^0 q_i^0$，$\sum_i p_i^1 \bar{q}_i$，$\sum_i p_i^0 \bar{q}_i$，$\sum_i \bar{p}_i q_i^1$，$\sum_i \bar{p}_i q_i^0$ 各項的均值，則可將式（4.36）等價地轉換為：

$$\left(\frac{\sum_i p_i^1 q_i^1}{\sum_i p_i^n q_i^n} - 1\right) - \left(\frac{\sum_i p_i^0 q_i^0}{\sum_i p_i^n q_i^n} - 1\right) = \left[\left(\frac{\sum_i p_i^1 \bar{q}_i}{\sum_i p_i^n q_i^n} - 1\right) - \left(\frac{\sum_i p_i^0 \bar{q}_i}{\sum_i p_i^n q_i^n} - 1\right)\right] + \left[\left(\frac{\sum_i \bar{p}_i q_i^1}{\sum_i p_i^n q_i^n} - 1\right) - \left(\frac{\sum_i \bar{p}_i q_i^0}{\sum_i p_i^n q_i^n} - 1\right)\right] \quad (4.38)$$

不難看出：預處理後各變量均由總量形態轉化為接近於 1 的系數形態。

由於在指數體系分析中，相對數關係為乘積關係，在數學關係上可視為積商空間關係；而絕對數關係為加減關係，在數學關係上可視為和差空間關係，要比較二者之間的關係，就必須實現積商空間與和差空間的關係轉換。為此，我們引入近似計算的數學關係 $\ln x \approx x - 1$，分別對式中各指標作變量代換：

$$\ln\frac{\sum_i p_i^1 q_i^1}{\sum_i p_i^n q_i^n} \approx \frac{\sum_i p_i^1 q_i^1}{\sum_i p_i^n q_i^n} - 1\text{；}\ln\frac{\sum_i p_i^0 q_i^0}{\sum_i p_i^n q_i^n} \approx \frac{\sum_i p_i^0 q_i^0}{\sum_i p_i^n q_i^n} - 1\text{；}\ln\frac{\sum_i p_i^1 \bar{q}_i}{\sum_i p_i^n q_i^n} \approx \frac{\sum_i p_i^1 \bar{q}_i}{\sum_i p_i^n q_i^n} - 1\text{；}$$

$$\ln\frac{\sum_i p_i^0 \bar{q}_i}{\sum_i p_i^n q_i^n} \approx \frac{\sum_i p_i^0 \bar{q}_i}{\sum_i p_i^n q_i^n} - 1\text{；}\ln\frac{\sum_i \bar{p}_i q_i^1}{\sum_i p_i^n q_i^n} \approx \frac{\sum_i \bar{p}_i q_i^1}{\sum_i p_i^n q_i^n} - 1\text{；}\ln\frac{\sum_i \bar{p}_i q_i^0}{\sum_i p_i^n q_i^n} \approx \frac{\sum_i \bar{p}_i q_i^0}{\sum_i p_i^n q_i^n} - 1$$

將以上近似的數量關係代入式（4.36）：

$$\ln\left(\frac{\sum_i p_i^1 q_i^1}{\sum_i p_i^n q_i^n}\right) - \ln\left(\frac{\sum_i p_i^0 q_i^0}{\sum_i p_i^n q_i^n}\right) = \left[\ln\left(\frac{\sum_i p_i^1 \bar{q}_i}{\sum_i p_i^n q_i^n}\right) - \ln\left(\frac{\sum_i p_i^0 \bar{q}_i}{\sum_i p_i^n q_i^n}\right)\right] + \left[\ln\left(\frac{\sum_i \bar{p}_i q_i^1}{\sum_i p_i^n q_i^n}\right) - \ln\left(\frac{\sum_i \bar{p}_i q_i^0}{\sum_i p_i^n q_i^n}\right)\right] \quad (4.39)$$

則顯見其成立：

$$\frac{\sum_i p_i^1 q_i^1}{\sum_i p_i^0 q_i^0} = \frac{\sum_i p_i^1 \bar{q}_i}{\sum_i p_i^0 \bar{q}_i} \times \frac{\sum_i \bar{p}_i q_i^1}{\sum_i \bar{p}_i q_i^0} \quad (4.40)$$

但考慮到在以上的證明過程中，借助了近似計算的數學關係 $\ln x \approx x - 1$，故應當成立：

$$\frac{\sum_i p_i^1 q_i^1}{\sum_i p_i^0 q_i^0} \approx \frac{\sum_i p_i^1 \bar{q}_i}{\sum_i p_i^0 \bar{q}_i} \times \frac{\sum_i \bar{p}_i q_i^1}{\sum_i \bar{p}_i q_i^0} \tag{4.41}$$

以上我們從理論分析的角度建立了以馬埃指數為基礎的均值加權指數體系。同時，從後文中的實證檢驗中也可以看到：按我們手中掌握的十種統計學教科書的統計指數案例計算，全部案例的最大偏差僅為 0.003，其中幾個案例的偏差為零。可見，均值加權指數體系具有極高的近似程度。

通過進一步分析可知，均值加權指數體系中的數量關係受到兩種數量機制的影響：其一是近似計算的數學關係 $\ln x \approx x - 1$，這種數量關係客觀上要求 x 接近於 1；其二是相對數分析的數學關係 $\frac{\sum_i p_i^1 q_i^1}{\sum_i p_i^0 q_i^0} \approx \frac{\sum_i p_i^1 \bar{q}_i}{\sum_i p_i^0 \bar{q}_i} \times \frac{\sum_i \bar{p}_i q_i^1}{\sum_i \bar{p}_i q_i^0}$ 也在調整著變量的數量關係。具體地講，從第一種數量關係來看，似乎變量越接近於 1，準確程度越高。但由於第二種數量關係的存在，即使左端指數的變動並不接近於 1，而由於各個指數均是按同一方式（即都是按 $\ln x \approx x - 1$）轉化的，且具有同向變化的特徵，若左端較大則右端必然也會隨之增大，從而仍然保持數量關係的均衡，呈現出並不受制於在 1 的周圍變動的特徵（從後文的第 1 和第 3 個案例就很容易看出：雖然第 1 個案例的數據接近於 1 而第 3 個案例的數據大於 1，但第 3 個案例的近似程度甚至還高於第 1 個案例）。

綜上所述不難看出：以馬埃指數為基礎所構建的均值加權指數體系可以近似地滿足因子互換檢驗，基本可以消除「權偏誤」對指數體系的影響。在分析中不會出現相對數分析和絕對數分析之間的矛盾，以下的實證分析可以進一步印證這一結論。

五、指數體系「矛盾現象」和「權偏誤」性的實證分析

以上我們從理論上證實了指數體系的「矛盾現象」來自加權指數本身可能具有的「權偏誤性」，並證明了由於費雪指數和馬埃指數不具有或近似不具有「權偏誤性」，因此，建立在費雪指數基礎之上的費雪指數體系和建立在馬埃指數基礎之上的均值加權指數體系不會出現相對數分析和絕對數分析的矛盾現象。這裡，我們以表 4-1 的數據為例進行實證分析，結果見表 4-3。

表 4-3　　某企業三種主要產品銷售情況 (3)

商品名稱	銷售價格 (萬元)		銷售量		銷售額 (萬元)							
	p_i^0	p_i^1	q_i^0	q_i^1	$p_i^0q_i^0$	$p_i^0q_i^1$	$p_i^1q_i^0$	$p_i^1q_i^1$	$p_i^0\bar{q}$	$p_i^1\bar{q}$	$q_i^0\bar{p}$	$q_i^1\bar{p}$
甲	2.4	3.0	50	80	120	192	150	240	156	195	135	216
乙	1.6	2.2	100	120	160	192	220	264	176	242	190	228
合計	—	—	—	—	280	384	370	504	332	437	325	444

考慮到分析的系統性，我們首先來進行關於型偏誤性的測定。

對於型偏誤的具體測定，美國統計學家莫杰特給出了一個具體的公式 $E_1 = p_{1/0} \cdot p_{0/1} - 1$，並給出檢驗依據：

若 $E_1 = 0$，則指數公式滿足時間互換測驗；

若 $E_1 < 0$，則指數公式存在下偏的型偏誤；

若 $E_1 > 0$，則指數公式存在上偏的型偏誤。

由此可測算如下：

按拉氏指數公式計算：

$$E_1 = \frac{\sum_i p_i^1 q_i^0}{\sum_i p_i^0 q_i^0} \cdot \frac{\sum_i p_i^0 q_i^1}{\sum_i p_i^1 q_i^1} - 1 = \frac{370}{280} \times \frac{384}{504} - 1 = 0.006,8 > 0 \tag{4.42}$$

可見存在上型偏誤。

按帕氏指數公式計算：

$$E_1 = \frac{\sum_i p_i^1 q_i^1}{\sum_i p_i^0 q_i^1} \times \frac{\sum_i p_i^0 q_i^0}{\sum_i p_i^1 q_i^0} - 1 = \frac{504}{384} \times \frac{280}{370} - 1 =- 0.006,8 < 0 \tag{4.43}$$

可見存在下型偏誤。

按費雪的理想指數公式計算：

$$E_1 = \sqrt{\frac{\sum_i p_i^1 q_i^0}{\sum_i p_i^0 q_i^0} \times \frac{\sum_i p_i^1 q_i^1}{\sum_i p_i^0 q_i^1}} \times \sqrt{\frac{\sum_i p_i^0 q_i^1}{\sum_i p_i^1 q_i^1} \times \frac{\sum_i p_i^0 q_i^0}{\sum_i p_i^1 q_i^0}} - 1$$

$$= \sqrt{\frac{370}{280} \times \frac{504}{384}} \times \sqrt{\frac{384}{504} \times \frac{280}{370}} - 1 = 0 \tag{4.44}$$

不存在型偏誤。

按馬埃指數公式計算：

$$E_1 = \frac{\sum_i p_i^1 \bar{q}_i}{\sum_i p_i^0 \bar{q}_i} \times \frac{\sum_i p_i^0 \bar{q}_i}{\sum_i p_i^1 \bar{q}_i} - 1 = \frac{437}{332} \times \frac{332}{437} - 1 = 0 \tag{4.45}$$

也不存在型偏誤。

對於權偏誤的具體測定，美國統計學家莫杰特也給出了具體的測算公式，即 $E_2 = K_p \times K_q / V - 1$，並給出了檢驗的依據：

若 $E_2 = 0$，則指數公式滿足因子互換檢驗；

若 $E_2 < 0$，則指數公式存在下偏的權偏誤；

若 $E_2 > 0$，則指數公式存在上偏的權偏誤。

同樣，根據以上的數例，我們來進行權偏誤性的測算。

按拉氏指數公式計算：

$$E_2 = \frac{\sum_i p_i^1 q_i^0}{\sum_i p_i^0 q_i^0} \times \frac{\sum_i p_i^0 q_i^1}{\sum_i p_i^0 q_i^0} / \frac{\sum_i p_i^1 q_i^1}{\sum_i p_i^0 q_i^0} - 1$$

$$= (\frac{370}{280} \times \frac{384}{280}) / \frac{504}{280} - 1 = 0.006,8 > 0 \tag{4.46}$$

存在上權偏誤+0.68%。

按帕氏指數公式計算：

$$E2 = \frac{\sum_i p_i^1 q_i^1}{\sum_i p_i^0 q_i^1} \times \frac{\sum_i p_i^1 q_i^1}{\sum_i p_i^1 q_i^0} / \frac{\sum_i p_i^1 q_i^1}{\sum_i p_i^0 q_i^0} - 1$$

$$= \frac{504}{384} \times \frac{504}{370} / \frac{504}{280} - 1 = - 0.006,8 < 0 \tag{4.47}$$

存在下權偏誤-0.68%。

按費雪指數公式計算：

$$E_2 = \sqrt{\frac{\sum_i p_i^1 q_i^0}{\sum_i p_i^0 q_i^0} \times \frac{\sum_i p_i^1 q_i^1}{\sum_i p_i^0 q_i^1}} \cdot \sqrt{\frac{\sum_i p_i^0 q_i^1}{\sum_i p_i^0 q_i^0} \times \frac{\sum_i p_i^1 q_i^1}{\sum_i p_i^1 q_i^0}} / \frac{\sum_i p_i^1 q_i^1}{\sum_i p_i^0 q_i^0} - 1$$

$$= \sqrt{\frac{370}{280} \times \frac{504}{384}} \cdot \sqrt{\frac{384}{280} \times \frac{504}{370}} / \frac{504}{280} - 1 = 0 \tag{4.48}$$

不存在權偏誤性。

按馬埃指數公式計算：

$$E_2 = \frac{\sum_i p_i^1 \bar{q}_i}{\sum_i p_i^0 \bar{q}_i} \times \frac{\sum_i q_i^1 \bar{p}_i}{\sum_i q_i^0 \bar{p}_i} / \frac{\sum_i p_i^1 q_i^1}{\sum_i p_i^0 q_i^0} - 1$$

$$= \frac{437}{332} \times \frac{444}{325} / \frac{504}{280} - 1 = - 0.000,1 \approx 0 \tag{4.49}$$

基本上不存在權偏誤性。

為了更廣泛地探測馬埃指數體系的分析效果和計算誤差，我們利用手中掌握的不同年代出版的 10 種社會經濟統計學書籍中關於統計指數的案例，分別按照傳統第一套指數體系和我們所構造的均值加權指數體系（或稱為馬埃指數體系）進行了計算和對比，其計算結果如表 4-4 所示：

表 4-4　10 種社會經濟統計學書籍中關於統計指數的案例對比（1）

序號	書名	作者	出版社	馬埃數量指數	馬埃質量指數	馬埃指數乘積	拉式數量指數	派氏質量指數	傳統指數乘積	指數乘積差異
1	社會經濟統計學原理教科書	編寫組	中國統計出版社	1.106,0	1.094,4	1.210,4	1.107,7	1.092,9	1.210,6	-0.000,2
2	社會經濟統計學原理講義	楊曾武等	中國統計出版社	1.184,6	0.936,4	1.109,3	1.200,0	0.925,0	1.110,0	-0.000,7
3	社會經濟統計學原理	編寫組	中國財政經濟出版社	1.129,6	0.927,4	1.047,6	1.131,0	0.926,3	1.047,6	0.000,0
4	社會經濟統計學原理	陳漢章	四川科學技術出版社	1.416,2	0.847,7	1.200,5	0.853,8	1.406,8	1.201,2	-0.000,7
5	統計學原理	楊堅白等	上海人民出版社	1.006,6	1.028,1	1.034,9	0.999,0	1.035,8	1.034,7	0.000,2
6	描述統計學	徐浪 王青華	西南財經大學出版社	1.490,4	1.085,9	1.618,4	1.504,2	1.078,2	1.621,8	-0.003,4
7	統計學	賈俊平 金勇進	中國人民大學出版社	1.286,3	1.026 1	1.319,9	1.288,8	1.024,4	1.320,2	-0.000,3
8	經濟統計分析方法	林峰 葛新權	社會科學文獻出版社	1.106,0	1.094,4	1.210,4	1.107,7	1.092,9	1.210,6	-0.000,2
9	統計指數理論及應用	徐國祥	中國統計出版社	1.085,2	0.905,9	0.983,1	1.087,5	0.904,0	0.983,1	0.000,0
10	指數理論研究	孫慧鈞	東北財經大學出版社	1.134,6	1.120,5	1.271,3	1.133,8	1.121,1	1.271,1	0.000,2

由表 4-4 的計算結果不難看出：雖然我們構造的均值加權指數體系只是一個近似的等式，但這個近似的程度是相當高的，表 4-4 中的最後一列給出了我們所構造的均值加權指數體系等式兩端的差值，可以看到此差值有正有負，其數值都是非常小的。由此可知，採用均值加權指數體系進行的近似計算和分析，其精確度是相當高的。更重要的是，採用均值加權指數體系進行的分析是比較準確和可靠的，它從根本上消除了指數體系分析中所固有的相對數分析和絕對數分析的矛盾，為統計指數的發展提供了可靠的保證。

均值加權指數體系分析的另一優勢就在於它與拉氏指數和帕氏指數不同，作為綜合指數的拉氏指數和帕氏指數為了解決指數化因素的同度量問題，需要把同度量因素的時間加以固定，並且是固定在時間的一端（報告期或基期固定），這樣不僅造成了指數計算上過大的假定性（由此就產生了假定性誤差或稱為指數偏誤)，同時也成為傳統指數體系的相對數分析和絕對數分析不一致的根源。然而，由於均值加權指數體系所依託的馬埃指數採用了將同度量因素按中期（同度量因素在報告期和基期的平均數）固定的方式，不僅大大減少了指數計算的假定性誤差或指數偏誤，而且由此構造的均值加權指數體系分析還可以基本消除傳統指數體系的相對數分析和絕對數分析矛盾的痼疾，實為一種不可多得的「理想指數」。在表 4-5 中，我們根據前面所舉的十種社會經濟統計學書籍中的指數案例分別按兩套不同的指數體系計算出了結果，不難看出，原有的相對數分析和絕對數分析的矛盾在均值加權指數體系中不復存在。

表 4-5　10 種社會經濟統計學書籍中關於統計指數的案例對比（2）

序號	傳統第一套指數體系		均值加權指數體系	
	$\frac{\sum_i p_i^1q_i^1}{\sum_i p_i^0q_i^0}=\frac{\sum_i p_i^1q_i^1}{\sum_i p_i^0q_i^1}\times\frac{\sum_i p_i^0q_i^1}{\sum_i p_i^0q_i^0}$	$\sum_i p_i^1q_i^1-\sum_i p_i^0q_i^0=$ $(\sum_i p_i^1q_i^1-\sum_i p_i^0q_i^1)+$ $(\sum_i p_i^0q_i^1-\sum_i p_i^0q_i^0)$	$\frac{\sum_i p_i^1q_i^1}{\sum_i p_i^0q_i^0}\approx\frac{\sum_i p_i^1q_i}{\sum_i p_i^0q_i}\times\frac{\sum_i q_i^1p_i}{\sum_i q_i^0p_i}$	$\sum_i p_i^1q_i^1-\sum_i p_i^0q_i^0\approx$ $(\sum_i p_i^1q-\sum_i p_i^0q)+$ $(\sum_i p_iq_i^1-\sum_i p_iq_i^0)$
1	121. 06% = 110. 77%×109. 29%	5. 475 = 2. 8+2. 675	121. 06% = 110. 6%×109. 44%	5. 475 = 2. 885+2. 587, 5
2	111% = 120%×92. 5%	44 = 88+（-36）	111% = 118. 46%×93. 64%	44 = 72+（-28）
3	104. 76% = 113. 1%×92. 63%	8 = 22+（-14）	104. 76% = 112. 96%×92. 72%	8 = 21+（-13）
4	120. 12% = 84. 3%×142. 4%	52, 300 = 110, 300 +（-58, 000）	120. 12% = 141. 62%×84. 27%	52, 300 = 100, 300 +（-48, 000）
5	103. 6% = 99. 9%×103. 7%	6. 8 =（-0. 2）+7. 2	103. 6% = 100. 7%×102. 8%	6. 8 = 1. 3+5. 5
6	161. 76% = 150. 42%×107%	14, 800 = 12, 000+2, 800	161. 74% = 149. 04%×108. 22%	14, 800 = 12, 240+2, 560
7	132. 02% = 128. 88%×102. 44%	215, 100 = 193, 980+21, 120	132. 02% = 128. 63%×102. 61%	215, 100 = 195, 015+20, 085
8	121. 06% = 110. 77%×109. 29%	5, 475 = 2, 800+2, 675	121. 06% = 110. 6%×109. 44%	5, 475 = 2, 887. 5+2, 587. 5
9	98. 31% = 108. 75%×90. 40%	-68 = 351. 6+（-419. 6）	98. 31% = 108. 52%×90. 595	-68 = 326. 8+（-394. 8）
10	127. 14% = 113. 46%×112. 05%	38. 5 = 19. 5+19	127. 14% = 113. 46%×112. 05%	38. 5 = 20. 25+18. 25

由表 4-5 中的計算結果可以看出：

第一，作為指數體系的平衡公式，均值加權指數體系與傳統指數體系都呈現出明顯的平衡關係。也就是說，雖然從數學證明來看，均值加權指數體系只是一種近似的數量關係，但從大量的實際案例來看，這種近似關係的近似程度是相當高的，幾乎達到了相等的關係。

第二，從表中數據可知，有限案例沒有發現指數體系的相對數分析和絕對數分析出現明顯的方向相反的變化趨勢，但這並不能證明傳統的第一套指數體系不會出現這種矛盾，只不過在表 4-5 中的數例中，這種情況表現得不太明顯罷了。

第三，以上採用了國內部分主要的教材案例來說明傳統指數體系和均值加權指數體系的關係，其數量如此之多的案例，本身就是一種實用的統計驗證方法，其驗證的結果更加充分地說明了均值加權指數的準確性和優越性。

最後還有一個問題需要加以解釋和說明：除了均值加權指數體系之外，建立在費雪指數基礎之上的費雪指數體系也不存在權偏誤性，從而也不存在相對數分析和絕對數分析之間的矛盾現象，那麼為什麼不採用費雪指數體系作為經濟統計指數體系的方法呢？這就涉及均值加權指數體系和費雪指數體系優良性質的比較問題。

客觀地講，費雪指數的統計性質是優於馬埃指數的，但綜合來看，相較於均值加權指數體系，費雪指數體系存在以下的不足：

第一，馬埃指數採用的是算術平均的形式，而費雪指數採用的是幾何平均的形式，從數學角度看似乎對指數的平均採用幾何平均也無可非議，但從經濟意義的解釋方面來看，幾何平均在現實意義的解釋方面略顯晦澀，在人們的邏輯思維方面也不如算術平均通俗。

第二，從數學形式上來看，均值加權指數體系更適合作進一步的代數運算和數學推廣，而費雪的指數體系在這方面明顯具有弱勢。深層次的拓展研究表明：均值加權指數體系在理論上可以推廣到任意多元甚至更廣泛意義的模型形式，而費雪指數體系在三元以上就相形見絀了（深入分析詳見第七章）。

第三，從兩因素的指數體系來看，均值加權指數體系的構成十分簡明，只包括了 $\dfrac{\sum_i p_i^1 \bar{q}_i}{\sum_i p_i^0 \bar{q}_i}$ 和 $\dfrac{\sum_i q_i^1 \bar{p}_i}{\sum_i q_i^0 \bar{p}_i}$ 這兩個構成指數，兩個指數的權的設定規則是一致的，所以進一步的細化分析也不存在問題。但費雪的指數體系卻包含了 $\dfrac{\sum_i p_i^1 q_i^0}{\sum_i p_i^0 q_i^0}$、$\dfrac{\sum_i p_i^1 q_i^1}{\sum_i p_i^0 q_i^1}$、$\dfrac{\sum_i p_i^0 q_i^1}{\sum_i p_i^0 q_i^0}$ 和 $\dfrac{\sum_i p_i^1 q_i^1}{\sum_i p_i^1 q_i^0}$ 共四個構成指數，這就進一步的細化分析而言不僅繁瑣晦澀，而且雖然在質量指標指數和數量指標指數的分解上沒有出現絕對數分析和相對數分析的矛盾現象，但由於費雪的「理想指數」體系內部構成的複雜性，如果我們進一步從個別指數的細化分析來看，就又可能會發現因各種加權時間不同而產生的「權偏誤」問題。換言之，在細化的分析上又可能會出現絕對數分析和相對數分析的矛盾現象了。

由此我們可以得出這樣一個結論：相較於費雪的「理想指數」體系而言，建立在馬埃指數理論基礎指數上的「均值加權指數體系」更適合進行經濟統計指數體系的分析，應該在社會經濟統計分析中發揮其應有的重要作用。

第五章　基於馬埃指數的多元均值加權指數分析體系的建立

縱觀 300 多年來的指數分析方法發展史，我們不難看出，雖然西方的統計指數從第一代指數發展到第四代指數，其指數理論分別涵蓋了簡單指數研究方法、加權指數研究方法、交叉對偶指數研究方法，抑或從加權指數的角度觀察，涵蓋了固定籃子研究方法、隨機指數研究方法、指數檢驗研究方法以及經濟指數研究方法等理論，但是近年來統計指數理論和分析方法的發展可謂是不溫不火。而對於東方社會經濟統計學而言，我們在研究指數理論和方法的過程中可以說是另闢蹊徑，在很大程度上把研究的重點放在了將統計指數應用於經濟活動的因素分析之上，形成了社會經濟統計學的一個獨特的研究領域。儘管我們對統計指數體系分析方法的研究還存在著一些比較難以解決的問題，甚至有些學者對此方面研究的前景也有所擔憂，但實實在在地說，中國統計學界 60 多年來，如果說對統計指數理論的研究還有所貢獻的話，則非指數體系莫屬了。因此，正視問題和解決問題，才是我們應該做的。

簡要歸納起來可以說，中國現行的統計指數體系分析方法主要存在以下三方面的問題：一是所謂的相對數分析和絕對數分析之間存在矛盾的問題；二是作為以經濟變量的乘積方式構成的統計指數分析體系，所能夠容納的因素變量的數量極其有限（通常不超過三個因素）的問題；三是以經濟變量的乘積方式構成的統計指數分析體系，不能處理具有多種數學關係的各變量的因素分析的問題。這裡的第一個問題涉及指數體系分析方法的科學性，是我們必須解決的首要問題。這裡的第二和第三個問題，主要是解決現行統計指數分析方法適用範圍狹窄、不能滿足現代複雜經濟活動分析要求的問題。在本書中，限於篇幅和文章的結構，我們在本章將著重解決第一和第二個問題，至於第三個問題，我們在第七章中加以解決。

以下我們將建立一個基於馬埃指數的多元均值加權指數分析體系，以試圖解決上述問題。我們將首先建立兩變量的乘積關係模型，然後將其逐步推廣到多變量的情況。從分析思路上，我們先分析絕對數關係體系，再分析相對數關係體系。

一、基於絕對數關係體系的分析

為了以下主要定理的證明，我們先來證明兩個簡單的引理：

引理 1：設 F 為 y 和 x 的乘積函數，即 $F = y \cdot x$

記：$F^{(0)} = y_i^{(0)} \cdot x_i^{(0)}$，$F^{(1)} = y_i^{(1)} \cdot x_i^{(1)}$，$\Delta F = F^{(1)} - F^{(0)}$

則成立：
$$\Delta F = \Delta y \cdot \bar{x} + \bar{y} \cdot \Delta x \tag{5.1}$$

其中：$\bar{y} = \dfrac{y_i^{(1)} + y_i^{(0)}}{2}$，$\bar{x} = \dfrac{x_i^{(1)} + x_i^{(0)}}{2}$，$\Delta y = y_i^{(1)} - y_i^{(0)}$，$\Delta x = x_i^{(1)} - x_i^{(0)}$

證明：上式左邊 $= F^{(1)} - F^{(0)} = y_i^{(1)} \cdot x_i^{(1)} - y_i^{(0)} \cdot x_i^{(0)}$

$$\begin{aligned}
\text{右邊} &= (y_i^{(1)} - y_i^{(0)}) \left(\frac{x_i^{(1)} + x_i^{(0)}}{2}\right) + \left(\frac{y_i^{(1)} + y_i^{(0)}}{2}\right) (x_i^{(1)} - x_i^{(0)}) \\
&= \frac{1}{2}[(y_i^{(1)} - y_i^{(0)})(x_i^{(1)} + x_i^{(0)})] + \frac{1}{2}[(y_i^{(1)} + y_i^{(0)})(x_i^{(1)} - x_i^{(0)})] \\
&= \frac{1}{2}[y_i^{(1)}x_i^{(1)} + y_i^{(1)}x_i^{(0)} - y_i^{(0)}x_i^{(1)} - y_i^{(0)}x_i^{(0)}] + \\
&\quad \frac{1}{2}[y_i^{(1)}x_i^{(1)} + y_i^{(0)}x_i^{(1)} - y_i^{(1)}x_i^{(0)} - y_i^{(0)}x_i^{(0)}] \\
&= \frac{1}{2}[y_i^{(1)}x_i^{(1)} - y_i^{(0)}x_i^{(0)}] + \frac{1}{2}[y_i^{(1)}x_i^{(1)} - y_i^{(0)}x_i^{(0)}] \\
&= y_i^{(1)}x_i^{(1)} - y_i^{(0)}x_i^{(0)} = \text{左邊}
\end{aligned}$$

則引理 1 得證。

引理 2：設 F 為 y 和 x 的乘積函數，即 $F = y \cdot x$

記：$\sum_i F^{(0)} = \sum_i y_i^{(0)} \cdot x_i^{(0)}$，$\sum_i F^{(1)} = \sum_i y_i^{(1)} \cdot x_i^{(1)}$，$\Delta F = \sum_i F^{(1)} - \sum_i F^{(0)}$

則成立：
$$\Delta F = \sum_i \Delta y_i \cdot \bar{x}_i + \sum_i \bar{y}_i \cdot \Delta x_i \tag{5.2}$$

其中：$\bar{y}_i = \dfrac{y_i^{(1)} + y_i^{(0)}}{2}$，$\bar{x}_i = \dfrac{x_i^{(1)} + x_i^{(0)}}{2}$，$\Delta y_i = y_i^{(1)} - y_i^{(0)}$，$\Delta x_i = x_i^{(1)} - x_i^{(0)}$ $(i = 1, 2, \cdots, n)$

證明：由引理 1 有 $F^{(1)} - F^{(0)} = \Delta y \cdot \bar{x} + \bar{y} \cdot \Delta x$

兩邊加總：$\sum_i F^{(1)} - \sum_i F^{(0)} = \sum_i \Delta y_i \cdot \bar{x}_i + \sum_i \bar{y}_i \cdot \Delta x_i$

顯見成立：$\Delta F = \sum_i \Delta y_i \cdot \bar{x}_i + \sum_i \bar{y}_i \cdot \Delta x_i$

則引理 2 得證。

下面，我們用以上兩個引理來證明以下的定理 1。

定理 1： 設 F 為 x_1，x_2，…，x_n 的乘積函數，即 $F_n = x_1 \cdot x_2 \cdots x_n$

記：$F_i^{(0)} = x_{1i}^{(0)} \cdot x_{2i}^{(0)} \cdots x_{ni}^{(0)}$，$F_i^{(1)} = x_{1i}^{(1)} \cdot x_{2i}^{(1)} \cdots x_{ni}^{(1)}$，$\Delta F_n = F_i^{(1)} - F_i^{(0)}$，

$\bar{x}_{ji} = \dfrac{x_{ji}^{(1)} + x_{ji}^{(0)}}{2}$，$\Delta x_j = x_{ji}^{(1)} - x_{ji}^{(0)}$，$(i = 1, 2, \cdots, l; j = 1, 2, \cdots, n)$

則有：

$$\begin{aligned}\Delta F_n = {} & [\Delta x_{1i} \cdot \bar{x}_{2i} \cdot \bar{x}_{3i} \cdots \bar{x}_{ni}] + [\overline{x_{1i}} \cdot \Delta x_{2i} \cdot \bar{x}_{3i} \cdots \bar{x}_{ni}] + \\ & [\overline{x_{1i} x_{2i}} \cdot \Delta x_{3i} \cdot \bar{x}_{4i} \cdots \bar{x}_{ni}] + \cdots + \\ & [\overline{x_{1i} x_{2i} \cdots x_{(n-2)i}} \cdot \Delta x_{(n-1)i} \cdot \bar{x}_{ni}] + [\overline{x_{1i} x_{2i} \cdots x_{(n-1)i}} \cdot \Delta x_{ni}]\end{aligned} \tag{5.3}$$

證明：我們用歸納法來證明本定理。

首先，我們來考察 $n = 2$ 即兩個因素變量的情況。

當 $n = 2$，即 $F_2 = x_1 \cdot x_2$ 時，按定理 1 應成立：$\Delta F_2 = \Delta x_{1i} \cdot \bar{x}_{2i} + \bar{x}_{1i} \cdot \Delta x_{2i}$

由引理 1：$\Delta F = \Delta y \cdot \bar{x} + \bar{y} \cdot \Delta x$

我們令：$x_1 = y$，$x_2 = x$

顯見直接成立：$\Delta F_2 = \Delta x_{1i} \cdot \bar{x}_{2i} + \bar{x}_{1i} \cdot \Delta x_{2i}$

現設定理 1 當 $n = k$ 即 k 個因素變量時成立，即對於 $F_k = x_1 \cdot x_2 \cdots x_k$，成立：

$$\begin{aligned}\Delta F_k = {} & [\Delta x_{1i} \cdot \bar{x}_{2i} \cdot \bar{x}_{3i} \cdots \bar{x}_{ki}] + [\overline{x_{1i}} \cdot \Delta x_{2i} \cdot \bar{x}_{3i} \cdots \bar{x}_{ki}] + [\overline{x_{1i} x_{2i}} \cdot \Delta x_{3i} \cdot \bar{x}_{4i} \cdots \bar{x}_{ki}] + \cdots + \\ & [\overline{x_{1i} x_{2i} \cdots x_{(k-2)i}} \cdot \Delta x_{(k-1)i} \cdot \bar{x}_{ki}] + [\overline{x_{1i} x_{2i} \cdots x_{(k-1)i}} \cdot \Delta x_{ki}]\end{aligned}$$

其中，$F_k^{(0)} = x_{1i}^{(0)} \cdot x_{2i}^{(0)} \cdots x_{ki}^{(0)}$　$F_k^{(1)} = x_{1i}^{(1)} \cdot x_{2i}^{(1)} \cdots \cdot x_{ki}^{(1)}$　$\Delta F_k = F_k^{(1)} - F_k^{(0)}$

$\bar{x}_{ji} = \dfrac{x_{ji}^{(1)} + x_{ji}^{(0)}}{2}$，$\Delta x_j = x_{ji}^{(1)} - x_{ji}^{(0)}$，$(i = 1, 2, \cdots, l; j = 1, 2, \cdots, k)$

現在需要考察定理 1 當 $n = k + 1$ 時等式是否成立。

由引理 1，當 $F = y \cdot x$ 時，成立：$\Delta F = \Delta y \cdot \bar{x} + \bar{y} \cdot \Delta x$

我們令：$y = x_1 \cdot x_2 \cdots x_k$，以及 $x = x_{k+1}$

顯然成立：$\Delta F_{k+1} = \Delta(x_{1i} x_{2i} \cdots x_{ki}) \cdot \bar{x}_{(k+1)i} + \overline{x_{1i} x_{2i} \cdots x_{ki}} \cdot \Delta x_{(k+1)i}$

注意，其中：$\Delta(x_{1i} x_{2i} \cdots x_{ki}) = x_{1i}^{(1)} \cdot x_{2i}^{(1)} \cdots x_{ki}^{(1)} - x_{1i}^{(0)} \cdot x_{2i}^{(0)} \cdots x_{ki}^{(0)} = \Delta F_k$

而由上已設定成立：

$$\Delta F_k = [\Delta x_{1i} \cdot \bar{x}_{2i} \cdot \bar{x}_{3i} \cdots \bar{x}_{ki}] + [\overline{x_{1i}} \cdot \Delta x_{2i} \cdot \bar{x}_{3i} \cdots \bar{x}_{ki}] + [\overline{x_{1i} x_{2i}} \cdot \Delta x_{3i} \cdot \bar{x}_{4i} \cdots \bar{x}_{ki}] + \cdots +$$

$$[\overline{x_{1i}x_{2i}\cdots x_{(k-2)i}}\cdot\Delta x_{(k-1)i}\cdot\bar{x}_{ki}]+[\overline{x_{1i}x_{2i}\cdots x_{(k-1)i}}\cdot\Delta x_{ki}]$$

故
$$\begin{aligned}\Delta F_{k+1} &= \Delta(x_{1i}x_{2i}\cdots x_{ki})\cdot\bar{x}_{(k+1)i}+\overline{x_{1i}x_{2i}\cdots x_{ki}}\cdot\Delta x_{(k+1)i}\\ &= \Delta F_k\cdot\bar{x}_{(k+1)i}+\overline{x_{1i}x_{2i}\cdots x_{ki}}\cdot\Delta x_{(k+1)i}\\ &= [\Delta x_{1i}\cdot\bar{x}_{2i}\cdot\bar{x}_{3i}\cdots x_{ki}\cdot\bar{x}_{(k+1)i}]+[\overline{x_{1i}}\cdot\Delta x_{2i}\cdot\bar{x}_{3i}\cdots\bar{x}_{ki}\cdot\bar{x}_{(k+1)i}]+\\ &\quad [\overline{x_{1i}x_{2i}}\cdot\Delta x_{3i}\cdot\bar{x}_{4i}\cdots\bar{x}_{ki}\cdot\bar{x}_{(k+1)i}]\\ &= [\Delta x_{1i}\cdot\bar{x}_{2i}\cdot\bar{x}_{3i}\cdots\bar{x}_{ki}\cdot\bar{x}_{(k+1)i}]+[\overline{x_{1i}}\cdot\Delta x_{2i}\cdot\bar{x}_{3i}\cdots\bar{x}_{ki}\cdot\bar{x}_{(k+1)i}]+\\ &\quad [\overline{x_{1i}x_{2i}}\cdot\Delta x_{3i}\cdot\bar{x}_{4i}\cdots\bar{x}_{ki}\cdot\bar{x}_{(k+1)i}]+\cdots+\\ &\quad [\overline{x_{1i}x_{2i}\cdots x_{(k-2)i}}\cdot\Delta x_{(k-1)i}\cdot\bar{x}_{ki}\cdot\bar{x}_{(k+1)i}]+\\ &\quad [\overline{x_{1i}x_{2i}\cdots x_{(k-1)i}}\cdot\Delta x_{ki}\cdot\bar{x}_{(k+1)i}]+[\overline{x_{1i}x_{2i}\cdots x_{ki}}\cdot\Delta x_{(k+1)i}]\end{aligned}$$

可見當 $n=k+1$ 時，由歸納法可知定理 1 成立。

定理 2：設函數 F 為 x_1，x_2，…，x_n 的乘積函數，即 $F_n=x_1\cdot x_2\cdots x_n$

記：$F_i^{(0)}=x_{1i}^{(0)}\cdot x_{2i}^{(0)}\cdots x_{ni}^{(0)}$，$F_i^{(1)}=x_{1i}^{(1)}\cdot x_{2i}^{(1)}\cdots x_{ni}^{(1)}$，$\Delta F_n=\sum_i F_i^{(1)}-\sum_i F_i^{(0)}$，

$\bar{x}_{ji}=\dfrac{x_{ji}^{(1)}+x_{ji}^{(0)}}{2}$，$\Delta x_j=x_{ji}^{(1)}-x_{ji}^{(0)}$，$(i=1,2,\cdots,l;\ j=1,2,\cdots,n)$

則有：

$$\begin{aligned}\Delta F_n &= \left[\sum_i\Delta x_{1i}\cdot\bar{x}_{2i}\cdot\bar{x}_{3i}\cdots\bar{x}_{ni}\right]+\left[\sum_i\overline{x_{1i}}\cdot\Delta x_{2i}\cdot\bar{x}_{3i}\cdots\bar{x}_{ni}\right]+\\ &\quad \left[\sum_i\overline{x_{1i}x_{2i}}\cdot\Delta x_{3i}\cdot\bar{x}_{4i}\cdots\bar{x}_{ni}\right]+\cdots+\\ &\quad \left[\sum_i\overline{x_{1i}x_{2i}\cdots x_{(n-2)i}}\cdot\Delta x_{(n-1)i}\cdot\bar{x}_{ni}\right]+\left[\sum_i\overline{x_{1i}x_{2i}\cdots x_{(n-1)i}}\cdot\Delta x_{ni}\right]\end{aligned}$$

由定理 1 可知：

$$\begin{aligned}F^{(1)}-F^{(0)} &= [\Delta x_{1i}\cdot\bar{x}_{2i}\cdot\bar{x}_{3i}\cdots\bar{x}_{ni}]+[\overline{x_{1i}}\cdot\Delta x_{2i}\cdot\bar{x}_{3i}\cdots\bar{x}_{ni}]+\\ &\quad [\overline{x_{1i}x_{2i}}\cdot\Delta x_{3i}\cdot\bar{x}_{4i}\cdots\bar{x}_{ni}]+\cdots+[\overline{x_{1i}x_{2i}\cdots x_{(n-1)i}}\cdot\Delta x_{ni}]+\\ &\quad [\overline{x_{1i}x_{2i}\cdots x_{(n-2)i}}\cdot\Delta x_{(n-1)i}\cdot\bar{x}_{ni}]\end{aligned}\tag{5.4}$$

對上式兩邊分別加總求和則可得到定理 2。

作為本定理在經濟統計中的應用，我們特地分別給出了指數體系中當因素變量數為 2、3、4 個時的情況。

當因素變量數為兩個即 $n=2$ 時，由前述已給出：

當 $n=2$，即 $F_2=x_1\cdot x_2$ 時，按定理 2 應成立：

$$\Delta F_2=\sum_i\Delta x_{1i}\cdot\bar{x}_{2i}+\sum_i\bar{x}_{1i}\cdot\Delta x_{2i}$$

按經濟統計中常用的符號，即有兩個因素變量 p 和 q，存在關係：

$$F = p \cdot q$$

則由定理 2 應成立：$\Delta F_2 = \sum_i \Delta p_i \cdot \bar{q}_i + \sum_i \bar{p}_i \cdot \Delta q_i$ (5.5)

或記為：$\sum_i p_i^{(1)} q_i^{(1)} - \sum_i p_i^{(0)} q_i^{(0)} = \sum_i \Delta p_i \cdot \bar{q}_i + \sum_i \bar{p}_i \cdot \Delta q_i$

當因素變量為三個即 $n = 3$ 時，即有 $F_{,3} = x_1 \cdot x_2 \cdot x_3$

按定理 2 有：$\Delta F_3 = \sum_i \Delta x_{1i} \cdot \bar{x}_{2i} \cdot \bar{x}_{3i} + \sum_i \bar{x}_{1i} \Delta x_{2i} \cdot \bar{x}_{3i} + \sum_i \overline{x_{1i} x_{2i}} \cdot \Delta x_{3i}$

(5.6)

按經濟統計中常用的符號，即有三個因素變量 p、q、z，存在關係：

$$F = p \cdot q \cdot z$$

則由定理 2 應成立：$\Delta F_3 = \sum_i \Delta p_i \cdot \bar{q}_i \cdot \bar{z}_i + \sum_i \bar{p}_i \Delta q_i \cdot \bar{z}_i + \sum_i \overline{p_i q_i} \cdot \Delta z_i$

(5.7)

或記為：

$$\sum_i p_i^1 q_i^1 z_i^1 - \sum_i p_i^0 q_i^0 z_i^0 = \sum_i \Delta p_i \cdot \bar{q}_i \cdot \bar{z}_i + \sum_i \bar{p}_i \Delta q_i \cdot \bar{z} + \sum_i \overline{p_i q_i} \cdot \Delta z_i$$

(5.8)

當因素變量為四個即 $n = 4$ 時，即有 $F_4 = x_1 \cdot x_2 \cdot x_3 \cdot x_4$

按定理 2 有：

$$\Delta F_4 = \sum_i \Delta x_{1i} \cdot \bar{x}_{2i} \cdot \bar{x}_{3i} \cdot \bar{x}_{4i} + \sum_i \overline{x_{1i}} \Delta x_{2i} \cdot \bar{x}_{3i} \cdot \bar{x}_{4i} + \sum_i \overline{x_{1i} x_{2i}} \Delta x_{3i} \cdot \bar{x}_{4i} + \sum_i \overline{x_{1i} x_{2i} x_{3i}} \cdot \Delta x_{4i}$$

用經濟統計中常用的符號，可記為四個因素變量 p、q、m、g 有：

$$F = p \cdot q \cdot m \cdot g$$

按定理 2 應成立：

$$\Delta F_4 = \sum_i \Delta p_i \bar{q}_i \bar{m}_i g -_i + \sum_i \overline{p_i} \Delta q_i \bar{m}_i \bar{g}_i + \sum_i \overline{p_i q_i} m_i \Delta g_i + \sum_i \overline{p_i q_i m_i} \Delta g_i$$

(5.9)

或記為：

$$\sum_i p_i^{(1)} q_i^{(1)} m_i^{(1)} g_i^{(1)} - \sum_i p_i^{(0)} q_i^{(0)} m_i^{(0)} g_i^{(0)} = \sum_i \Delta p_i \bar{q}_i \bar{m}_i g -_i + \sum_i \overline{p_i} \Delta q_i \bar{m}_i \bar{g}_i + \sum_i \overline{p_i q_i} m_i \Delta g_i + \sum_i \overline{p_i q_i m_i} \Delta g_i$$

(5.10)

通過上述我們實際已建立起了均值加權指數體系的絕對數分析形式。下面我們來建立均值加權指數體系的相對數分析形式。

二、基於相對數關係體系的分析

在第四章中我們就已經建立起了以馬埃指數為基礎的均值加權指數體系，相對數關係為：

$$\frac{\sum_i p_i^1 q_i^1}{\sum_i p_i^0 q_i^0} \approx \frac{\sum_i p_i^1 \bar{q}_i}{\sum_i p_i^0 \bar{q}_i} \times \frac{\sum_i q_i^1 \bar{p}_i}{\sum_i q_i^0 \bar{p}_i} \tag{5.11}$$

其絕對數關係為：

$$\sum_i p_i^1 q_i^1 - \sum_i p_i^0 q_i^0 = \left(\sum_i p_i^1 \bar{q}_i - \sum_i p_i^0 \bar{q}_i\right) - \left(\sum_i q_i^1 \bar{p}_i - \sum_i q_i^0 \bar{p}_i\right) \tag{5.12}$$

相應的，當因素變量為三變量時，其相對數分析體系為：

$$\frac{\sum_i p_i^1 q_i^1 z_i^1}{\sum_i p_i^0 q_i^0 z_i^0} \approx \frac{\sum_i \bar{p}_i \bar{z}_i q_i^1}{\sum_i \bar{p}_i \bar{z}_i q_i^0} \times \frac{\sum_i \bar{q}_i \bar{z}_i p_i^1}{\sum_i \bar{q}_i \bar{z}_i p_i^0} \times \frac{\sum_i (\overline{q_i p_i})\, z_i^1}{\sum_i (\overline{q_i p_i})\, z_i^0} \tag{5.13}$$

其絕對數分析體系為：

$$\sum_i p_i^1 q_i^1 z_i^1 - \sum_i p_i^0 q_i^0 z_i^0 = \left(\sum_i \bar{p}_i \bar{z}_i q_i^1 - \sum_i \bar{p}_i \bar{z}_i q_i^0\right) + \left(\sum_i \bar{q}_i \bar{z}_i p_i^1 - \sum_i \bar{q}_i \bar{z}_i p_i^0\right) + \left(\sum_i (\overline{q_i p_i})\, z_i^1 - \sum_i (\overline{q_i p_i})\, z_i^0\right) \tag{5.14}$$

證明如下：

為便於推導的需要，我們首先進行變量的預處理：記 $\sum_i p_i^m z_i^m q_i^m$ 為 $\sum_i p_i^1 q_i^1 z_i^1$，$\sum_i p_i^0 q_i^0 z_i^0$，$\sum_i \bar{p}_i \bar{z}_i q_i^1$，$\sum_i \bar{p}_i \bar{z}_i q_i^0$，$\sum_i \bar{q}_i \bar{z}_i p_i^1$，$\sum_i \bar{q}_i \bar{z}_i p_i^0$，$\sum_i (\overline{q_i p_i})\, z_i^1$，$\sum_i (\overline{q_i p_i})\, z_i^0$ 各項的均值，則可將式（5.14）等價地表示為：

$$\frac{\sum_i p_i^1 q_i^1 z_i^1}{\sum_i p_i^m z_i^m q_i^m} - \frac{\sum_i p_i^0 q_i^0 z_i^0}{\sum_i p_i^m z_i^m q_i^m} = \left(\frac{\sum_i \bar{p}_i \bar{z}_i q_i^1}{\sum_i p_i^m z_i^m q_i^m} - \frac{\sum_i \bar{p}_i \bar{z}_i q_i^0}{\sum_i p_i^m z_i^m q_i^m}\right) + \left(\frac{\sum_i \bar{q}_i \bar{z}_i p_i^1}{\sum_i p_i^m z_i^m q_i^m} - \frac{\sum_i \bar{q}_i \bar{z}_i p_i^0}{\sum_i p_i^m z_i^m q_i^m}\right) + \left(\frac{\sum_i (\overline{q_i p_i})\, z_i^1}{\sum_i p_i^m z_i^m q_i^m} - \frac{\sum_i (\overline{q_i p_i})\, z_i^0}{\sum_i p_i^m z_i^m q_i^m}\right) \tag{5.15}$$

同樣，引入近似計算的數學關係 $\ln x \approx x - 1$，即有：

$$\ln\left(\frac{\sum_i p_i^1 q_i^1 z_i^1}{\sum_i p_i^m z_i^m q_i^m}\right) \approx \frac{\sum_i p_i^1 q_i^1 z_i^1}{\sum_i p_i^m z_i^m q_i^m} - 1\ ;\ \ln\left(\frac{\sum_i p_i^0 q_i^0 z_i^0}{\sum_i p_i^m z_i^m q_i^m}\right) \approx \frac{\sum_i p_i^0 q_i^0 z_i^0}{\sum_i p_i^m z_i^m q_i^m} - 1\ ;$$

$$\ln\left(\frac{\sum_i \bar{p}_i \bar{z}_i q_i^1}{\sum_i p_i^m z_i^m q_i^m}\right) \approx \frac{\sum_i \bar{p}_i \bar{z}_i q_i^1}{\sum_i p_i^m z_i^m q_i^m} - 1\ ;\ \ln\left(\frac{\sum_i \bar{p}_i \bar{z}_i q_i^0}{\sum_i p_i^m z_i^m q_i^m}\right) \approx \frac{\sum_i \bar{p}_i \bar{z}_i q_i^0}{\sum_i p_i^m z_i^m q_i^m} - 1\ ;$$

$$\ln\left(\frac{\sum_i \bar{q}_i \bar{z} p_i^1}{\sum_i p_i^m z_i^m q_i^m}\right) \approx \frac{\sum_i \bar{q}_i \bar{z} p_i^1}{\sum_i p_i^m z_i^m q_i^m} - 1\ ;\ \ln\left(\frac{\sum_i \bar{q}_i \bar{z}_i p_i^0}{\sum_i p_i^m z_i^m q_i^m}\right) \approx \frac{\sum_i \bar{q}_i \bar{z}_i p_i^0}{\sum_i p_i^m z_i^m q_i^m} - 1$$

$$\ln\left(\frac{\sum_i (\overline{q_i p_i})\, z_i^1}{\sum_i p_i^m z_i^m q_i^m}\right) \approx \frac{\sum_i (\overline{q_i p_i})\, z_i^1}{\sum_i p_i^m z_i^m q_i^m} - 1\ ;\ \ln\left(\frac{\sum_i (\overline{q_i p_i})\, z_i^0}{\sum_i p_i^m z_i^m q_i^m}\right) \approx \frac{\sum_i (\overline{q_i p_i})\, z_i^0}{\sum_i p_i^m z_i^m q_i^m} - 1$$

將其帶入式（5.15），有：

$$\ln\frac{\sum_i p_i^1 q_i^1 z_i^1}{\sum_i p_i^m z_i^m q_i^m} - \ln\frac{\sum_i p_i^0 q_i^0 z_i^0}{\sum_i p_i^m z_i^m q_i^m} = \left(\ln\frac{\sum_i \bar{p}_i \bar{z}_i q_i^1}{\sum_i p_i^m z_i^m q_i^m} - \ln\frac{\sum_i \bar{p}_i \bar{z}_i q_i^0}{\sum_i p_i^m z_i^m q_i^m}\right) +$$

$$\left(\ln\frac{\sum_i \bar{q}_i \bar{z}_i p_i^1}{\sum_i p_i^m z_i^m q_i^m} - \ln\frac{\sum_i \bar{q}_i \bar{z}_i p_i^0}{\sum_i p_i^m z_i^m q_i^m}\right) + \left(\ln\frac{\sum_i (\overline{q_i p_i})\, z_i^1}{\sum_i p_i^m z_i^m q_i^m} - \ln\frac{\sum_i (\overline{q_i p_i})\, z_i^0}{\sum_i p_i^m z_i^m q_i^m}\right) \tag{5.16}$$

故應當成立：

$$\frac{\sum_i q_{1i} p_{1i} z_{1i}}{\sum_i q_{0i} p_{0i} z_{0i}} = \frac{\sum_i \bar{p}_i \bar{z}_i q_{1i}}{\sum_i \bar{p}_i \bar{z}_i q_{0i}} \times \frac{\sum_i \bar{q}_i \bar{z}_i p_{1i}}{\sum_i \bar{q}_i \bar{z}_i p_{0i}} \times \frac{\sum_i (\overline{q_i p_i})\, z_{1i}}{\sum_i (\overline{q_i p_i})\, z_{0i}} \tag{5.17}$$

考慮到以上證明借助了近似計算的數學關係 $\ln x \approx x - 1$，故應當成立：

$$\frac{\sum_i p_i^1 q_i^1 z_i^1}{\sum_i p_i^0 q_i^0 z_i^0} \approx \frac{\sum_i \bar{p}_i \bar{z}_i q_i^1}{\sum_i \bar{p}_i \bar{z}_i q_i^0} \times \frac{\sum_i \bar{q}_i \bar{z}_i p_i^1}{\sum_i \bar{q}_i \bar{z}_i p_i^0} \times \frac{\sum_i (\overline{q_i p_i})\, z_i^1}{\sum_i (\overline{q_i p_i})\, z_i^0}$$

由此我們就建立起來以馬埃指數為基礎的三變量的均值加權指數體系，其相對數關係為：

$$\frac{\sum_i p_i^1 q_i^1 z_i^1}{\sum_i p_i^0 q_i^0 z_i^0} \approx \frac{\sum_i \bar{p}_i \bar{z}_i q_i^1}{\sum_i \bar{p}_i \bar{z}_i q_i^0} \times \frac{\sum_i \bar{q}_i \bar{z}_i p_i^1}{\sum_i \bar{q}_i \bar{z}_i p_i^0} \times \frac{\sum_i (\overline{q_i p_i})\, z_i^1}{\sum_i (\overline{q_i p_i})\, z_i^0} \tag{5.18}$$

其絕對數關係為：

$$\sum_i p_i^1 q_i^1 z_i^1 - \sum_i p_i^0 q_i^0 z_i^0 = \left(\sum_i \bar{p}_i \bar{z}_i q_i^1 - \sum_i \bar{p}_i \bar{z}_i q_i^0 \right) +$$

$$\left(\sum_i \bar{q}_i \bar{z} p_i^1 - \sum_i \bar{q}_i \bar{z}_i p_i^0 \right) + \left(\sum_i (\overline{q_i p_i})\, z_i^1 - \sum_i (\overline{q_i p_i})\, z_i^0 \right) \qquad (5.19)$$

下面，我們根據前面所證明的三因素馬埃指數分析模型，舉一案例進行計算和分析（見表 5-1）。

表 5-1　　　某企業基報兩期三種主要產品有關資料（1）

產品名稱	計量單位	銷售量			價格（萬元）			利潤率（%）		
		q_i^0	q_i^1	$\bar{q}_i$	p_i^0	p_i^1	$\bar{p}_i$	z_i^0	z_i^1	$\bar{z}_i$
甲	件	150	160	155	35	32	33. 5	11	16	13. 5
乙	臺	250	250	250	18	17. 6	17. 8	30	35	32. 5
丙	噸	5, 000	5, 500	5, 250	0. 31	0. 28	0. 295	8	7	7. 5

由表 5-1 可計算得到如表 5-2 所示的計算表：

表 5-2　　　某企業基報兩期三種主要產品有關資料（2）

產品	銷售額（萬元）			銷售利潤總額（萬元）							
	$p_i^0q_i^0$	$p_i^1q_i^1$	$(\overline{q_ip_i})$	$p_i^0q_i^0z_i^0$	$p_i^1q_i^1z_i^1$	$\bar{q}_i\bar{z}_ip_i^1$	$\bar{q}_i\bar{z}_ip_i^0$	$\bar{p}_i\bar{z}_iq_i^1$	$\bar{p}_i\bar{z}_iq_i^0$	$(\overline{q_ip_i})\, z_i^1$	$(\overline{q_ip_i})\, z_i^0$
甲	5, 250	5, 120	5, 185	577. 5	819. 2	669. 6	732. 38	723. 6	678. 4	829. 6	570. 35
乙	4, 500	4, 400	4, 450	1, 350	1, 540	1, 430	1, 462. 5	1, 446	1, 446	1, 557. 5	1, 335
丙	1, 550	1, 540	1, 545	124	107. 8	110. 3	122. 06	121. 7	110. 6	108. 15	123. 6
合計	—	—	—	2, 051. 5	2, 467	2, 210	2, 316. 9	2, 292	2, 235	2, 495. 25	2, 028. 9

現根據以上數據資料，分析該企業基報兩期三種主要產品利潤總額的變動情況，用基於馬埃指數的三因素指數體系分析如下：

$$利潤總額指數 = \frac{\sum_i p_i^1 q_i^1 z_i^1}{\sum_i p_i^0 q_i^0 z_i^0} = \frac{2,467}{2,051.5} = 120.25\%$$

分子分母之差：2, 467（萬元）−2, 051. 5（萬元）= 415. 5（萬元）

$$銷售量總指數 = \frac{\sum_i \bar{p}_i \bar{z}_i q_i^1}{\sum_i \bar{p}_i \bar{z}_i q_i^0} = \frac{2,291.54}{2,235.25} = 102.52\%$$

分子分母之差：2, 291. 54（萬元）−2, 235. 25（萬元）= 56. 29（萬元）

$$銷售價格總指數 = \frac{\sum_i \bar{q}_i \bar{z} p_i^1}{\sum_i \bar{q}_i \bar{z} p_i^0} = \frac{2,209.85}{2,316.94} = 95.38\%$$

分子分母之差：2, 209. 85（萬元）−2, 316. 94（萬元）= −107. 09（萬元）

$$利潤率總指數 = \frac{\sum_i (\overline{q_i p_i})\, z_i^1}{\sum_i (\overline{q_i p_i})\, z_i^0} = \frac{2,495.25}{2,028.95} = 122.98\%$$

分子分母之差：2, 495. 25（萬元）−2, 028. 95（萬元）= 466. 3（萬元）

指數體系分析如下：

$$\frac{\sum_i p_i^1 q_i^1 z_i^1}{\sum_i p_i^0 q_i^0 z_i^0} \approx \frac{\sum_i \bar{p}_i \bar{z}_i q_i^1}{\sum_i \bar{p}_i \bar{z}_i q_i^0} \times \frac{\sum_i \bar{q}_i \bar{z}_i p_i^1}{\sum_i \bar{q}_i \bar{z}_i p_i^0} \times \frac{\sum_i (\overline{q_i p_i})\, z_i^1}{\sum_i (\overline{q_i p_i})\, z_i^0}$$

即有　120. 25% ≈ 102. 52% × 95. 38% × 122. 98%

絕對數分析如下：

$$\sum_i p_i^1 q_i^1 z_i^1 - \sum_i p_i^0 q_i^0 z_i^0 = \left(\sum_i \bar{p}_i \bar{z}_i q_i^1 - \sum_i \bar{p}_i \bar{z}_i q_i^0 \right) + \left(\sum_i \bar{q}_i \bar{z} p_i^1 - \sum_i \bar{q}_i \bar{z}_i p_i^0 \right) + \left(\sum_i (\overline{q_i p_i})\, z_i^1 - \sum_i (\overline{q_i p_i})\, z_i^0 \right)$$

即有　415. 5（萬元）= 56. 29（萬元）+（− 107. 09）（萬元）+ 466. 3（萬元）

以上計算表明：該企業三種主要產品報告期比基期的銷售利潤總額增長了 20. 25%，銷售利潤增加額為 415. 5 萬元。這是三個因素共同作用的結果：三種主要產品的銷售量增長使銷售利潤總額增長了 2. 52%，增加 56. 29 萬元；銷售價格平均下降了 4. 22%，使銷售利潤減少 107. 09 萬元；銷售利潤平均上升了 22. 98%，使銷售利潤額增加了 466. 3 萬元。

三、多元均值加權指數分析體系的一般形式

在本章前面關於定理 1 和定理 2 的證明中，我們已經得到了關於任意 n 個變量所構成的乘積函數絕對數分析體系。

設函數 F 為 x_1，x_2，…，x_n 的乘積函數，即 $F_n = x_1 \cdot x_2 \cdots x_n$ 成立。

$$\Delta F_n = \left[\sum_i \Delta x_{1i} \cdot \bar{x}_{2i} \cdot \bar{x}_{3i} \cdots \bar{x}_{ni} \right] + \left[\sum_i \overline{x_{1i}} \cdot \Delta x_{2i} \cdot \bar{x}_{3i} \cdots \bar{x}_{ni} \right] + \left[\sum_i \overline{x_{1i} x_{2i}} \cdot \Delta x_{3i} \cdot \bar{x}_{4i} \cdots \bar{x}_{ni} \right] + \cdots +$$

$$\left[\sum_i \overline{x_{1i}x_{2i}\cdots x_{(n-2)i}} \cdot \Delta x_{(n-1)i} \cdot \bar{x}_{ni}\right] +$$

$$\left[\sum_i \overline{x_{1i}x_{2i}\cdots x_{(n-1)i}} \cdot \Delta x_{ni}\right] \tag{5.20}$$

下面我們來考察一下對於任意 n 個變量而言，能否建立其相對數關係體系或多元的指數體系。

如此我們需要證明對於任意 n 個變量，應當成立：

$$\frac{\sum_i x_{1i}^{(1)} x_{2i}^{(1)} \cdots x_{ni}^{(1)}}{\sum_i x_{1i}^{(0)} x_{2i}^{(0)} \cdots x_{ni}^{(0)}} \approx \frac{\sum_i x_{1i}^{(1)} \cdot \bar{x}_{2i}\bar{x}_{3i}\cdots\bar{x}_{ni}}{\sum_i x_{1i}^{(0)} \cdot \bar{x}_{2i}\bar{x}_{3i}\cdots\bar{x}_{ni}} \times \frac{\sum_i \overline{x_{1i}} \cdot x_{2i}^{(1)} \cdot \bar{x}_{3i}\cdots\bar{x}_{ni}}{\sum_i \overline{x_{1i}} \cdot x_{2i}^{(0)} \cdot \bar{x}_{3i}\cdots\bar{x}_{ni}} \times$$

$$\frac{\sum_i \overline{x_{1i}x_{2i}} \cdot x_{2i}^{(1)} \cdot \bar{x}_{4i}\cdots\bar{x}_{ni}}{\sum_i \overline{x_{1i}x_{2i}} \cdot x_{2i}^{(0)} \cdot \bar{x}_{4i}\cdots\bar{x}_{ni}} \times \cdots \times \frac{\sum_i \overline{x_{1i}x_{2i}\cdots x_{(n-2)i}} \cdot x_{(n-1)i}^{(1)} \cdot \bar{x}_{ni}}{\sum_i \overline{x_{1i}x_{2i}\cdots x_{(n-2)i}} \cdot x_{(n-1)i}^{(0)} \cdot \bar{x}_{ni}} \times$$

$$\frac{\sum_i \overline{x_{1i}x_{2i}\cdots x_{(n-1)i}} \cdot x_{ni}^{(1)}}{\sum_i \overline{x_{1i}x_{2i}\cdots x_{(n-1)i}} \cdot x_{ni}^{(1)}} \tag{5.21}$$

我們同樣用反證法證明如下：

$$設\ \frac{\sum_i x_{1i}^{(1)} x_{2i}^{(1)} \cdots x_{ni}^{(1)},}{\sum_i x_{1i}^{(0)} x_{2i}^{(0)} \cdots x_{ni}^{(0)},} \neq \frac{\sum_i x_{1i}^{(1)} \cdot \bar{x}_{2i}\bar{x}_{3i}\cdots\bar{x}_{ni}}{\sum_i x_{1i}^{(0)} \cdot \bar{x}_{2i}\bar{x}_{3i}\cdots\bar{x}_{ni}} \times \frac{\sum_i \overline{x_{1i}} \cdot x_{2i}^{(1)} \cdot \bar{x}_{3i}\cdots\bar{x}_{ni}}{\sum_i \overline{x_{1i}} \cdot x_{2i}^{(0)} \cdot \bar{x}_{3i}\cdots\bar{x}_{ni}} \times$$

$$\frac{\sum_i \overline{x_{1i}x_{2i}} \cdot x_{2i}^{(1)} \cdot \bar{x}_{4i}\cdots\bar{x}_{ni}}{\sum_i \overline{x_{1i}x_{2i}} \cdot x_{2i}^{(0)} \cdot \bar{x}_{4i}\cdots\bar{x}_{ni}} \times \cdots \times \frac{\sum_i \overline{x_{1i}x_{2i}\cdots x_{(n-2)i}} \cdot x_{(n-1)i}^{(1)} \cdot \bar{x}_{ni}}{\sum_i \overline{x_{1i}x_{2i}\cdots x_{(n-2)i}} \cdot x_{(n-1)i}^{(0)} \cdot \bar{x}_{ni}} \times$$

$$\frac{\sum_i \overline{x_{1i}x_{2i}\cdots x_{(n-1)i}} \cdot x_{ni}^{(1)}}{\sum_i \overline{x_{1i}x_{2i}\cdots x_{(n-1)i}} \cdot x_{ni}^{(1)}}$$

則有：

$$\ln\left(\frac{\sum_i x_{1i}^{(1)} x_{2i}^{(1)} \cdots x_{ni}^{(1)}}{\sum_i x_{1i}^{(0)} x_{2i}^{(0)} \cdots x_{ni}^{(0)}}\right) \neq \ln\left(\frac{\sum_i x_{1i}^{(1)} \cdot \bar{x}_{2i}\bar{x}_{3i}\cdots\bar{x}_{ni}}{\sum_i x_{1i}^{(0)} \cdot \bar{x}_{2i}\bar{x}_{3i}\cdots\bar{x}_{ni}}\right) +$$

$$\ln\left(\frac{\sum_i \overline{x_{1i}} \cdot x_{2i}^{(1)} \cdot \bar{x}_{3i}\cdots\bar{x}_{ni}}{\sum_i \overline{x_{1i}} \cdot x_{2i}^{(0)} \cdot \bar{x}_{3i}\cdots\bar{x}_{ni}}\right) + \ln\left(\frac{\sum_i \overline{x_{1i}x_{2i}} \cdot x_{2i}^{(1)} \cdot \bar{x}_{4i}\cdots\bar{x}_{ni}}{\sum_i \overline{x_{1i}x_{2i}} \cdot x_{2i}^{(0)} \cdot \bar{x}_{4i}\cdots\bar{x}_{ni}}\right) + \cdots +$$

$$\ln\left(\frac{\sum_i \overline{x_{1i}x_{2i}\cdots x_{(n-2)i}} \cdot x_{(n-1)i}^{(1)} \cdot \bar{x}_{ni}}{\sum_i \overline{x_{1i}x_{2i}\cdots x_{(n-2)i}} \cdot x_{(n-1)i}^{(0)} \cdot \bar{x}_{ni}}\right) + \ln\left(\frac{\sum_i \overline{x_{1i}x_{2i}\cdots x_{(n-1)i}} \cdot x_{ni}^{(1)}}{\sum_i \overline{x_{1i}x_{2i}\cdots x_{(n-1)i}} \cdot x_{ni}^{(0)}}\right)$$

或記為：

$$\begin{aligned}
&\ln\Big(\sum_i x_{1i}^{(1)}x_{2i}^{(1)}\cdots x_{ni}^{(1)}\Big) - \ln\Big(\sum_i x_{1i}^{(0)}x_{2i}^{(0)}\cdots x_{ni}^{(0)}\Big) \neq \\
&\Big[\ln\Big(\sum_i x_{1i}^{(1)} \cdot \bar{x}_{2i}\bar{x}_{3i}\cdots\bar{x}_{ni}\Big) - \ln\Big(\sum_i x_{1i}^{(0)} \cdot \bar{x}_{2i}\bar{x}_{3i}\cdots\bar{x}_{ni}\Big)\Big] + \\
&\Big[\ln\Big(\sum_i \overline{x_{1i}} \cdot x_{2i}^{(1)} \cdot \bar{x}_{3i}\cdots\bar{x}_{ni}\Big) - \ln\Big(\sum_i \overline{x_{1i}} \cdot x_{2i}^{(0)} \cdot \bar{x}_{3i}\cdots\bar{x}_{ni}\Big)\Big] + \\
&\Big[\ln\Big(\sum_i \overline{x_{1i}x_{2i}} \cdot x_{2i}^{(1)} \cdot \bar{x}_{4i}\cdots\bar{x}_{ni}\Big) - \ln\Big(\sum_i \overline{x_{1i}x_{2i}} \cdot x_{2i}^{(0)} \cdot \bar{x}_{4i}\cdots\bar{x}_{ni}\Big)\Big] + \cdots + \\
&\Big[\ln\Big(\sum_i \overline{x_{1i}x_{2i}\cdots x_{(n-2)i}} \cdot x_{(n-1)i}^{(1)} \cdot \bar{x}_{ni}\Big) - \ln\Big(\sum_i \overline{x_{1i}x_{2i}\cdots x_{(n-2)i}} \cdot x_{(n-1)i}^{(0)} \cdot \bar{x}_{ni}\Big)\Big] + \\
&\Big[\ln\Big(\sum_i \overline{x_{1i}x_{2i}\cdots x_{(n-1)i}} \cdot x_{ni}^{(1)}\Big) - \ln\Big(\sum_i \overline{x_{1i}x_{2i}\cdots x_{(n-1)i}} \cdot x_{ni}^{(0)}\Big)\Big] \qquad (5.22)
\end{aligned}$$

引入近似計算的數學關係 $\ln x \approx x - 1$，有：

$$\begin{aligned}
\ln\Big(\sum_i x_{1i}^{(1)}x_{2i}^{(1)}\cdots x_{ni}^{(1)}\Big) &\approx \sum_i x_{1i}^{(1)}x_{2i}^{(1)}\cdots x_{ni}^{(1)} - 1\,; \\
\ln\Big(\sum_i x_{1i}^{(0)}x_{2i}^{(0)}\cdots x_{ni}^{(0)}\Big) &\approx \sum_i x_{1i}^{(0)}x_{2i}^{(0)}\cdots x_{ni}^{(0)} - 1\,; \\
\ln\Big(\sum_i x_{1i}^{(1)} \cdot \bar{x}_{2i}\bar{x}_{3i}\cdots\bar{x}_{ni}\Big) &\approx \sum_i x_{1i}^{(1)} \cdot \bar{x}_{2i}\bar{x}_{3i}\cdots\bar{x}_{ni} - 1\,; \\
\ln\Big(\sum_i x_{1i}^{(0)} \cdot \bar{x}_{2i}\bar{x}_{3i}\cdots\bar{x}_{ni}\Big) &\approx \sum_i x_{1i}^{(0)} \cdot \bar{x}_{2i}\bar{x}_{3i}\cdots\bar{x}_{ni} - 1\,; \\
\ln\Big(\sum_i \overline{x_{1i}} \cdot x_{2i}^{(1)} \cdot \bar{x}_{3i}\cdots\bar{x}_{ni}\Big) &\approx \sum_i \overline{x_{1i}} \cdot x_{2i}^{(1)} \cdot \bar{x}_{3i}\cdots\bar{x}_{ni} - 1\,; \\
\ln\Big(\sum_i \overline{x_{1i}} \cdot x_{2i}^{(0)} \cdot \bar{x}_{3i}\cdots\bar{x}_{ni}\Big) &\approx \sum_i \overline{x_{1i}} \cdot x_{2i}^{(0)} \cdot \bar{x}_{3i}\cdots\bar{x}_{ni} - 1 \\
\ln\Big(\sum_i \overline{x_{1i}x_{2i}} \cdot x_{2i}^{(1)} \cdot \bar{x}_{4i}\cdots\bar{x}_{ni}\Big) &\approx \sum_i \overline{x_{1i}x_{2i}} \cdot x_{2i}^{(1)} \cdot \bar{x}_{4i}\cdots\bar{x}_{ni} - 1 \\
\ln\Big(\sum_i \overline{x_{1i}x_{2i}} \cdot x_{2i}^{(0)} \cdot \bar{x}_{4i}\cdots\bar{x}_{ni}\Big) &\approx \sum_i \overline{x_{1i}x_{2i}} \cdot x_{2i}^{(0)} \cdot \bar{x}_{4i}\cdots\bar{x}_{ni} - 1 \\
&\cdots\cdots \\
\ln\Big(\sum_i \overline{x_{1i}x_{2i}\cdots x_{(n-2)i}} \cdot x_{(n-1)i}^{(1)} \cdot \bar{x}_{ni}\Big) &\approx \sum_i \overline{x_{1i}x_{2i}\cdots x_{(n-2)i}} \cdot x_{(n-1)i}^{(1)} \cdot \bar{x}_{ni} - 1 \\
\ln\Big(\sum_i \overline{x_{1i}x_{2i}\cdots x_{(n-2)i}} \cdot x_{(n-1)i}^{(0)} \cdot \bar{x}_{ni}\Big) &\approx \sum_i \overline{x_{1i}x_{2i}\cdots x_{(n-2)i}} \cdot x_{(n-1)i}^{(0)} \cdot \bar{x}_{ni} - 1 \\
\ln\Big(\sum_i \overline{x_{1i}x_{2i}\cdots x_{(n-1)i}} \cdot x_{ni}^{(1)}\Big) &\approx \sum_i \overline{x_{1i}x_{2i}\cdots x_{(n-1)i}} \cdot x_{ni}^{(1)} - 1 \\
\ln\Big(\sum_i \overline{x_{1i}x_{2i}\cdots x_{(n-1)i}} \cdot x_{ni}^{(0)}\Big) &\approx \sum_i \overline{x_{1i}x_{2i}\cdots x_{(n-1)i}} \cdot x_{ni}^{(0)} - 1
\end{aligned}$$

將其帶入式（5.22），有：

$$\left(\sum_i x_{1i}^{(1)} x_{2i}^{(1)} \cdots x_{ni}^{(1)} - 1\right) - \left(\sum_i x_{1i}^{(0)} x_{2i}^{(0)} \cdots x_{ni}^{(0)} - 1\right) \neq$$
$$\left[\left(\sum_i x_{1i}^{(1)} \cdot \bar{x}_{2i}\bar{x}_{3i}\cdots\bar{x}_{ni} - 1\right) - \left(\sum_i x_{1i}^{(0)} \cdot \bar{x}_{2i}\bar{x}_{3i}\cdots\bar{x}_{ni} - 1\right)\right] +$$
$$\left[\left(\sum_i \overline{x_{1i}} \cdot x_{2i}^{(1)} \cdot \bar{x}_{3i}\cdots\bar{x}_{ni} - 1\right) - \left(\sum_i \overline{x_{1i}} \cdot x_{2i}^{(0)} \cdot \bar{x}_{3i}\cdots\bar{x}_{ni} - 1\right)\right] + \cdots +$$
$$\left[\left(\sum_i \overline{x_{1i}x_{2i}\cdots x_{(n-2)i}} \cdot x_{(n-1)i}^{(1)} \cdot \bar{x}_{ni} - 1\right) - \left(\sum_i \overline{x_{1i}x_{2i}\cdots x_{(n-2)i}} \cdot x_{(n-1)i}^{(0)} \cdot \bar{x}_{ni} - 1\right)\right] +$$
$$\left[\left(\sum_i \overline{x_{1i}} \cdot x_{2i}^{(1)} \cdot \bar{x}_{3i}\cdots\bar{x}_{ni} - 1\right) - \left(\sum_i \overline{x_{1i}} \cdot x_{2i}^{(0)} \cdot \bar{x}_{3i}\cdots\bar{x}_{ni} - 1\right)\right] \quad (5.23)$$

化簡為:

$$\sum_i x_{1i}^{(1)} x_{2i}^{(1)} \cdots x_{ni}^{(1)} - \sum_i x_{1i}^{(0)} x_{2i}^{(0)} \cdots x_{ni}^{(0)} \neq \left[\sum_i \Delta x_{1i} \cdot \bar{x}_{2i}\bar{x}_{3i}\cdots\bar{x}_{ni}\right] +$$
$$\left[\sum_i \overline{x_{1i}} \cdot \Delta x_{2i} \cdot \bar{x}_{3i}\cdots\bar{x}_{ni}\right] + \left[\sum_i \overline{x_{1i}x_{2i}} \cdot \Delta x_{3i} \cdot \bar{x}_{4i}\cdots\bar{x}_{ni}\right] + \cdots +$$
$$\left[\sum_i \overline{x_{1i}x_{2i}\cdots x_{(n-2)i}} \cdot \Delta x_{(n-1)i} \cdot \bar{x}_{ni}\right] + \left[\sum_i \overline{x_{1i}x_{2i}\cdots x_{(n-1)i}} \cdot \Delta x_{ni}\right] \quad (5.24)$$

這與前面定理 2 已證明的

$$\sum_i x_{1i}^{(1)} x_{2i}^{(1)} \cdots x_{ni}^{(1)} - \sum_i x_{1i}^{(0)} x_{2i}^{(0)} \cdots x_{ni}^{(0)} = \left[\sum_i \Delta x_{1i} \cdot \bar{x}_{2i}\bar{x}_{3i}\cdots\bar{x}_{ni}\right] +$$
$$\left[\sum_i \overline{x_{1i}} \cdot \Delta x_{2i} \cdot \bar{x}_{3i}\cdots\bar{x}_{ni}\right] + \left[\sum_i \overline{x_{1i}x_{2i}} \cdot \Delta x_{3i} \cdot \bar{x}_{4i}\cdots\bar{x}_{ni}\right] + \cdots +$$
$$\left[\sum_i \overline{x_{1i}x_{2i}\cdots x_{(n-2)i}} \cdot \Delta x_{(n-1)i} \cdot \bar{x}_{ni}\right] + \left[\sum_i \overline{x_{1i}x_{2i}\cdots x_{(n-1)i}} \cdot \Delta x_{ni}\right]$$

不符, 故應當成立:

$$\frac{\sum_i x_{1i}^{(1)} x_{2i}^{(1)} \cdots x_{ni}^{(1)},}{\sum_i x_{1i}^{(0)} x_{2i}^{(0)} \cdots x_{ni}^{(0)},} = \frac{\sum_i x_{1i}^{(1)} \cdot \bar{x}_{2i}\bar{x}_{3i}\cdots\bar{x}_{ni}}{\sum_i x_{1i}^{(0)} \cdot \bar{x}_{2i}\bar{x}_{3i}\cdots\bar{x}_{ni}} \times \frac{\sum_i \overline{x_{1i}} \cdot x_{2i}^{(1)} \cdot \bar{x}_{3i}\cdots\bar{x}_{ni}}{\sum_i \overline{x_{1i}} \cdot x_{2i}^{(0)} \cdot \bar{x}_{3i}\cdots\bar{x}_{ni}} \times$$
$$\frac{\sum_i \overline{x_{1i}x_{2i}} \cdot x_{2i}^{(1)} \cdot \bar{x}_{4i}\cdots\bar{x}_{ni}}{\sum_i \overline{x_{1i}x_{2i}} \cdot x_{2i}^{(0)} \cdot \bar{x}_{4i}\cdots\bar{x}_{ni}} \times \cdots \times \frac{\sum_i \overline{x_{1i}x_{2i}\cdots x_{(n-2)i}} \cdot x_{(n-1)i}^{(1)} \cdot \bar{x}_{ni}}{\sum_i \overline{x_{1i}x_{2i}\cdots x_{(n-2)i}} \cdot x_{(n-1)i}^{(0)} \cdot \bar{x}_{ni}} \times$$
$$\frac{\sum_i \overline{x_{1i}x_{2i}\cdots x_{(n-1)i}} \cdot x_{ni}^{(1)}}{\sum_i \overline{x_{1i}x_{2i}\cdots x_{(n-1)i}} \cdot x_{ni}^{(1)}} \quad (5.25)$$

考慮到以上證明借助了近似計算的數學關係 $\ln x \approx x - 1$, 故應當成立:

$$\frac{\sum_i x_{1i}^{(1)} x_{2i}^{(1)} \cdots x_{ni}^{(1)},}{\sum_i x_{1i}^{(0)} x_{2i}^{(0)} \cdots x_{ni}^{(0)},} \approx \frac{\sum_i x_{1i}^{(1)} \cdot \bar{x}_{2i}\bar{x}_{3i}\cdots\bar{x}_{ni}}{\sum_i x_{1i}^{(0)} \cdot \bar{x}_{2i}\bar{x}_{3i}\cdots\bar{x}_{ni}} \times \frac{\sum_i \overline{x_{1i}} \cdot x_{2i}^{(1)} \cdot \bar{x}_{3i}\cdots\bar{x}_{ni}}{\sum_i \overline{x_{1i}} \cdot x_{2i}^{(0)} \cdot \bar{x}_{3i}\cdots\bar{x}_{ni}} \times$$

$$\frac{\sum_i \overline{x_{1i}x_{2i}} \cdot x_{2i}^{(1)} \cdot \bar{x}_{4i}\cdots\bar{x}_{ni}}{\sum_i \overline{x_{1i}x_{2i}} \cdot x_{2i}^{(0)} \cdot \bar{x}_{4i}\cdots\bar{x}_{ni}} \times \cdots \times \frac{\sum_i \overline{x_{1i}x_{2i}\cdots x_{(n-2)i}} \cdot x_{(n-1)i}^{(1)} \cdot \bar{x}_{ni}}{\sum_i \overline{x_{1i}x_{2i}\cdots x_{(n-2)i}} \cdot x_{(n-1)i}^{(0)} \cdot \bar{x}_{ni}} \times$$

$$\frac{\sum_i \overline{x_{1i}x_{2i}\cdots x_{(n-1)i}} \cdot x_{ni}^{(1)}}{\sum_i \overline{x_{1i}x_{2i}\cdots x_{(n-1)i}} \cdot x_{ni}^{(1)}} \qquad (5.26)$$

由此我們就建立起了以馬埃指數為基礎的多變量的均值加權指數體系，其相對數關係為：

$$\frac{\sum_i x_{1i}^{(1)} x_{2i}^{(1)} \cdots x_{ni}^{(1)},}{\sum_i x_{1i}^{(0)} x_{2i}^{(0)} \cdots x_{ni}^{(0)},} \approx \frac{\sum_i x_{1i}^{(1)} \cdot \bar{x}_{2i}\bar{x}_{3i}\cdots\bar{x}_{ni}}{\sum_i x_{1i}^{(0)} \cdot \bar{x}_{2i}\bar{x}_{3i}\cdots\bar{x}_{ni}} \times \frac{\sum_i \overline{x_{1i}} \cdot x_{2i}^{(1)} \cdot \bar{x}_{3i}\cdots\bar{x}_{ni}}{\sum_i \overline{x_{1i}} \cdot x_{2i}^{(0)} \cdot \bar{x}_{3i}\cdots\bar{x}_{ni}} \times$$

$$\frac{\sum_i \overline{x_{1i}x_{2i}} \cdot x_{2i}^{(1)} \cdot \bar{x}_{4i}\cdots\bar{x}_{ni}}{\sum_i \overline{x_{1i}x_{2i}} \cdot x_{2i}^{(0)} \cdot \bar{x}_{4i}\cdots\bar{x}_{ni}} \times \cdots \times \frac{\sum_i \overline{x_{1i}x_{2i}\cdots x_{(n-2)i}} \cdot x_{(n-1)i}^{(1)} \cdot \bar{x}_{ni}}{\sum_i \overline{x_{1i}x_{2i}\cdots x_{(n-2)i}} \cdot x_{(n-1)i}^{(0)} \cdot \bar{x}_{ni}} \times$$

$$\frac{\sum_i \overline{x_{1i}x_{2i}\cdots x_{(n-1)i}} \cdot x_{ni}^{(1)}}{\sum_i \overline{x_{1i}x_{2i}\cdots x_{(n-1)i}} \cdot x_{ni}^{(1)}}$$

其絕對數關係為：

$$\sum_i x_{1i}^{(1)} x_{2i}^{(1)} \cdots x_{ni}^{(1)} - \sum_i x_{1i}^{(0)} x_{2i}^{(0)} \cdots x_{ni}^{(0)} = \left[\sum_i \Delta x_{1i} \cdot \bar{x}_{2i}\bar{x}_{3i}\cdots\bar{x}_{ni}\right] +$$

$$\left[\sum_i \overline{x_{1i}} \cdot \Delta x_{2i} \cdot \bar{x}_{3i}\cdots\bar{x}_{ni}\right] + \left[\sum_i \overline{x_{1i}x_{2i}} \cdot \Delta x_{3i} \cdot \bar{x}_{4i}\cdots\bar{x}_{ni}\right] + \cdots +$$

$$\left[\sum_i \overline{x_{1i}x_{2i}\cdots x_{(n-2)i}} \cdot \Delta x_{(n-1)i} \cdot \bar{x}_{ni}\right] + \left[\sum_i \overline{x_{1i}x_{2i}\cdots x_{(n-1)i}} \cdot \Delta x_{ni}\right] \qquad (5.27)$$

這是一套適用於任意多個變量的乘積關係指數體系的通式。

四、多元均值加權指數體系中各變量的排列順序問題

在傳統的統計指數的多因素分析中，對各因素的排列順序，一般而言有以下幾點要求：

第一，各因素的排列順序應以各因素之間的相互聯繫為依據。

第二，在測定其中某個因素的作用時，要將其餘所有因素的時間固定下來。對於每一個因素，要確定其相對的質量指標和數量指標的性質，並且按照所謂的權數「質基數報」的方法固定其餘因素的時間。

第三，測定各個影響因素指數時，應順次連鎖地以報告期指標替代基期指標，即採用「連鎖替代法」順次測定。

以上規則看似簡單，但在實際應用中，由於可能存在對指標的數量性和質量性的不同認識，故有可能出現「仁者見仁、智者見智」的不同結果。

在多元的均值加權指數體系中各變量的排列順序並不需要以上如此繁雜的規則，但也不允許任意排列各變量的順序。簡而言之，只要求按上述規則的第一條排列即可，即按照經濟方程式中各變量的客觀順序或客觀聯繫排列，下面具體加以說明。

在兩變量構成的簡單經濟方程式中，兩因素變量的位置並不重要，甚至是可以交換的。如：

商品銷售額 = 商品銷售價格 × 商品銷售量

也可以記為：

商品銷售額 = 商品銷售量 × 商品銷售價格

但在三因素（及以上）的複雜經濟方程式中，三個因素變量的位置是十分重要的。因為只有相鄰兩因素的乘積具有經濟分析意義，經濟方程式才具有經濟分析意義。否則，經濟方程式就不具有經濟分析意義。在多元的均值加權指數體系中各變量的排列順序也需要（同時也只需要）遵循這一點。

例如，在下列的三因素的經濟方程式中：

銷售利潤額 = 商品銷售量 × 商品銷售價格 × 銷售利潤率

由於各因素之間存在如下客觀合理的經濟聯繫：

銷售利潤額= 商品銷售量 × 商品銷售價格 × 銷售利潤率

= 商品銷售額 × 銷售利潤率

又如，在下列的四因素的經濟方程式中：

產品產值 = 平均職工人數 × 期內開工天數 × 日勞動生產率 × 產品出廠價格

由於各因素之間存在如下客觀合理的經濟聯繫：

產品產值= 平均職工人數 × 期內開工天數 × 日勞動生產率 × 產品出廠價格

= 期內開工人日數 × 日勞動生產率 × 產品出廠價格

= 產品產量 × 產品出廠價格

其中：期內開工人日數 = 平均職工人數 × 期內開工天數

日勞動生產率 = 產品產量 / 期內開工人日數

因此，只要按照經濟方程式所規定的經濟變量的客觀聯繫來設定變量，多元的均值加權指數體系中各變量的排列順序也就自然能確定了。

由上述分析可見，建立在馬埃指數基礎之上的均值加權指數體系相較於其他指數體系而言，具有從二元或兩因素的分析推廣到任意多元即多因素分析的機制，因此，這也進一步展現出了「均值加權指數體系」在經濟指數分析中的科學性及其廣泛的應用前景。

第六章　包含加法模型和混合模型的指數分析體系

統計指數體系分析方法的一個較大的不足就是局限於乘法形式的經濟方程式。由於經濟現象之間的相互聯繫是多種多樣的，例如，在國內生產總值（GDP）的核算中，不僅要考慮最終產品的價值，還要考慮相應的勞務價值。從微觀的角度來看，某企業不僅有產品的生產，還向社會提供物流和服務。這就需要我們在指數分析方法中，將傳統的只包含乘法關係的經濟方程式加以擴展。事實上，目前的統計指數體系分析方法難以應用於形式多樣的複雜經濟現象的因素分析。雖然統計學界對此做了很多的努力，嘗試了一些解決的辦法，但終因缺乏一般性而無法推廣。在本書中，我們把基於乘法方式的指數體系稱為指數體系的「乘法模型」，並以此為基礎，將其推廣到可以加減運算的「加法模型」和包含全部四則運算的「混合模型」，由此可以基本解決統計指數體系分析方法的局限性問題。

一、兩因素加法模型

兩因素的加法模型雖然比較簡單，但卻是構造混合模型的基礎。所以，我們首先提出了兩因素的加法模型：

設 X 為一具有可加性的同度量現象（若經濟現象為不同度量的，則應通過一定的同度量因素轉化為同度量的現象），則對兩因素的加法關係設定如下：

設兩因素的加法模型為：

$$F = X_1 + X_2$$

定義基報兩期現象的數量關係為：

$$F_0 = X_{10} + X_{20}\ ,\ F_1 = X_{11} + X_{21}$$

由此可進行如下相對數分析：

$$\frac{F_1}{F_0}=\frac{X_{11}+X_{21}}{X_{10}+X_{20}}=\frac{1}{X_{10}+X_{20}}[(X_{11}+X_{20}-X_{20})+(X_{21}+X_{10}-X_{10})]$$

$$=\frac{1}{X_{10}+X_{20}}[(X_{11}+X_{20})+(X_{21}+X_{10})-(X_{20}+X_{10})]$$

$$=\frac{X_{11}+X_{20}}{X_{10}+X_{20}}+\frac{X_{21}+X_{10}}{X_{10}+X_{20}}-1$$

故有

$$\frac{F_1}{F_0}-1=\left(\frac{X_{11}+X_{20}}{X_{10}+X_{20}}-1\right)+\left(\frac{X_{21}+X_{10}}{X_{10}+X_{20}}-1\right) \tag{6.1}$$

這樣，我們就得到了關於兩因素加法關係分析的相對數分析模型。這個分析模型的經濟意義是十分重要的，這就是：總和現象的增長率等於各因素現象的增長率之和。

同理可推出兩因素加法關係分析的絕對數分析模型為：

$$F_1-F_0=[(X_{11}+X_{20})-(X_{10}+X_{20})]+[(X_{21}+X_{10})-(X_{10}+X_{20})]$$

$$=(X_{11}-X_{10})+(X_{21}-X_{20}) \tag{6.2}$$

這個分析模型的經濟意義也是十分明確的，這就是：總和現象的增長量等於各因素現象的增長量之和。

關於兩因素加法關係分析的相對數分析和絕對數分析模型的應用，本書在後文中給出了一個綜合性的案例，此不贅述。

二、多因素加法模型

同上，仍然首先設 X 具有可加性的同度量現象（若經濟現象為不同度量的，應通過一定的同度量因素轉化為同度量），則對多因素的加法關係可設定如下：

設多因素的加法模型為：$F=X_1+X_2+\cdots+X_k$

對於基期，有：$F_0=X_{10}+X_{20}+\cdots+X_{k0}$

對於報告期，有：$F_1=X_{11}+X_{21}+\cdots+X_{k1}$

動態對比：$\dfrac{F_1}{F_0}=\dfrac{X_{11}+X_{21}+\cdots+X_{k1}}{X_{10}+X_{20}+\cdots+X_{k0}}$

作分解：

$$\frac{F_1}{F_0}=\frac{X_{11}}{\sum_{i=1}^{k}X_{i0}}+\frac{X_{21}}{\sum_{i=1}^{k}X_{i0}}+\cdots+\frac{X_{k1}}{\sum_{i=1}^{k}X_{i0}}=\frac{1}{\sum_{i=1}^{k}X_{i0}}(X_{11}+X_{21}+\cdots+X_{k1})$$

$$=\frac{1}{\sum_{i=1}^{k}X_{i0}}\{[X_{11}+(X_{20}+\cdots+X_{k0})-(X_{20}+\cdots+X_{k0})]+$$

$$[X_{21}+(X_{10}+X_{30}+\cdots+X_{k0})-(X_{10}+X_{30}+\cdots+X_{k0})]+$$

$$[X_{31}+(X_{10}+X_{20}+X_{40}+\cdots+X_{k0})-(X_{10}+X_{20}+X_{40}+\cdots+X_{k0})]+\cdots+$$

$$[X_{k1}+(X_{10}+X_{20}+\cdots+X_{(k-1)0})-(X_{10}+X_{20}+\cdots+X_{(k-1)0})]$$

$$=\frac{1}{\sum_{i=1}^{k}X_{i0}}\{[(X_{11}+X_{20}+\cdots+X_{k0})+(X_{21}+X_{10}+X_{30}+\cdots+X_{10})+$$

$$(X_{31}+X_{10}+X_{20}+X_{40}+\cdots+X_{k0})+\cdots+(X_{k1}+X_{10}+X_{20}+\cdots+X_{(k-1)0})]-$$

$$[(X_{20}+X_{30}+\cdots+X_{k0})+(X_{10}+X_{30}+X_{40}+\cdots+X_{k0})+\cdots+$$

$$(X_{10}+X_{20}+\cdots+X_{(k-1)0})]$$

$$=\frac{1}{\sum_{i=1}^{k}X_{i0}}\{[(X_{11}+X_{20}+\cdots+X_{k0})+(X_{10}+X_{21}+X_{30}+\cdots+X_{k0})+\cdots+$$

$$(X_{10}+X_{20}+\cdots+X_{(k-1)0}+X_{k1})]-[(X_{10}+X_{20}+\cdots+X_{k0})+$$

$$(X_{10}+X_{20}+\cdots+X_{k0})+\cdots+(X_{10}+X_{20}+\cdots+X_{k0})-$$

$$(X_{10}+X_{20}+\cdots+X_{k0})]\}$$

$$=\frac{1}{\sum_{i=1}^{k}X_{i0}}\{[(X_{11}+X_{20}+\cdots+X_{k0})+(X_{10}+X_{21}+X_{30}+\cdots+X_{k0})+\cdots+$$

$$(X_{10}+X_{20}+\cdots+X_{(k-1)0}+X_{k1})]-[(k-1)(X_{10}+X_{20}+\cdots+X_{k0})]\}$$

$$=\frac{1}{\sum_{i=1}^{k}X_{i0}}(X_{11}+X_{20}+\cdots+X_{k0})+\frac{1}{\sum_{i=1}^{k}X_{i0}}(X_{10}+X_{21}+X_{30}+\cdots+X_{k0})+\cdots+$$

$$\frac{1}{\sum_{i=1}^{k}X_{i0}}(X_{10}+X_{20}+\cdots+X_{(k-1)0}+X_{k1})-(K-1)$$

則

$$\frac{F_1}{F_0}-1=\frac{1}{\sum_{i=1}^{k}X_{i0}}(X_{11}+X_{20}+\cdots+X_{k0})+$$

$$\frac{1}{\sum_{i=1}^{k}X_{i0}}(X_{10}+X_{21}+X_{30}+\cdots+X_{k0})+\cdots+$$

$$\frac{1}{\sum_{i=1}^{k} X_{i0}}(X_{10} + X_{20} + \cdots + X_{(k-2)0} + X_{(k-1)1}) - K$$

$$= \left[\frac{1}{\sum_{i=1}^{k} X_{i0}}(X_{11} + X_{20} + \cdots + X_{k0}) - 1\right] +$$

$$\left[\frac{1}{\sum_{i=1}^{k} X_{i0}}(X_{10} + X_{21} + X_{30} + \cdots + X_{k0}) - 1\right] + \cdots +$$

$$\left[\frac{1}{\sum_{i=1}^{k} X_{i0}}(X_{10} + X_{20} + \cdots + X_{(k-1)0} + X_{k1}) - 1\right]$$

故有

$$\frac{F_1}{F_0} - 1 = \left[\frac{X_{11} + X_{20} + \cdots + X_{k0}}{X_{10} + X_{20} + \cdots + X_{k0}} - 1\right] + \left[\frac{X_{10} + X_{21} + X_{30} + \cdots + X_{k0}}{X_{10} + X_{20} + \cdots + X_{k0}} - 1\right] + \cdots +$$

$$\left[\frac{X_{10} + X_{20} + \cdots + X_{(k-1)0} + X_{k1}}{X_{10} + X_{20} + \cdots + X_{k0}} - 1\right] \tag{6.3}$$

這樣，我們就得到了關於多因素加法關係分析的相對數分析模型。這個分析模型的經濟意義也是十分明確的，就是總和現象的增長率等於各因素現象的增長率之和。

多因素加法關係分析的絕對數分析模型為：

$$\begin{aligned} F_1 - F_0 = & [(X_{11} + X_{20} + X_{30} + \cdots + X_{k0}) - (X_{10} + X_{20} + \cdots + X_{k0})] + \\ & [(X_{10} + X_{21} + X_{30} + \cdots + X_{k0}) - (X_{10} + X_{20} + \cdots + X_{k0})] + \cdots + \\ & [(X_{10} + X_{20} + \cdots + X_{(k-1)0} + X_{k1}) - (X_{10} + X_{20} + \cdots + X_{k0})] \\ = & [X_{11} - X_{10}] + [X_{21} - X_{20}] + \cdots + [X_{k1} - X_{k0}] \end{aligned} \tag{6.4}$$

不難看出，這個分析模型的經濟意義也是十分明確的，就是總和現象的增長量等於各因素現象的增長量之和。

為了區分加法模型和乘法模型，我們不妨將加法關係模型（包括混合模型）的分析體系稱為關聯分析體系，而將只包括乘法關係模型的分析體系稱為指數體系分析。

三、兩因素簡單混合模型

有如前述，傳統的指數分析體系實際上是一種乘法關係模型，而以上我們又給出了兩因素和多因素的加法模型，這裡我們將乘法模型和加法模型綜合起來，就形成了如下的混合模型。有關分析如下：

在以上兩因素的加法模型下，進一步設定：

$$X_1 = p \cdot q \text{ , } X_2 = g \cdot z$$

則有 $F = p \cdot q + g \cdot z$, $F_1 = p_1 \cdot q_1 + g_1 \cdot z_1$, $F_0 = p_0 \cdot q_0 + g_0 \cdot z_0$

$$\frac{F_1}{F_0} = \frac{p_1q_1 + g_1z_1}{p_0q_0 + g_0z_0} = \frac{1}{p_0q_0 + g_0z_0}[(p_1q_1 + g_0z_0 - g_0z_0) - (g_1z_1 + p_0q_0 - p_0q_0)]$$

$$= \frac{1}{p_0q_0 + g_0z_0}[(p_1q_1 + g_0z_0) + (g_1z_1 + p_0q_0) - (g_0z_0 + p_0q_0)]$$

$$= \frac{p_1q_1 + g_0z_0}{p_0q_0 + g_0z_0} + \frac{g_1z_1 + p_0q_0}{p_0q_0 + g_0z_0} - 1$$

故

$$\frac{F_1}{F_0} - 1 = \left(\frac{p_1q_1 + g_0z_0}{p_0q_0 + g_0z_0} - 1\right) + \left(\frac{g_1z_1 + p_0q_0}{p_0q_0 + g_0z_0} - 1\right) \tag{6.5}$$

這樣，我們就得到了關於兩因素簡單混合模型分析的相對數分析模型。這個分析模型的經濟意義也是十分明確的，就是總和現象的增長率等於各因素現象的增長率之和。

絕對數分析如下：

由兩因素加法分析模型的絕對數分析形式

$$F_1 - F_0 = (X_{11} + X_{21}) - (X_{10} + X_{20}) = (X_{11} - X_{10}) + (X_{21} - X_{20})$$

引入假設條件 $X_1 = p \cdot q$, $X_2 = g \cdot z$

即可得到如下的兩因素簡單混合模型的絕對數分析形式

$$F_1 - F_0 = (p_1q_1 + g_1z_1) - (p_0q_0 + g_0z_0) = (p_1q_1 - p_0q_0) + (g_1z_1 - g_0z_0) \tag{6.6}$$

同理可見，這個分析模型的經濟意義也是十分明確的，就是總和現象的增長量等於各因素現象的增長量之和。

不難看出，在以上兩因素簡單混合模型中，我們假設了 $X_1 = p \cdot q$, $X_2 = g \cdot z$, 即假設了 X_1, X_2 本身仍然是一個指數意義上的「簡單現象總體」，但統計指數分析的核心應當是分析「不能直接加總（需要有同度量因素過渡）」的「複雜現象總體」的綜合變動以及各因素的變動對總變動的影響程度。由此，我們還必須引入如下的複雜混合模型的分析方法。

四、兩因素複雜混合模型

進一步，我們設：

$$X_1 = \sum pq \ , X_2 = \sum gz$$

則有 $F = \sum pq + \sum gz \ , F_1 = \sum p_1q_1 + \sum g_1z_1, F_0 = \sum p_0q_0 + \sum g_0z_0$

$$\frac{F_1}{F_0} = \frac{\sum p_1q_1 + \sum g_1z_1}{\sum p_0q_0 + \sum g_0z_0}$$

$$= \frac{1}{\sum p_0q_0 + \sum g_0z_0}\left[\left(\sum p_1q_1 + \sum g_0z_0 - \sum g_0z_0\right) - \left(\sum g_1z_1 + \sum p_0q_0 - \sum p_0q_0\right)\right]$$

$$= \frac{1}{\sum p_0q_0 + \sum g_0z_0}\left[\left(\sum p_1q_1 + \sum g_0z_0\right) + \left(\sum g_1z_1 + \sum p_0q_0\right) - \left(\sum g_0z_0 + \sum p_0q_0\right)\right]$$

$$= \frac{\sum p_1q_1 + \sum g_0z_0}{\sum p_0q_0 + \sum g_0z_0} + \frac{\sum g_1z_1 + \sum p_0q_0}{\sum p_0q_0 + \sum g_0z_0} - 1$$

故 $$\frac{F_1}{F_0} - 1 = \left(\frac{\sum p_1q_1 + \sum g_0z_0}{\sum p_0q_0 + \sum g_0z_0} - 1\right) + \left(\frac{\sum g_1z_1 + \sum p_0q_0}{\sum p_0q_0 + \sum g_0z_0} - 1\right) \qquad (6.7)$$

這樣我們就得到了兩因素複雜混合模型相對數分析的初步分解式。這裡我們將其稱為初步分解式，是因為其中仍然包含了「複雜現象總體」的數據，需要進行進一步的分解。同樣，我們還可以得到兩因素複雜混合模型絕對數分析的初步分解式，如下：

$$F_1 - F_0 = \left(\sum p_1q_1 + \sum g_1z_1\right) - \left(\sum p_0q_0 + \sum g_0z_0\right)$$

$$= \left(\sum p_1q_1 - \sum p_0q_0\right) + \left(\sum g_1z_1 - \sum g_0z_0\right) \qquad (6.8)$$

這裡 $F_1 - F_0 = (X_{11} - X_{10}) + (X_{21} - X_{20})$

而 $X_1 = \sum pq$ 與 $X_2 = \sum gz$ 本身就是一個需要進一步分解的「複雜現象總體」，或者說，二者本身就各自包含了一個乘積關係的指數體系或乘法模型。於是，我們在這裡就出現了一個選擇問題，即我們可以選擇：

第一套指數乘積關係模型:
其相對數分析模型為:

$$\frac{\sum p_1q_1}{\sum p_0q_0} = \frac{\sum p_1q_1}{\sum p_0q_1} \times \frac{\sum p_0q_1}{\sum p_0q_0} \tag{6.9}$$

其絕對數分析模型為:

$$\sum p_1q_1 - \sum p_0q_0 = (\sum p_1q_1 - \sum p_0q_1) + (\sum p_0q_1 - \sum p_0q_0) \tag{6.10}$$

第二套指數乘積關係模型:
其相對數分析模型為:

$$\frac{\sum p_1q_1}{\sum p_0q_0} = \frac{\sum p_1q_0}{\sum p_0q_0} \times \frac{\sum p_1q_1}{\sum p_1q_0} \tag{6.11}$$

其絕對數分析模型為:

$$\sum p_1q_1 - \sum p_0q_0 = (\sum p_1q_1 - \sum p_0q_1) + (\sum p_0q_1 - \sum p_0q_0) \tag{6.12}$$

第三套指數乘積關係模型:
其相對數分析模型為:

$$\frac{\sum p_1q_1}{\sum p_0q_0} = \frac{\sum p_1q_0}{\sum p_0q_0} \times \frac{\sum p_0q_1}{\sum p_0q_0} \times \left(\frac{\sum p_1q_1}{\sum p_0q_1} \div \frac{\sum p_1q_0}{\sum p_0q_0}\right) \tag{6.13}$$

其絕對數分析模型為:

$$\sum p_1q_1 - \sum p_0q_0 = (\sum p_1q_0 - \sum p_0q_0) + (\sum p_0q_1 - \sum p_0q_0) + [(\sum p_1q_1 - \sum p_0q_1) - (\sum p_1q_0 - \sum p_0q_0)] \tag{6.14}$$

第四套指數乘積關係模型:
其相對數分析模型為:

$$\frac{\sum p_1q_1 - \sum p_0q_0}{\sum p_0q_0} = \frac{\sum (p_1 - p_0)q_0}{\sum p_0q_0} + \frac{\sum (q_1 - q_0)p_0}{\sum p_0q_0} + \frac{\sum (p_1 - p_0)(q_1 - q_0)}{\sum p_0q_0} \tag{6.15}$$

其絕對數分析模型為:

$$\sum p_1q_1 - \sum p_0q_0 = \sum (p_1 - p_0)q_0 + \sum (q_1 - q_0)p_0 + \sum (p_1 - p_0)(q_1 - q_0) \tag{6.16}$$

第五套指數乘積關係模型：
其相對數分析模型為：

$$F_{pq} = F_p \times F_q = \sqrt{\frac{\sum p_1q_0}{\sum p_0q_0} \times \frac{\sum p_1q_1}{\sum p_0q_1}} \times \sqrt{\frac{\sum p_0q_1}{\sum p_0q_0} \times \frac{\sum p_1q_1}{\sum p_1q_0}} \quad (6.17)$$

其絕對數分析模型為：

$$\sum p_1q_1 - \sum p_1q_0 = \frac{1}{2}\left[\left(\sum p_1q_0 - \sum p_0q_0\right) + \left(\sum p_1q_1 - \sum p_0q_1\right)\right] + \frac{1}{2}\left[\left(\sum p_0q_1 - \sum p_0q_0\right) + \left(\sum p_1q_1 - \sum p_1q_0\right)\right] \quad (6.18)$$

第六套指數乘積關係模型：
其相對數分析模型為：

$$\frac{\sum p_1q_1}{\sum p_0q_0} \approx \frac{\sum p_1\bar{q}}{\sum p_0\bar{q}} \times \frac{\sum \bar{p}q_1}{\sum \bar{p}q_0} \quad (6.19)$$

其絕對數分析模型為：

$$\sum p_1q_1 - \sum p_1q_0 = \left(\sum p_1\bar{q} - \sum p_0\bar{q}\right) + \left(\sum \bar{p}q_1 - \sum \bar{p}q_0\right) \quad (6.20)$$

由此可以看到，我們這裡所說的第六套指數體系，即本書中所提出的均值加權指數體系。前已證明，均值加權指數體系是最適當的乘法關係指數體系模型。因此，在本書中，我們僅以均值加權指數體系為例進行詳細的分析（不難看出，這一套加法模型和混合模型對其他乘法關係的指數體系分析依然有效，此處不贅述）。

根據前文所論述的均值加權指數體系，可得：

$$F_1 - F_0 = (X_{11} - X_{10}) + (X_{21} - X_{20}) \quad (6.21)$$

其中 $X_{11} - X_{10} = \sum p_1q_1 - \sum p_0q_0 = \left(\sum p_1\bar{q} - \sum p_0\bar{q}\right) + \left(\sum q_1\bar{p} - \sum q_0\bar{p}\right)$

及 $X_{21} - X_{20} = \sum g_1z_1 - \sum g_0z_0 = \left(\sum g_1\bar{z} - \sum g_0\bar{z}\right) + \left(\sum z_1\bar{g} - \sum z_0\bar{g}\right)$

故可綜合得到：

$$F_1 - F_0 = \left[\left(\sum p_1\bar{q} - \sum p_0\bar{q}\right) + \left(\sum q_1\bar{p} - \sum q_0\bar{p}\right)\right] + \left[\left(\sum g_1\bar{z} - \sum g_0\bar{z}\right) + \left(\sum z_1\bar{g} - \sum z_0\bar{g}\right)\right] \quad (6.22)$$

由此可建立起適用於均值加權指數體系的兩因素複雜混合指數體系，並可由此推廣至多因素的均值加權的複雜混合指數體系。在此不再贅述。

下面，我們用一案例來說明兩因素複雜混合模型的實際應用。

設：p——銷售價格　q——銷售量　g——運輸量　z——單位運輸價格　r——勞務單位價格　f——勞務工作量

某企業主營業務由製造業、物流運輸業和服務業構成，則根據均值加權指數體系，可構造其製造業的指數分析體系為：

$$\frac{\sum p_1 q_1}{\sum p_0 q_0} \approx \frac{\sum p_1 \bar{q}}{\sum p_0 \bar{q}} \times \frac{\sum q_1 \bar{p}}{\sum q_0 \bar{p}} \tag{6.23}$$

物流業的指數分析體系為：

$$\frac{\sum g_1 z_1}{\sum g_0 z_0} \approx \frac{\sum g_1 \bar{z}}{\sum g_0 \bar{z}} \times \frac{\sum z_1 \bar{g}}{\sum z_0 \bar{g}} \tag{6.24}$$

服務業的指數分析體系為：

$$\frac{\sum r_1 f_1}{\sum r_0 f_0} \approx \frac{\sum r_1 \bar{f}}{\sum r_0 \bar{f}} \times \frac{\sum f_1 \bar{r}}{\sum f_0 \bar{r}} \tag{6.25}$$

該公司的總營運收入為：

$$F = X_1 + X_2 + X_3 = \sum p_i q_i + \sum g_i z_i + \sum \mathrm{r}_i f_i \tag{6.26}$$

則可構造如下的分析體系：

$$\begin{aligned} \frac{F_1}{F_0} - 1 = & \left(\frac{\sum p_1 q_1 + \sum g_0 z_0 + \sum r_0 f_0}{\sum p_0 q_0 + \sum g_0 z_0 + \sum r_0 f_0} - 1 \right) + \\ & \left(\frac{\sum g_1 z_1 + \sum p_0 q_0 + \sum r_0 f_0}{\sum g_0 z_0 + \sum p_0 q_0 + \sum r_0 f_0} - 1 \right) + \\ & \left(\frac{\sum s_1 + \sum p_0 q_0 + \sum g_0 z_0}{\sum s_0 + \sum p_0 q_0 + \sum g_0 z_0} - 1 \right) \end{aligned} \tag{6.27}$$

$$F_1 - F_0 = \left(\sum p_1 q_1 - \sum p_0 q_0 \right) + \left(\sum g_1 z_1 - \sum g_0 z_0 \right) + \left(\sum r_r f_1 - \sum r_0 f_0 \right) \tag{6.28}$$

這種分析方式我們可稱為關聯體系分析或廣義的指數體系分析，以區別於以乘積關係為特徵的（狹義的）指數體系分析。

表 6-1 至表 6-5 的數據是該企業基報兩期三大業務的主要行銷數據。現根據該數據，對該企業基期和報告期三大主營業務的相互關係的影響進

行分析。

表 6-1　　某企業三種主營業務數據表

行業種類	業務種類	計量單位	基期		報告期		營運收入(萬元)	
			數量	單價(元)	數量	單價(元)	基期	報告期
製造業	產品甲	臺	500	3, 500	600	3, 200	175	192
	產品乙	千克	500	1, 800	500	1, 760	90	88
	產品丙	件	1, 500	200	2, 000	200	30	40
	小計	—	—	—	—	—	295	320
物流業	運輸	噸/千米	2, 000	500	2, 200	550	100	121
	倉儲	立方/天	3, 000	200	3, 200	250	60	80
	小計	—	—	—	—	—	160	201
服務業	勞務甲	人/日	1, 000	200	1, 150	200	20	23
	勞務乙	人/周	80	2, 000	50	2, 200	16	11
	小計	—	—	—	—	—	36	34
總計	—	—	—	—	—	—	491	555

表 6-2　　某企業三種主營業務行銷收入簡表　　單位：萬元

分組	製造業	物流業	服務業	合計
基期	295	160	36	491
報告期	320	201	34	555

表 6-3　　某企業製造業業務部分指數計算表　　單位：萬元

產品	p_0q_0	p_1q_1	$p_0\bar{q}$	$p_1\bar{q}$	$q_0\bar{p}$	$q_1\bar{p}$
產品甲	175	192	192. 5	176. 0	167. 5	201. 0
產品乙	90	88	90. 0	88. 0	89. 0	89. 0
產品丙	30	40	35. 0	35. 0	30. 0	40. 0
合計	295	320	317. 5	299. 0	286. 5	330. 0

表 6-4　　某企業物流業業務部分指數計算表　　單位：萬元

業務類型	g_0z_0	g_1z_1	$g_0\bar{z}$	$g_1\bar{z}$	$z_0\bar{g}$	$z_1\bar{g}$
運輸	100	121	105	115.5	105.0	115.5
倉儲	60	80	67.5	72.0	62.0	77.5
合計	160	201	—	187.5	167.0	193.0

表 6-5　　某企業服務業業務部分馬埃指數計算表　　單位：萬元

業務類型	r_0f_0	r_1f_1	$r_1\bar{f}$	$r_0\bar{f}$	$f_1\bar{r}$	$f_0\bar{r}$
勞務甲	20	23	21.5	21.5	23.0	20.0
勞務乙	16	11	14.3	13.0	10.5	16.8
合計	36	34	35.8	34.5	33.5	36.8

在以下的分析中，我們首先將分別對該企業三大主營業務的不同情況進行專門的分析，然後再對該企業營運情況進行綜合分析。具體分析如下：

（1）對製造業部分營運收入的分析，引入均值加權指數體系。

相對數分析為：

$$\frac{\sum p_1q_1}{\sum p_0q_0} \approx \frac{\sum p_1\bar{q}}{\sum p_0\bar{q}} \times \frac{\sum q_1\bar{p}}{\sum q_0\bar{p}}$$

即有　$\frac{320}{295} \approx \frac{299.0}{317.5} \times \frac{330.0}{286.5}$

或　108.47% ≈ 94.17% × 115.18%

以上分析表明：該企業製造業部分的營運收入報告期比基期提高了8.47%。這是由於產品價格下調了5.83%和銷售量提高了15.18%共同造成的。

絕對數分析為：

$$\sum p_1q_1 - \sum p_0q_0 = \left(\sum p_1\bar{q} - \sum p_0\bar{q}\right) + \left(\sum q_1\bar{p} - \sum q_0\bar{p}\right)$$

即有　25(萬元) = (−18.5)(萬元) + 43.5(萬元)

以上分析表明：該企業製造業部分的營運收入報告期比基期增加了25萬元。這是由於產品價格下降使營運收入減少了18.5萬元和銷售量提高使營運收入增加了43.5萬元共同影響的結果。

（2）對於物流業部分的營運收入的分析，引入均值加權指數體系。

相對數分析為：

$$\frac{\sum g_1 z_1}{\sum g_0 z_0} \approx \frac{\sum g_1 \bar{z}}{\sum g_0 \bar{z}} \times \frac{\sum z_1 \bar{g}}{\sum z_0 \bar{g}}$$

即有 $\frac{201}{160} \approx \frac{187.5}{172.5} \times \frac{193.0}{167.0}$

或 125.63% ≈ 108.70% × 115.57%

以上分析表明：該企業物流業部分的營運收入報告期比基期提高了25.63%。這是由於物流業價格水準提高了15.57%和物流量水準提高了8.7%共同造成的。

絕對數分析為：

$$\sum g_1 z_1 - \sum g_0 z_0 = \left(\sum g_1 \bar{z} - \sum g_0 \bar{z}\right) + \left(\sum z_1 \bar{g} - \sum z_0 \bar{g}\right)$$

即有 41（萬元）= 26（萬元）+ 15（萬元）

以上分析表明：該企業物流業部分的營運收入報告期比基期增加了41萬元。這是由於價格水準上升使營運收入增加了26萬元和物流工作量提高使營運收入增加了15萬元共同影響的結果。

（3）對於服務業部分的營運收入的分析，引入均值加權指數體系。

相對數分析為：

$$\frac{\sum r_1 f_1}{\sum r_0 f_0} \approx \frac{\sum r_1 \bar{f}}{\sum r_0 \bar{f}} + \frac{\sum f_1 \bar{r}}{\sum f_0 \bar{r}}$$

即有 $\frac{34}{36} \approx \frac{35.8}{34.5} + \frac{33.5}{36.8}$

或 94.44% ≈ 103.77% × 91.03%

以上計算表明：該企業服務業部分的營運收入報告期比基期降低了5.56%。這是由於服務業價格水準提高了3.77%和服務業數量水準降低了8.97%共同造成的。

絕對數分析為：

$$\sum r_1 f_1 - \sum r_0 f_0 = \left[\sum r_1 \bar{f} - \sum r_0 \bar{f}\right] + \left[\sum f_1 \bar{r} - \sum f_0 \bar{r}\right]$$

即有 （-2）（萬元）= 1.3（萬元）+（-3.3）（萬元）

以上計算表明：該企業服務業部分的營運收入報告期比基期減少了2萬元。這是由於價格水準提高使營運收入增加了31.3萬元和數量水準下降減少了3.3萬元共同造成的。

（4）對於該企業三大業務的聯合分析，引入混合指數分析體系。

該企業基期營運總收入為：

$$F_0 = \sum p_0q_0 + \sum g_0z_0 + \sum r_0f_0 = 491(\text{萬元})$$

該企業報告期營運總收入為：

$$F_1 = \sum p_1q_1 + \sum g_1z_1 + \sum r_1f_1 = 555(\text{萬元})$$

由前述的關聯分析體系分析：

相對數分析為：

$$\frac{F_1}{F_0} - 1 = \left(\frac{\sum p_1q_1 + \sum g_0z_0 + \sum r_0f_0}{\sum p_0q_0 + \sum g_0z_0 + \sum r_0f_0} - 1\right) + \left(\frac{\sum g_1z_1 + \sum p_0q_0 + \sum r_0f_0}{\sum g_0z_0 + \sum p_0q_0 + \sum r_0f_0} - 1\right) + \left(\frac{\sum r_1f_1 + \sum p_0q_0 + \sum g_0z_0}{\sum r_0f_0 + \sum p_0q_0 + \sum g_0z_0} - 1\right)$$

即有 $$\frac{555}{491} - 1 = \left(\frac{320 + 160 + 36}{295 + 160 + 36} - 1\right) + \left(\frac{201 + 295 + 36}{160 + 295 + 36} - 1\right) + \left(\frac{34 + 295 + 160}{36 + 295 + 160} - 1\right)$$

或　13.03% = 5.09% + 8.35% + (−0.41%)

以上分析說明：該企業總營運收入報告期比基期提高了 13.03 個百分點。這是由於：在該企業總營運收入報告期比基期的變動中，製造業部分的營運收入提高貢獻了 5.09 個百分點，物流業部分的營運收入提高貢獻了 8.35 個百分點和服務業部分的營運收入降低影響了 0.41 個百分點。

絕對數分析為：

$$F_1 - F_0 = \left(\sum p_1q_1 - \sum p_0q_0\right) + \left(\sum g_1z_1 - \sum g_0z_0\right) + \left(\sum r_1f_1 - \sum r_0f_0\right)$$

即有　64(萬元) = 25(萬元) + 41(萬元) + (−2)(萬元)

以上分析說明：該企業營運總收入報告期比基期增加了 63 萬元。這是由於：製造業部分的營運收入提高使該企業營運總收入報告期比基期增加了 25 萬元，物流業部分的營運收入提高使該企業營運總收入報告期比基期增加了 41 萬元以及服務業部分營運收入降低使該企業營運總收入報告期比基期減少了 2 萬元。

綜上所述，該企業的總營運收入的變動情況可分解如下：

$$\sum F_1 - \sum F_0 = [(\sum p_1\bar{q} - \sum p_0\bar{q}) + (\sum q_1\bar{p} - \sum q_0\bar{p})] +$$
$$[(\sum g_1\bar{z} - \sum g_0\bar{z}) + (\sum z_1\bar{g} - \sum z_0\bar{g})] +$$
$$[(\sum r_1\bar{f} - \sum r_0\bar{f}) + (\sum f_1\bar{r} - \sum f_0\bar{r})]$$

即 $\begin{bmatrix}\text{營運總收入}\\ \text{變動額}\end{bmatrix} = \left[\begin{pmatrix}\text{製造業價格}\\ \text{變動影響額}\end{pmatrix} + \begin{pmatrix}\text{製造業數量}\\ \text{變動影響額}\end{pmatrix}\right] +$

$\left[\begin{pmatrix}\text{物流業價格}\\ \text{變動影響額}\end{pmatrix} + \begin{pmatrix}\text{物流業數量}\\ \text{變動影響額}\end{pmatrix}\right] + \left[\begin{pmatrix}\text{服務業價格}\\ \text{變動影響額}\end{pmatrix} + \begin{pmatrix}\text{服務業數量}\\ \text{變動影響額}\end{pmatrix}\right]$

即 [555 - 491] = [(299 - 317.5) + (330 - 286.5)] + [(193.0 - 167.0) + (187.5 - 172.5)] + [(35.8 - 34.5) + (33.5 - 36.8)]

或 64 = [(-18.5) + 43.5] + [26 + 15] + [1.3 + (-3.3)]

即 64(萬元) = 25(萬元) + 41(萬元) + (-2)(萬元)

由此還可對三大主營業務對該企業營運總收入的影響進行如下的貢獻率分析，即

100% = 39.06% + 64.06% - 3.13%

由以上分析可見，該企業營運總收入的報告期比基期增加了 64 萬元。其中，來自製造業部分增長的貢獻率是 39.06%，來自物流業部分增長的貢獻率是 64.06%，來自服務業部分增長的貢獻率是-3.13%。

由上述分析可見，採用包含加法模型和乘法模型在內的混合模型，不僅保留了傳統統計指數體系的基本結構和基本分析方法，而且可以較大幅度地增加統計指數分析的深度和廣度，從而為統計指數分析方法的應用開創一個更加廣闊的空間。

另外，由於在前面我們已經推出了多元的均值加權指數體系的乘法模型，在本章中，我們又推出了多元的加法關係模型，因此，二者結合起來，就可以形成多元的複雜混合指數模型體系。這裡就不再贅述了。

第七章　拉氏指數與帕氏指數的數量比例關係研究——兼論「帕歇效應」及其局限性

一、「帕歇效應」的含義與問題的提出

我們知道，統計指數理論始於對物價指數的研究。一般認為，最早的指數綜合形式是 1864 年拉斯貝爾提出的按基期物量加權的物價指數和 1874 年帕歇提出的按報告期的物量加權的物價指數，也即所謂的拉氏物價指數和帕氏物價指數。後來又依此衍生出拉氏物量指數和帕氏物量指數。然而，由於經濟現象的可變性，基期的物量（或物價）與報告期的物量（或物價）往往是不對等的，按此計算出來的拉氏物價指數也往往不等於帕氏物價指數；同理，按此計算出來的拉氏物量指數一般也不等於帕氏物量指數，那麼這兩種不同計算方式的數量關係如何呢？對此，中國著名統計學家錢伯海和黃良文先生給出了這樣的解釋：「從經濟學的觀點來說，人們為了達到同樣的滿足程度，依據最小犧牲和最大報酬的原則，總是對於漲價的物品少買，對於跌價的物品多買。因此，在編製指數時，照理說，分子在報告期綜合的物價中，對於跌價的應該增加權數，而對於漲價的應該減少權數，但是，拉氏物價指數的分子 $\sum_i p_i^1 q_i^0$ 違背了上述精打細算的原則。所以，學者們認為用拉氏公式計算出來的指數比實際的指數偏大。與之相反，帕氏物價指數的分母中，對於漲過價少買的數量按低價計算，跌過價多買的數量按高價計算。所以，學者們認為，用帕氏公式計算的指數將比實際的偏小。」① 這種用相同資料所計算出的拉氏物價指數通常

① 錢伯海，黃良文. 統計學［M］. 成都：四川人民出版社，1994.

高於帕氏物價指數的現象，被稱為統計學上的「帕歇效應」。① 事實上，這種表現在經濟統計指數之上的具有統計規律性的現象還是相當常見的，何況這種現象已被金融研究人員應用於宏觀經濟的研究之中，因此應當引起我們特別的重視。

現以一數例來說明「帕歇效應」，如表 7-1 所示：

表 7-1　　某企業三種產品的銷售情況（1）

商品	計量單位	單價（元）		銷售量		銷售額（元）			
		p_0	p_1	q_0	q_1	p_0q_0	p_1q_1	p_0q_1	p_1q_0
甲	件	2	4	120	100	240	400	200	480
乙	支	0.4	0.6	800	1,000	320	600	400	480
丙	個	0.15	0.15	100,000	120,000	15,000	18,000	18,000	15,000
合計	—	—	—	—	—	15,560	19,000	18,600	15,960

從表 7-1 中數據可見，甲商品價格的漲幅很大，故報告期銷售量明顯下降；乙商品價格漲幅相對較小，故其報告期銷售量有較大增長；丙商品價格保持穩定，報告期銷售量也有較大增長。由此可做如下計算：

$$拉氏物價指數\ L_p = \frac{\sum_i p_i^1 q_i^0}{\sum_i p_i^0 q_i^0} = \frac{15,960}{15,560} = 102.57\%$$

$$帕氏物價指數\ P_p = \frac{\sum_i p_i^1 q_i^1}{\sum_i p_i^0 q_i^1} = \frac{19,000}{18,600} = 102.15\%$$

$$拉氏物量指數\ L_q = \frac{\sum_i p_i^0 q_i^1}{\sum_i p_i^0 q_i^0} = \frac{18,600}{15,560} = 119.54\%$$

$$帕氏物量指數\ P_q = \frac{\sum_i p_i^1 q_i^1}{\sum_i p_i^1 q_i^0} = \frac{19,000}{15,560} = 119.05\%$$

由上述可見，無論是物價指數還是物量指數，均顯示出拉氏指數大於帕氏指數。應當說，本例比較直觀地反應了「帕歇效應」的具體作用。

這裡我們需要考慮的是：物價指數的「帕歇效應」真的存在嗎？按相同

① 劉偉. 關於通貨膨脹測量標準的若干思考［J］. 金融研究, 1997, (7).

資料計算的拉氏物價指數一定會大於帕氏物價指數嗎？拉氏物量指數與帕氏物量指數與相應的物價指數的變動比例關係是完全一致的嗎？「帕氏效應」能夠解釋商品物價和物量之間的錯綜複雜的相互關係嗎？要回答清楚上述問題，就必須對拉氏物價指數與帕氏物價指數的數量比例關係及指數模型的機理進行透徹的分析。

二、關於拉氏指數與帕氏指數的數量關係的證明

為了分析的方便，我們首先將拉氏物價指數和帕氏物價指數公式展開：

$$L_p = \frac{\sum_i p_i^1 q_i^0}{\sum_i p_i^0 q_i^0} = \frac{\sum_i p_i^1 q_i^0 + \sum_i p_i^0 q_i^0 - \sum_i p_i^0 q_i^0}{\sum_i p_i^0 q_i^0} = \frac{\sum_i (p_i^1 - p_i^0) q_i^0 + \sum_i p_i^0 q_i^0}{\sum_i p_i^0 q_i^0} \tag{7.1}$$

$$P_p = \frac{\sum_i p_i^1 q_i^1}{\sum_i p_i^0 q_i^1} = \frac{\sum_i p_i^1 q_i^1 + \sum_i p_i^1 q_i^0 - \sum_i p_i^1 q_i^0 + \sum_i p_i^0 q_i^0 - \sum_i p_i^0 q_i^0}{\sum_i p_i^0 q_i^1 + \sum_i p_i^0 q_i^0 - \sum_i p_i^0 q_i^0}$$

$$= \frac{\sum_i p_i^1 (q_i^1 - q_i^0) + \sum_i (p_i^1 - p_i^0) q_i^0 + \sum_i p_i^0 q_i^0}{\sum_i p_i^0 (q_i^1 - q_i^0) + \sum_i p_i^0 q_i^0} \tag{7.2}$$

顯而易見，上述拉氏物價指數與帕氏物價指數相比，拉氏物價指數在子項上少了 $\sum_i p_i^1 (q_i^1 - q_i^0)$ 項，在母項上少了 $\sum_i p_i^0 (q_i^1 - q_i^0)$ 項，餘下各項則是相同的。由此，我們可以通過這兩個項目及其關係來分析兩指數之間的關係。

根據「帕歇效應」，我們可設指數的關係為：拉氏物價指數不小於帕氏物價指數。即

$$\frac{\sum_i (p_i^1 - p_i^0) q_i^0 + \sum_i p_i^0 q_i^0}{\sum_i p_i^0 q_i^0} \geqslant \frac{\sum_i p_i^1 (q_i^1 - q_i^0) + \sum_i (p_i^1 - p_i^0) q_i^0 + \sum_i p_i^0 q_i^0}{\sum_i p_i^0 (q_i^1 - q_i^0) + \sum_i p_i^0 q_i^0} \tag{7.3}$$

或記為：

$$\frac{\sum_i (p_i^1 - p_i^0) q_i^0 + \sum_i p_i^0 q_i^0}{\sum_i p_i^0 q_i^0} \geqslant \{[\sum_i p_i^1 (q_i^1 - q_i^0) + \sum_i (p_i^1 - p_i^0) q_i^0 - \sum_i p_i^0 (q_i^1 - q_i^0)] +$$

$$[\sum_i p_i^0(q_i^1 - q_i^0) + \sum_i p_i^0 q_i^0]\}/[\sum_i p_i^0(q_i^1 - q_i^0) + \sum_i p_i^0 q_i^0]$$

有 $$\frac{\sum_i (p_i^1 - p_i^0) q_i^0}{\sum_i p_i^0 q_i^0} \geqslant \frac{\sum_i p_i^1(q_i^1 - q_i^0) + \sum_i (p_i^1 - p_i^0) q_i^0 - \sum_i p_i^0(q_i^1 - q_i^0)}{\sum_i p_i^0(q_i^1 - q_i^0) + \sum_i p_i^0 q_i^0}$$

或 $$\sum_i (p_i^1 - p_i^0) q_i^0 [\sum_i p_i^0(q_i^1 - q_i^0) + \sum_i p_i^0 q_i^0] \geqslant \sum_i p_i^0 q_i^0 [\sum_i p_i^1(q_i^1 - q_i^0) + \sum_i (p_i^1 - p_i^0) q_i^0 - \sum_i p_i^0(q_i^1 - q_i^0)]$$

有 $$\sum_i (p_i^1 - p_i^0) q_i^0 \cdot \sum_i p_i^0(q_i^1 - q_i^0) \geqslant \sum_i p_i^0 q_i^0 [\sum_i p_i^1(q_i^1 - q_i^0) - \sum_i p_i^0(q_i^1 - q_i^0)]$$

或 $$\frac{\sum_i (p_i^1 - p_i^0) q_i^0 \cdot \sum_i p_i^0(q_i^1 - q_i^0)}{\sum_i p_i^0 q_i^0} \geqslant \sum_i p_i^1(q_i^1 - q_i^0) - \sum_i p_i^0(q_i^1 - q_i^0)$$

由此，我們可以得到一個由帕氏指數比拉氏指數所多出的兩項來判斷拉氏指數與帕氏指數數量關係的準確判別式。即有：

(1) 當 $$\sum_i p_i^1(q_i^1 - q_i^0) - \sum_i p_i^0(q_i^1 - q_i^0) < \frac{\sum_i (p_i^1 - p_i^0) q_i^0 \cdot \sum_i p_i^0(q_i^1 - q_i^0)}{\sum_i p_i^0 q_i^0} \tag{7.4}$$

時，拉氏指數大於帕氏指數。

(2) 當 $$\sum_i p_i^1(q_i^1 - q_i^0) - \sum_i p_i^0(q_i^1 - q_i^0) = \frac{\sum_i (p_i^1 - p_i^0) q_i^0 \cdot \sum_i p_i^0(q_i^1 - q_i^0)}{\sum_i p_i^0 q_i^0} \tag{7.5}$$

時，拉氏指數等於帕氏指數。

(3) 當 $$\sum_i p_i^1(q_i^1 - q_i^0) - \sum_i p_i^0(q_i^1 - q_i^0) > \frac{\sum_i (p_i^1 - p_i^0) q_i^0 \cdot \sum_i p_i^0(q_i^1 - q_i^0)}{\sum_i p_i^0 q_i^0} \tag{7.6}$$

時，拉氏指數小於帕氏指數。

這個判別式雖然準確，但略顯繁雜，也不易進行經濟意義的解釋，而且其中的影響多來源於 $p_i^1 - p_i^0$ 和 $q_i^1 - q_i^0$ 的影響，這說明直接用拉氏指數和派氏指數進行比較並不易解釋二者的對比關係。

由此我們設想還可以從個體指數的變化關係來分析拉氏指數和帕氏指數之間的關係。

設 x，y 為兩個隨機變量，根據積差法相關係數的計算公式，有：

$$r_{xy} = \frac{s_{xy}}{s_x \cdot s_y}，其中記\ s_x = \sqrt{\frac{\sum (x-\bar{x})^2 f}{\sum f}}，s_y = \sqrt{\frac{\sum (y-\bar{y})^2 f}{\sum f}}$$

$$s_{xy} = \frac{\sum (x-\bar{x})(y-\bar{y}) f}{\sum f}$$

或記為 $$r_{xy} = \frac{\sum xyf / \sum f - \sum xf / \sum f \cdot \sum yf / \sum f}{s_x \cdot s_y}$$

亦即 $$r_{xy} \cdot s_x \cdot s_y = \frac{\sum xyf}{\sum f} - \frac{\sum xf}{\sum f} \cdot \frac{\sum yf}{\sum f} \tag{7.7}$$

下面，我們用 x 代表個體物價指數，即 $x = \frac{p_i^1}{p_i^0}$；用 y 代表個體物量指數，即 $y = \frac{q_i^1}{q_i^0}$；用 f 代表基期銷售額 $p_i^0 q_i^0$，則 $\sum f = \sum_i p_i^0 q_i^0$，代入公式 (7.7)，有：

$$r_{xy} \cdot s_x \cdot s_y = \frac{\sum_i \frac{p_i^1}{p_i^0} \cdot \frac{q_i^1}{q_i^0} \cdot p_i^0 q_i^0}{\sum_i p_i^0 q_i^0} - \frac{\sum_i \frac{p_i^1}{p_i^0} p_i^0 q_i^0}{\sum_i p_i^0 q_i^0} \cdot \frac{\sum_i \frac{q_i^1}{q_i^0} p_i^0 q_i^0}{\sum_i p_i^0 q_i^0}$$

$$= \frac{\sum_i p_i^1 q_i^1}{\sum_i p_i^0 q_i^0} - \frac{\sum_i p_i^1 q_i^0}{\sum_i p_i^0 q_i^0} \cdot \frac{\sum_i p_i^0 q_i^1}{\sum_i p_i^0 q_i^0}$$

或變換為 $$\frac{\sum_i p_i^1 q_i^0}{\sum_i p_i^0 q_i^0} \cdot \frac{\sum_i p_i^0 q_i^1}{\sum_i p_i^0 q_i^0} = \frac{\sum_i p_i^1 q_i^1}{\sum_i p_i^0 q_i^0} - r_{xy} \cdot s_x \cdot s_y \tag{7.8}$$

公式 (7.8) 兩邊同除以 $K_{pq} = \frac{\sum_i p_i^1 q_i^1}{\sum_i p_i^0 q_i^0}$，可得：

$$\frac{\sum_i p_i^1 q_i^0}{\sum_i p_i^0 q_i^0} \Big/ \frac{\sum_i p_i^1 q_i^1}{\sum_i p_i^0 q_i^1} = 1 - \frac{r_{xy} \cdot s_x \cdot s_y}{K_{pq}}$$

或 $$\frac{L_p}{P_p} = 1 - \frac{r_{xy} \cdot s_x \cdot s_y}{K_{pq}} \tag{7.9}$$

其中, $L_p = \dfrac{\sum_i p_i^1 q_i^0}{\sum_i p_i^0 q_i^0}$ 為拉氏物價指數, $P_p = \dfrac{\sum_i p_i^1 q_i^1}{\sum_i p_i^0 q_i^1}$ 為派氏物價指數。

公式 (7.9) 為我們比較分析拉氏物價指數和派氏物價指數提供了極大的方便。因為根據標準差和總價值量指數的內涵, 我們知道: $s_x > 0$, $s_y > 0$, $K_{pq} > 0$, 即 $\dfrac{s_x \cdot s_y}{K_{pq}} > 0$, 因此, L_p 和 P_p 的孰大孰小就可以通過對 r_{xy} 的正負的觀察和分析來解釋。

三、商品物價和物量變動的數量關係細分——「帕歇效應」的擴展

在對拉氏指數和派氏指數數量關係初步分析的基礎上, 我們可以進一步對商品物價和物量關係細分如下:

由公式 (7.9), 當 $r_{xy} = 0$ 時, 必有 $L_p = P_p$, 此時, 變量序列 $x = \dfrac{p_i^1}{p_i^0}$ 與 $y = \dfrac{q_i^1}{q_i^0}$ 零相關, 說明物價的變動與物量的變動無關。當然, 就現實經濟現象而言, 這種情況十分罕見。要注意的是, 此時拉氏物價指數與帕氏物價指數相等。雖然 r_{xy} 嚴格等於零是比較罕見的, 但 r_{xy} 接近於零 (此時拉氏物價指數接近於派氏物價指數) 卻是比較常見的。此時變量序列 $x = \dfrac{p_i^1}{p_i^0}$, $y = \dfrac{q_i^1}{q_i^0}$ 接近於零相關, 說明物價的變動對物量的變動影響較小甚至沒有影響。在現實經濟分析中, 那些彈性系數很小的基本生活必需品的購銷應屬於此類現象。注意, 在此情況下, 拉氏物價指數接近於帕氏物價指數。但實際上, 這種情況在指數分析中是十分常見的。

前面, 我們對拉氏物價指數與帕氏物價指數之間的關係進行了對比和分析, 那麼拉氏物量指數和帕氏物量指數之間的關係又是如何的呢? 下面我們將對此進行分析。

由公式 (7.8), 我們仍然兩邊同除以 $K_{pq} = \dfrac{\sum_i p_i^1 q_i^1}{\sum_i p_i^0 q_i^0}$

$$\frac{\sum_i p_i^1 q_i^0}{\sum_i p_i^0 q_i^0} \cdot \frac{\sum_i p_i^0 q_i^1}{\sum_i p_i^0 q_i^0} \cdot \frac{\sum_i p_i^0 q_i^0}{\sum_i p_i^1 q_i^1} = 1 - \frac{r_{xy} \cdot s_x \cdot s_y}{K_{pq}} \tag{7.10}$$

化簡 $$\frac{\sum_i p_i^0 q_i^1}{\sum_i p_i^0 q_i^0} \cdot \frac{\sum_i p_i^1 q_i^0}{\sum_i p_i^1 q_i^1} = 1 - \frac{r_{xy} \cdot s_x \cdot s_y}{K_{pq}}$$

或記為 $$\frac{\sum_i p_i^0 q_i^1}{\sum_i p_i^0 q_i^0} / \frac{\sum_i p_i^1 q_i^1}{\sum_i p_i^1 q_i^0} = 1 - \frac{r_{xy} \cdot s_x \cdot s_y}{K_{pq}}$$

即 $$\frac{L_q}{P_q} = 1 - \frac{r_{xy} \cdot s_x \cdot s_y}{K_{pq}} \tag{7.11}$$

可見 $$\frac{L_q}{P_q} = \frac{L_p}{P_p} \tag{7.12}$$

事實上，公式（7.12）可以由 $L_q = \frac{\sum_i p_i^0 q_i^1}{\sum_i p_i^0 q_i^0}$，$P_q = \frac{\sum_i p_i^1 q_i^1}{\sum_i p_i^1 q_i^0}$，$L_p = \frac{\sum_i p_i^1 q_i^0}{\sum_i p_i^0 q_i^0}$ 和 $P_p = \frac{\sum_i p_i^1 q_i^1}{\sum_i p_i^0 q_i^1}$ 直接驗證。

公式（7.11）表明：拉氏物量指數與帕氏物量指數的數量比例關係完全相同於拉氏物價指數與派氏物價指數的數量比例關係，亦即拉氏物量指數 L_q 與帕氏物量指數之間孰大孰小取決於變量序列 $x = \frac{p_i^1}{p_i^0}$ 與 $y = \frac{q_i^1}{q_i^0}$ 之間的線性相關關係。由公式（7.12）可知 $\frac{L_q}{P_q} = \frac{L_p}{P_p}$，而且，由相關係數的對稱性可知 $r_{xy} = r_{yx}$，故此不再贅述。

當 $r_{xy} > 0$ 時，有 $\frac{L_p}{P_p} < 1$，即 $L_p < P_p$，此時變量序列 $x = \frac{p_i^1}{p_i^0}$ 與變量序列 $y = \frac{q_i^1}{q_i^0}$ 為正相關，說明物價與物量大體上呈現出相同方向的變動，即物量大體上隨著物價的上升而提高或隨著物價的下降而降低。在實際經濟現象中，這種情況是比較常見的，它主要體現在居民對房地產或投資者對股票等投資品或耐用消費品購買中的「買漲不買跌」的現象。要注意的是，在此情況下，拉氏物價指數小於帕氏物價指數。

當 $r_{xy} < 0$ 時，顯然有 $\frac{L_p}{P_p} > 1$，即 $L_p > P_p$，此時變量序列 $x = \frac{p_i^1}{p_i^0}$ 與變量序列 $y = \frac{q_i^1}{q_i^0}$ 為負相關，說明物價與物量大體上呈現出相反方向的變動，即物量大體上隨著物價的上升而降低或隨著物價的下降而提高。在實際經濟現象中，這種現象也是十分常見的，它主要體現在居民對肉類食品、普通檔消費品等彈性系數較高的一些商品的購買中。要注意的是，此時拉氏物價指數大於帕氏物價指數。

在變量序列 $x = \frac{p_i^1}{p_i^0}$ 與變量序列 $y = \frac{q_i^1}{q_i^0}$ 呈高度正相關或負相關的情況下，有可能出現這樣的一種情況，即反應隨著物價的上漲所引起的物量（銷售量）的結構變動，這種情況就是所謂的「帕歇效應」。也就是說，在物價上漲時，消費者會選擇相對便宜的貨物和服務來替代那些相對昂貴的貨物和服務，從而導致報告期價格上漲率較高的商品的銷售量下降，價格上漲率較低的商品的銷售量上升。由於拉氏指數使用基期銷售量作為權數，沒有反應出報告期銷售量結構的這一變化，因此結果會誇大報告期價格上漲率高的商品的比重，而用帕氏指數計算得到的情況則恰好相反。因此，在此情況下，會出現拉氏指數所計算的結果大於帕氏指數的現象。在現代經濟中，由於商品價格上升已成為常態，所以「帕歇效益」也是比較常見的現象。

我們認為：「帕歇效應」作為一種經濟現象在經濟指數的計算上的體現具有一定的合理性，但我們絕不可因此就不考慮具體經濟背景，簡單地得出「拉氏指數通常高於派氏指數值」的結論，更不可以以此來取代拉氏指數和派氏指數的數量對比關係。事實上，從數學和統計學的意義上講，我們已經證明了在物價和物量彼此消長的變化過程中，拉氏指數可能大於派氏指數，也可能小於或等於帕氏指數，「以面概全」的觀點和做法是不正確的。

四、對拉氏指數與帕氏指數數量關係的驗證和分析

為了直觀地分析和對比拉氏指數和帕氏指數的數量關係並驗證我們的判斷，下面我們將通過幾個數例來進行具體的分析。考慮到物價和物量變動關係的複雜性（即可能出現二者同時向上變化的趨勢、同時向下變化的趨勢以及兩種不同的交錯變化趨勢）以及數據的可比性，我們根據同組數據構造了四

種不同的變動情況。相關分析如下：

(一) 物價與物量均呈向上變動趨勢

設有以下三種不同計量單位的商品，綜合而言，其商品價格和銷售量從基期到報告期呈現向上變動的情況（為考慮一般性，各種商品的價格和銷售量變動幅度並不一致，並且乙商品的價格和銷量均保持不變）。

具體情況如表 7-2 所示：

表 7-2　　某企業三種產品的銷售情況 (2)

產品名稱	計量單位	價格（元）			銷售量			銷售額（元）			
		p_0	p_1	p_1/p_0	q_0	q_1	q_1/q_0	p_0q_0	p_1q_1	p_0q_1	p_1q_0
甲	千克	2	2. 1	1. 05	50	54	1. 08	100	113. 4	108	105
乙	米	4	4	1	25	25	1	100	100	100	100
丙	件	3	3. 1	1. 033	10	12	1. 02	30	37. 2	36	31
合計	—	—	—	—	—	—	—	230	250. 6	244	236

由表 7-2 可計算得：

$$\frac{\sum_i p_i^1 q_i^0}{\sum_i p_i^0 q_i^0} = \frac{236}{230} = 102.61\%$$

$$\frac{\sum_i p_i^1 q_i^1}{\sum_i p_i^0 q_i^1} = \frac{250.6}{244} = 102.70\%$$

可見此時拉氏物價指數略小於帕氏物價指數。進一步分析可見，帕氏指數大於拉氏指數的具體原因在於價格上升幅度最大的甲商品其銷售量報告期的增幅最大，故此時不適用「帕歇效應」。

再計算得：

$$\frac{\sum_i p_i^0 q_i^1}{\sum_i p_i^0 q_i^0} = \frac{244}{230} = 106.09\%$$

$$\frac{\sum_i p_i^1 q_i^1}{\sum_i p_i^1 q_i^0} = \frac{250.6}{236} = 106.19\%$$

即拉氏物量指數亦小於帕氏物量指數，進一步的分析可見，帕氏物量指數大於拉氏物量指數的具體原因在於銷量報告期上升幅度最高的甲商品的銷售價格在報告期的上升幅度也是最大的。

下面我們來計算 $x=\frac{p_i^1}{p_i^0}$ 與 $y=\frac{q_i^1}{q_i^0}$ 的相關係數。經計算可知 $r_{xy}=0.894$ 為正相關，故有 $\frac{L_p}{P_p}<1$，且有 $\frac{L_q}{P_q}<1$，則公式（7.11）與公式（7.12）也得以驗證。由此可見，在實際經濟分析中對於數量眾多、變化複雜的商品群體很難逐一進行分析，判斷拉氏指數與帕氏指數的大小，只需觀察個體物價指數序列與個體物量指數序列的相關係數即可。

（二）物價與物量均呈向下變動的趨勢

為便於對比分析，我們對表 7-2 相關數據進行了重新組合和計算，如表 7-3所示：

表 7-3　　某企業三種產品的銷售情況（3）

產品名稱	計量單位	價格（元）			銷售量			銷售額（元）			
		p_0	p_1	p_1/p_0	q_0	q_1	q_1/q_0	p_0q_0	p_1q_1	p_0q_1	p_1q_0
甲	千克	2.1	2	0.952	54	50	0.93	113.4	100	105	108
乙	米	4	4	1	25	25	1	100	100	100	100
丙	件	3.1	3	0.968	12	10	0.83	37.2	30	31	36
合計	—	—	—	—	—	—	—	250.6	230	236	244

可計算得：

$$\frac{\sum_i p_i^1 q_i^0}{\sum_i p_i^0 q_i^0}=\frac{244}{250.6}=97.37\% \qquad \frac{\sum_i p_i^1 q_i^1}{\sum_i p_i^0 q_i^1}=\frac{230}{236}=97.46\%$$

即拉氏物價指數依然略小於帕氏物價指數。

再計算得：

$$\frac{\sum_i p_i^0 q_i^1}{\sum_i p_i^0 q_i^0}=\frac{236}{250.6}=94.17\% \qquad \frac{\sum_i p_i^1 q_i^1}{\sum_i p_i^1 q_i^0}=\frac{230}{244}=94.26\%$$

即此時拉氏物量指數亦小於帕氏物量指數。

由計算可得：表 7-3 中 $x=\frac{p_i^1}{p_i^0}$ 與變量序列 $y=\frac{q_i^1}{q_i^0}$ 的相關係數為 $r_{xy}=0.603,7$ 仍為正相關。則根據公式（7.11）與公式（7.12）即可判別：無論拉

氏物價指數還是拉氏物量指數均小於帕氏物價指數和帕氏物量指數。

(三) 物價上升、物量下降的交錯變化

為分析多種情況變化，我們設置了新的條件，即對表 7-3 相關數據進行了重組和計算，如表 7-4 所示：

表 7-4　　某企業三種產品的銷售情況 (4)

產品名稱	計量單位	價格 (元)			銷售量			銷售額 (元)			
		p_0	p_1	p_1/p_0	q_0	q_1	q_1/q_0	p_0q_0	p_1q_1	p_0q_1	p_1q_0
甲	千克	2	2.1	1.05	54	50	0.926	108	105	100	113.4
乙	米	4	4	1	25	25	1	100	100	100	100
丙	件	3	3.1	1.033	12	10	0.833	36	31	30	37.2
合計	—	—	—	—	—	—	—	244	236	230	250.6

可計算得：

$$\frac{\sum_i p_i^1 q_i^0}{\sum_i p_i^0 q_i^0} = \frac{250.6}{244} = 102.7\% \qquad \frac{\sum_i p_i^1 q_i^1}{\sum_i p_i^0 q_i^1} = \frac{236}{230} = 102.61\%$$

可見此時拉氏物價指數略大於帕氏物價指數。

再計算得：

$$\frac{\sum_i p_i^0 q_i^1}{\sum_i p_i^0 q_i^0} = \frac{230}{244} = 94.26\% \qquad \frac{\sum_i p_i^1 q_i^1}{\sum_i p_i^1 q_i^0} = \frac{236}{250.6} = 94.17\%$$

即拉氏物量指數也略大於帕氏物量指數。

經計算可得：表 7-4 中 $x = \frac{p_i^1}{p_i^0}$ 與 $y = \frac{q_i^1}{q_i^0}$ 的相關係數為-0.597,8，為負相關。則由公式 (7.11) 與公式 (7.12) 可以判別 $\frac{L_p}{P_p} > 1$，拉氏物價指數大於帕氏物價指數，且有 $\frac{L_q}{P_q} > 1$，即拉氏物量指數也大於帕氏物量指數。

(四) 物價下降、物量上升的交錯變化

再對表 7-2 相關數據進行重新組合和計算，如表 7-5 所示：

表 7-5　　　　某企業三種產品的銷售情況（5）

產品名稱	計量單位	價格（元）			銷售量			銷售額（元）			
		p_0	p_1	p_1/p_0	q_0	q_1	q_1/q_0	p_0q_0	p_1q_1	p_0q_1	p_1q_0
甲	千克	2.1	2	0.95	50	54	1.08	105	108	113.4	100
乙	米	4	4	1	25	25	1	100	100	100	100
丙	件	3.1	3	0.968	10	12	1.2	31	36	37.2	30
合計	—	—	—	—	—	—	—	236	244	250.6	230

可計算得：

$$\frac{\sum_i p_i^1 q_i^0}{\sum_i p_i^0 q_i^0} = \frac{230}{236} = 97.46\% \qquad \frac{\sum_i p_i^1 q_i^1}{\sum_i p_i^0 q_i^1} = \frac{244}{250.6} = 93.37\%$$

可見，拉氏物價指數略大於帕氏物價指數。

再計算得：

$$\frac{\sum_i p_i^0 q_i^1}{\sum_i p_i^0 q_i^0} = \frac{250.6}{236} = 106.19\% \qquad \frac{\sum_i p_i^1 q_i^1}{\sum_i p_i^1 q_i^0} = \frac{244}{230} = 106.09\%$$

即拉氏物量指數亦略大於帕氏物量指數。

經計算可得：表 7-5 中 $x = \frac{p_i^1}{p_i^0}$ 與 $y = \frac{q_i^1}{q_i^0}$ 的相關係數為-0.538,7，為負相關。故由公式（7.11）和（7.12）可判別：拉氏物價指數和物量指數均大於帕氏物價指數和物量指數。

應當指出，拉氏指數與帕氏指數的大小不僅僅是一個數學問題或統計學問題，其更有深厚的經濟學背景。「帕歇效應」本身並沒有錯誤，但其不足在於它只描述了拉氏與帕氏指數在某種特定情況下的數量關係，而在「帕歇效應」的作用範圍內，也可能存在著拉氏指數大於帕氏指數的現象，但過度地強調「帕歇效應」，會使人誤認為拉氏指數經常或完全大於帕氏指數，而這與實際情況是不相符的。事實上，根據我們的分析，拉氏指數與帕氏指數的數量大小和作用機理遠超出了「帕歇效應」所描述的情況。在數量上，拉氏指數可能大於帕氏指數，也可能小於帕氏指數，還可能等於或十分接近派氏指數；而上述這三種情況，不僅表現為一種數量關係問題，而且都具有十分深厚的現實經濟背景。從以上計算分析可見，價量關係的變動方向與拉氏指數和帕氏指數之間的大小有著十分密切的關係：當價量關係同向變動時，拉氏指數會小於帕氏指數；當價量關係反向變動時，拉氏指數會大於帕氏指數。由此可以推論：當價量關係變動不明顯時，拉氏指數會十分接近甚至等於帕氏指數。從市場學的角度分析：價量關係的同向變化較多地出現在一定條件下彈性系數較高的高端消費品和投資品的市場變化中；而價量關係的反向變化多出現在一定條件下彈性系數較低的普通消費品的市場變化中；而價量關係不明顯的情況可能出現在彈性系數中等的一些中端消費品的市場變化中。因此，上述現象分別反應了彈性系數較低的生活必需品、彈性系數中等的部分「中端」消費品以及彈性系數較高的「高端」消費品以及投資品購銷中迴然不同的市場效應。而所謂的「帕歇效應」也只是上述三種情況之一，即拉氏指數大於帕氏指數的其中的一種派生現象，而這種現象更多地出現在彈性系數較低的生活必需品的市場變化之中。

第八章　論增量共變指數體系的非科學性——兼論均值加權指數體系的科學性

統計指數體系分析方法作為經濟指數的重要分析工具，迄今未能在經濟分析中發揮應有的作用，現有指數體系法的內在矛盾不能不說是其中一個重要原因。為此，我們將從指數分析方法的發展沿革出發，探索統計指數體系分析方法的理論依據，剖析統計指數體系分析方法中內在矛盾的產生及其根源，尤其是目前流行的「增量共變指數體系分析法」的非科學性，希望有利於推進中國統計指數理論研究的發展。

一、統計指數體系研究的發展沿革

中國目前的統計指數體系直接來源於蘇聯統計理論。儘管蘇聯的統計理論存在著一些「左」的傾向，但是我們也不能否認其存在科學的內核。並且，客觀地講，指數體系的雛形，應當起源於美國著名統計學家費雪提出的「因子互換檢驗」。費雪認為，根據同一指數構造方式所得到的物價指數與相應的物量指數的乘積，應該等於兩者的總量指數。由於費雪強調在因子互換檢驗中，兩個不同因素指數必須具有同一構造方式，所以包含拉氏指數、帕氏指數在內的絕大部分加權指數都不能通過因子互換檢驗。儘管如此，我們還是應該肯定：因子互換檢驗創造性地建立起了各因素指數與總量指數之間的內在聯繫。就此而言，費雪在建立因子互換檢驗的同時，有意或無意地建立起了關於指數體系的基本關係。此後，蘇聯統計學家們創造性地改造了「因子互換檢驗」體系，他們將費雪關於拉氏指數和派氏指數不滿足「因子互換檢驗」的關係式，即

$$\begin{cases} \dfrac{\sum_i p_i^1 q_i^1}{\sum_i p_i^0 q_i^0} \neq \dfrac{\sum_i p_i^1 q_i^0}{\sum_i p_i^0 q_i^0} \times \dfrac{\sum_i p_i^0 q_i^1}{\sum_i p_i^0 q_i^0} \\ \dfrac{\sum_i p_i^1 q_i^1}{\sum_i p_i^0 q_i^0} \neq \dfrac{\sum_i p_i^1 q_i^1}{\sum_i p_i^0 q_i^1} \times \dfrac{\sum_i p_i^1 q_i^1}{\sum_i p_i^1 q_i^0} \end{cases} \tag{8.1}$$

進行了巧妙的對換和組合，從而形成了兩個乘積關係的恒等式：

$$\begin{cases} \dfrac{\sum_i p_i^1 q_i^1}{\sum_i p_i^0 q_i^0} = \dfrac{\sum_i p_i^1 q_i^1}{\sum_i p_i^0 q_i^1} \times \dfrac{\sum_i p_i^0 q_i^1}{\sum_i p_i^0 q_i^0} \\ \dfrac{\sum_i p_i^1 q_i^1}{\sum_i p_i^0 q_i^0} = \dfrac{\sum_i p_i^1 q_i^0}{\sum_i p_i^0 q_i^0} \times \dfrac{\sum_i p_i^1 q_i^1}{\sum_i p_i^1 q_i^0} \end{cases} \tag{8.2}$$

這就是所謂第一套和第二套指數體系。進一步，他們又發展了兩個對應的和差關係恒等式：

$$\begin{cases} \sum_i p_i^1 q_i^1 - \sum_i p_i^0 q_i^0 = \left(\sum_i p_i^1 q_i^1 - \sum_i p_i^0 q_i^1\right) + \left(\sum_i p_i^0 q_i^1 - \sum_i p_i^0 q_i^0\right) \\ \sum_i p_i^1 q_i^1 - \sum_i p_i^0 q_i^0 = \left(\sum_i p_i^1 q_i^0 - \sum_i p_i^0 q_i^0\right) + \left(\sum_i p_i^1 q_i^1 - \sum_i p_i^1 q_i^0\right) \end{cases} \tag{8.3}$$

至此，社會經濟統計學中具有重要意義的兩套統計指數體系形成了。但與此同時，由於在第一套和第二套指數體系中，其相對數分析體系和絕對數分析體系分別建立在不同的數學關係——乘積關係與和差關係基礎之上，導致了指數體系的相對數分析和絕對數分析的矛盾現象。為解決這一矛盾，蘇聯統計學家對此展開過學術討論，並提出過包含「共變影響指數」在內的指數體系。

中國統計學界自 20 世紀 80 年代以來也展開了關於「共變影響指數」的討論。其中較有代表性的是 1982 年邵祥能等人撰文指出了傳統指數體系存在著相對數和絕對數分析之間的矛盾，並提出應當將其分解為如下三個因素進行分析：

$$\begin{cases} \dfrac{\sum_i p_i^1 q_i^1 - \sum_i p_i^0 q_i^0}{\sum_i p_i^0 q_i^0} = \dfrac{\sum_i p_i^0 q_i^1 - \sum_i p_i^0 q_i^0}{\sum_i p_i^0 q_i^0} + \dfrac{\sum_i p_i^1 q_i^0 - \sum_i p_i^0 q_i^0}{\sum_i p_i^0 q_i^0} + \dfrac{\sum_i (p_i^1 - p_i^0)(q_i^1 - q_i^0)}{\sum_i p_i^0 q_i^0} \\ \sum_i p_i^1 q_i^1 - \sum_i p_i^0 q_i^0 = \left(\sum_i p_i^0 q_i^1 - \sum_i p_i^0 q_i^0\right) + \left(\sum_i p_i^1 q_i^0 - \sum_i p_i^0 q_i^0\right) + \left[\sum_i (p_i^1 - p_i^0)(q_i^1 - q_i^0)\right] \end{cases}$$

這就是我們這裡重點要研究的所謂「增量共變指數體系」。

1984 年，《社會經濟統計學原理教科書》也指出了傳統指數體系的矛盾，並在 20 世紀 50 年代蘇聯學者關於統計指數研究的基礎上，提出了如下包括「共變影響指數」的新指數體系：

$$\frac{\sum_i p_i^1 q_i^1}{\sum_i p_i^0 q_i^0} = \frac{\sum_i p_i^1 q_i^0}{\sum_i p_i^0 q_i^0} \times \frac{\sum_i p_i^0 q_i^1}{\sum_i p_i^0 q_i^0} \times \left[\frac{\sum_i p_i^1 q_i^1}{\sum_i p_i^0 q_i^1} \div \frac{\sum_i p_i^1 q_i^0}{\sum_i p_i^0 q_i^0} \right] \tag{8.4}$$

後來，很多學者將上述體系稱為第三套指數體系，而將邵祥能等人所提出的指數體系（也即「增量共變指數體系）稱為第四套指數體系。但是不久後很多學者研究發現：第三套指數體系仍然存在著諸如相對數與絕對數分析的矛盾，並且還產生了一些新的問題。在此情況下，對第三套指數的研究基本停止，而圍繞第四套指數體系則陸續出現了一批學術論文，而且，這種指數體系開始進入了社會經濟統計學教材。很多學者針對「共變因素」進行分解和分配，先後推出了「平均分配法」「比例分配法」「對數分配法」和「積分分配法」等，相關研討甚至出現在一些專著和碩、博士論文之中。但是，「增量共變」的指數體系，也即所謂的第四套指數體系真的是科學合理的嗎？對此，我們的答案是否定的。以下將詳加討論。

二、經濟方程式是統計指數體系賴以存在的客觀基礎

首先，從統計指數的概念來看，統計指數是同一現象在不同時間或不同空間下的數量表現（數值）之比，是「發展速度」的概念，而不是現象的增量與本身數量之比，即不是「增長速度」的概念。因此，「增量共變」的指數體系，反應的並不是嚴格和科學意義上的指數變動，而不過是「增量變動」而已。「指數」關係與「增量」關係的概念不同、計算所得的結果不同，所反應的經濟內涵也不同，不應當混為一談。

其次，社會經濟統計學的基本理論還告訴我們：指數體系的分析必須以經濟方程式作為分析的客觀基礎，否則就會陷入「數學游戲的泥潭」。這裡所指的經濟方程式主要有：

商品銷售額＝商品銷售價格×商品銷售量

產品生產成本＝單位產品成本×產品產量

我們注意到，在社會經濟統計學中提出的經濟方程式中，基本上是以各構成因素為乘積關係的經濟因素體系（當然，我們並不認為只有乘積關係才能稱為經濟方程式，我們也認為指數體系的分析應當擴展到多種數量關係。但這

畢竟屬於經濟指數體系的衍生或擴展，不能混為一談)。因此，從尊重歷史、尊重事實的科學態度出發，應當承認，我們目前所採用的反應各種經濟因素之間內在聯繫的這些指數體系，正是體現了統計指數體系與經濟方程式之間的這種客觀的和必然的依存關係。

但是在「增量共變指數」體系中，不僅絕對數分析體系表現為和差關係，而且相對數分析體系也同樣表現為和差關係。即

$$\frac{\sum_i p_i^1 q_i^1 - \sum_i p_i^0 q_i^0}{\sum_i p_i^0 q_i^0} = \frac{\sum_i p_i^0 q_i^1 - \sum_i p_i^0 q_i^0}{\sum_i p_i^0 q_i^0} + \frac{\sum_i p_i^1 q_i^0 - \sum_i p_i^0 q_i^0}{\sum_i p_i^0 q_i^0} + \frac{\sum_i (p_i^1 - p_i^0)(q_i^1 - q_i^0)}{\sum_i p_i^0 q_i^0}$$

$$\sum_i p_i^0 q_i^0 = \left(\sum_i p_i^0 q_i^1 - \sum_i p_i^0 q_i^0\right) + \left(\sum_i p_i^1 q_i^0 - \sum_i p_i^0 q_i^0\right) + \left[\sum_i (p_i^1 - p_i^0)(q_i^1 - q_i^0)\right]$$

若試圖依附經濟方程式，將所謂的「增量共變指數體系」表現為總量指數的分解形式，則只能將其改寫為：

$$\frac{\sum_i p_i^1 q_i^1}{\sum_i p_i^0 q_i^0} = \left(\frac{\sum_i p_i^1 q_i^0}{\sum_i p_i^0 q_i^0} - 1\right) + \left(\frac{\sum_i p_i^0 q_i^1}{\sum_i p_i^0 q_i^0} - 1\right) + \left[\frac{\sum_i (p_i^1 - p_i^0)(q_i^1 - q_i^0)}{\sum_i p_i^0 q_i^0} + 1\right] \tag{8.5}$$

我們並不否認上式兩端存在著數學上的等量關係，但我們的確很難或者根本不可能將其與前述的經濟方程式和相應的指數體系（如商品銷售額指數=商品銷售指數×商品銷售價格指數）掛上鈎來。同時我們也很難用經濟學的概念來解釋這種所謂的「指數體系」。誠然，當初提出「增量共變指數體系」的目的是為了解決傳統指數體系中的相對數分析與絕對數分析的矛盾，從而在數學上可以達到兩種分析的一致性（事實上，這種一致性也並未達到，對此，我們將在後文中進行分析)，但卻因此失去了經濟統計分析的根本，這種所謂的「指數體系分析」又有什麼「現實的」經濟意義呢？此其一。

其二，即使這樣可以克服相對數分析和絕對數分析的矛盾，但在經濟意義的解釋上又出現了一種「偷換概念」的錯誤。也就是說，統計指數乘除關係所體現的指數變動與統計指數減 1 即增減率的變動關係，在數學意義上和統計解釋上也具有完全不同的含義。也即，比例關係所得結果的統計解釋是一種

「百分比」的變化，而增減關係所得結果的統計解釋是一種「百分點」的變化，二者的數學計算結果與經濟含義各不相同，這實際上也是基於經濟方程式所建立的統計指數體系與基於數學恒等關係建立的「增量共變指數體系」的又一大區別所在。顯然，在建立於經濟方程式基礎之上的統計指數體系中，各因素指數均有獨立的經濟含義，而「增量共變指數體系」中，各相對數（增減率）之間的加減關係，只不過是增減量關係的附屬關係而已。

三、統計指數的假定性不等於「共變影響」

從統計指數發展的歷史來看，由於個體指數無法反應由多因素組成的複雜現象總體中各因素的變化情況，統計學家們由此構造出了加權指數等綜合指數形式來實現這一目標，即採用抽象方法把相關因素作為同度量因素（權數）假定不變，以測定指數化因素的變化情況。應當承認，在指數編製中採用這種假定性的研究方法，是符合科學抽象原理的。在任何多變量分析中，若需要對各構成因素進行單因素分析，都會採用類似的方法。

科學的假定性，是計算統計綜合指數的必然。但同時這種假定性就必然導致或大或小的指數「偏誤」產生。不難看出，這種偏誤是由指數的構造方式的假定性所造成的一種統計「偏誤」，它不等同於抽樣調查中的隨機抽樣誤差，更不等同於所謂的「共變影響因素」。

關於「共變影響因素」一詞，如果將其理解為在兩個及以上因素的變化過程中，因交互作用而引起的共同變化的話，應該可以將其理解為指數體系分析中所出現的「交互作用」或「交互影響因素」。但是，在「增量共變影響因素指數體系」中所計算出來的「共變影響額」或「共變影響率」真是因「交互作用」而產生的嗎？我們的答案也是否定的。

第一，根據具有多因素交互作用影響的一些學科（如「多因素方差分析」「包含交互影響的虛擬變量計量模型」等）的知識可知，即便在對多元現象總體進行的分析中，多元現象中的各變量之間，既有可能存在交互效應，也有可能並不存在交互效應。而根據「增量共變影響指數體系」的計算，不難看出，「共變影響額」為零是一種幾乎不可能出現的情況。換言之，按「增量共變指數體系」計算的前提就是首先要承認必然存在共變影響，這在邏輯上是不能成立的，由此這種分析方法的科學性就要大打折扣了。

第二，在「多因素方差分析」和「包含交互影響的虛擬變量模型」中，對於交互影響是否確定存在，是需要進行統計的顯著性檢驗的，這是作為一種嚴謹的科學方法的必然要求。而在「增量共變指數體系」中，我們在沒有必要的檢驗之前就主觀地認定了「共變影響因素」的存在。進一步說，即使我們能夠設計出某種檢驗方法，但如果我們否定了「共變因素」的存在，我們又如何保證「增量共變指數體系」的平衡關係呢？因此，我們只能得出的結論是：「增量共變指數體系」本身是不科學的。

第三，根據前述不難看出，所謂「共變影響因素」並不是一個客觀存在的必然現象，它不過是在編製統計加權指數時，因編製方法的假定性而產生的一種統計的「偏誤」或一種「統計誤差」。一般而言，統計加權指數的性質較優，這種「偏誤」就較小；統計加權指數的性質較差，這種偏誤也就越大，但這畢竟與「共變影響」完全不是同一概念。

四、微積分「增量共變指數體系」是一個偷換概念的錯誤

在關於「增量共變影響因素指數體系」的研究中，很多贊同「增量共變指數體系」的人都稱這種方法的思想來源於微積分學中的全增量分析法。他們的表述一般是這樣的：

在數學分析中，對於任意二元函數，$\omega = f(x,\ y)$ 的全增量可以表示為：

$$\Delta\omega = f''_x(x_0,\ y_0)\,\Delta x + f''_y(x_0,\ y_0)\,\Delta y + 0\left(\sqrt{\Delta x^2 + \Delta y^2}\right)$$

$$= \frac{\partial\omega}{\partial x}\Delta x + \frac{\partial\omega}{\partial y}\Delta y + \omega\rho \qquad (8.6)$$

這裡，對於函數 $\omega = xy$ 來說，這個 $\omega\rho$ 就是 x 和 y 的同時變動對 Δw 的交叉影響值。因此，$\omega = xy$ 的全增量可表示為：

$$\Delta\omega = y_0\Delta x + x_0\Delta y + \Delta x \cdot \Delta y \qquad (8.7)$$

由此，所謂「增量共變指數體系」的基本體系——絕對數分析體系就此形成。我們認為：上述分析過程犯了一個邏輯學上的「偷換概念」的錯誤，因此是不成立的。

根據數學分析定義，在全增量公式中，Δx 和 Δy 都是極限意義下的無窮小量，而 $\omega\rho = 0\left(\sqrt{\Delta x^2 + \Delta y^2}\right)$ 是較 Δx 和 Δy 而言的高階無窮小量，由此才可以導出：

$$d\omega = \frac{\partial\omega}{\partial x}dx + \frac{\partial\omega}{\partial y}dy \qquad (8.8)$$

顯見，公式（8.8）與所謂「全增量因素分析法」一點關係都沒有，所謂「交互影響值」早已不復存在。可見公式（8.6）至公式（8.8）才是正理。這裡，「全增量因素分析法」犯了以下的「偷換概念」的錯誤：

第一，對數學分析方法中關於 Δx 和 Δy 和 $\omega\rho$ 的無窮小量和高階無窮小的定義視而不見，直接將其認定為「全增量」和「交互影響值」。

第二，把數學分析中的「全微分分析法」偷換為一個數學分析中並不存在的概念——「全增量分析法」。在全微分分析法中，$\omega\rho$ 作為高階無窮小，沒有實質意義，而在所謂的「全微量分析法」中，$\omega\rho$ 卻以重要構成要素——交互影響因素的身分存在，在根本上違反了微分分析的思想。

第三，從數學邏輯來看，具有極限意義的公式（8.6）根本不能得到具有增量意義的公式（8.7）。這裡，「全增量分析法」僅用一個圖形直觀意會的方式來推導公式（8.7），使人誤以為由公式（8.6）可以導出公式（8.7）。須知一般的增量意義和極限意義的概念是不一樣的，不應該混為一談。

第四，作為「全增量分析法」的關鍵環節——圖示分解法，也存在著根本性的概念誤區。我們知道：圖示法是按照個體指數來作圖的，由指數理論可知，個體指數並不存在指數的加權偏誤，只有加權指數才存在指數的加權偏誤。因此，用個體指數的圖形並不可能解釋加權指數的偏誤問題，此其一。其二，從圖示法的結構不難看出，圖示法暗含了一個前提，那就是各因素的變動，不是比例關係，而是和差關係。由上述分析可知，這與反應經濟現象與內在聯繫的經濟方程式是格格不入的。其三，由圖示法很容易產生一個錯覺，就是各因素的變動都是正向和同向變動，但實際上各因素的變動本身就可能是反向和逆向的變動。事實上，「全增量因素分析法」的圖示方法根本無法表達多變量、乘積關係等變動關係的。

五、「增量共變指數體系」並未解決傳統指數體系的內在矛盾

我們知道，所謂「增量共變指數體系」是為解決傳統指數體系中相對數分析和絕對數分析之間的矛盾而提出來的，但由以下分析可知，它並未真正解決傳統指數體系的內在矛盾。

我們來分析一下表 8-1 的案例。

表 8-1　　　　　　　　**某企業三種主要產品銷售情況**

商品名稱	計量單位	銷售量		銷售價格		銷售額			
		q_i^0	q_i^1	p_i^0	p_i^1	$p_i^0 q_i^0$	$p_i^0 q_i^1$	$p_i^1 q_i^0$	$p_i^1 q_i^1$
甲	噸	80	70	100	98	8, 000	7, 000	7, 840	6, 860
乙	件	70	65	150	150	10, 500	9, 750	10, 500	9, 750
丙	臺	85	80	132	130	11, 220	10, 560	11, 050	10, 400
合計	—	—	—	—	—	29, 720	27, 310	29, 390	27, 010

以下我們按「增量共變指數體系」對表 8-1 的案例進行分析：

由
$$\frac{\sum_i p_i^1 q_i^1 - \sum_i p_i^0 q_i^0}{\sum_i p_i^0 q_i^0} = \frac{\sum_i p_i^0 q_i^1 - \sum_i p_i^0 q_i^0}{\sum_i p_i^0 q_i^0} + \frac{\sum_i p_i^1 q_i^0 - \sum_i p_i^0 q_i^0}{\sum_i p_i^0 q_i^0} + \frac{\sum_i (p_i^1 - p_i^0)(q_i^1 - q_i^0)}{\sum_i p_i^0 q_i^0}$$

$$\sum_i p_i^1 q_i^1 - \sum_i p_i^0 q_i^0 = \left(\sum_i p_i^0 q_i^1 - \sum_i p_i^0 q_i^0\right) + \left(\sum_i p_i^1 q_i^0 - \sum_i p_i^0 q_i^0\right) + \left[\sum_i (p_i^1 - p_i^0)(q_i^1 - q_i^0)\right]$$

有　$-9.12\% = (-1.11\%) + (-8.11\%) + 0.1\%$

及　$-2,710 = (-330) + (-2,410) + 30$

雖然從以上相對數分析和絕對數分析來看，似乎變動的符號一致，但結合表 8-1 中數據來看，卻出現了令人費解的問題：表中不論是銷售量還是價格都呈現下降狀態，怎麼二者的「共同變化」卻使銷售額不降反增？這不禁使人產生一個疑問：「共變因素」是只升不降的嗎？為了破解這一謎團，我們將表 8-1中價格因素的基期和報告期數據對調，結果見表 8-2。

表 8-2　　　　　　　　**某企業三種主要產品銷售情況**

商品名稱	計量單位	銷售量		銷售價格		銷售額			
		q_i^0	q_i^1	p_i^0	p_i^1	$p_i^0 q_i^0$	$p_i^0 q_i^1$	$p_i^1 q_i^0$	$p_i^1 q_i^1$
甲	噸	80	70	98	100	7, 840	6, 860	8, 000	7, 000
乙	件	70	65	150	150	10, 500	9, 750	10, 500	9, 750
丙	臺	85	80	130	132	11, 050	10, 400	11, 220	10, 560
合計	—	—	—	—	—	29, 390	27, 010	29, 720	27, 310

根據「增量共變指數體系」，可以得到如下結果：

相對數分析：−7.08%＝1.125%＋（−8.10%）＋（−0.1%）

絕對數分析：−2,080＝330＋（−2,380）＋（−30）

由上述分析可見，「共變因素」由正轉負了，原來「共變因素」並非只升不降。但問題卻更令人費解了：原來銷售量和價格均為下降狀況，共變因素居然為正；現在雖然銷售量仍然下降，但價格因素轉為上升，但共變因素卻又為負了。難道構成因素逆向變化「共變影響因素」就要為負嗎？「共變因素」為負的經濟含義又如何解釋呢？——顯然，這裡的所謂「共變因素」其實根本不是什麼交互影響值，只不過是一種統計加權指數計算中的加權「偏誤」而已。顯然，「增量共變指數體系」並未真正解決傳統指數體系中的內在矛盾，只是將此矛盾轉化為一種更加隱晦的表現形式而已。並且我們已經清楚地看到，所謂「共變因素」並不是科學意義上的「交互影響因素」，只不過是加權指數中客觀存在的「加權偏誤」的另一種表現形式而已。因此，我們認為，所謂的「增量共變指數體系」並不是一種科學的指數體系分析方法。

六、指數體系矛盾困局的破解——均值加權指數體系

根據前述，傳統指數體系存在著相對數分析與絕對數分析的矛盾，作為解決這一矛盾而提出的「增量共變指數體系」是不科學的，而且也並不能真正解決這一矛盾，為此，我們的研究結果顯示，建立在馬埃指數基礎上的均值加權指數體系，可以解決這一矛盾。

馬埃指數又稱為算術交叉加權指數，它是在1887—1890年由英國學者馬歇爾和埃奇渥思共同設計。其計算公式為：

$$\begin{cases} P_E = \dfrac{\sum_i p_i^1\left(\dfrac{q_i^0+q_i^1}{2}\right)}{\sum_i p_i^0\left(\dfrac{q_i^0+q_i^1}{2}\right)} = \dfrac{\sum_i p_i^1\bar{q}_i}{\sum_i p_i^0\bar{q}_i} = \dfrac{\sum_i p_i^1 q_i^0 + \sum_i p_i^1 q_i^1}{\sum_i p_i^0 q_i^0 + \sum_i p_i^1 q_i^0} & (8.9) \\ Q_E = \dfrac{\sum_i q_i^1\left(\dfrac{p_i^0+p_i^1}{2}\right)}{\sum_i q_i^0\left(\dfrac{p_i^0+p_i^1}{2}\right)} = \dfrac{\sum_i q_i^1\bar{p}_i}{\sum_i q_i^0\bar{p}_i} = \dfrac{\sum_i p_i^0 q_i^1 + \sum_i p_i^1 q_i^1}{\sum_i p_i^0 q_i^0 + \sum_i p_i^1 q_i^0} & (8.10) \end{cases}$$

可見，馬埃指數近似地等於拉氏指數和派氏指數的算術平均數。從統計的角度

來看，馬埃指數採用的是報告期與基期的均值加權，較之基期加權的拉氏指數和報告期加權的派氏指數，具有相對較小的「權偏誤」；馬埃指數能夠通過費雪提出的判別優良指數之「三大檢驗」之一的「時間互換檢驗」，具有較好的統計性質；並且，由於馬埃指數採用算術均值形式加權，對進一步的代數運算和數學推廣具有明顯的優勢。因此，我們以馬埃指數為基礎，建立了如下的「均值加權指數體系」：

相對數分析體系為：

$$\frac{\sum_i p_i^1 q_i^1}{\sum_i p_i^0 q_i^0} \approx \frac{\sum_i p_i^1 \bar{q}}{\sum_i p_i^0 \bar{q}} \times \frac{\sum_i q_i^1 \bar{p}}{\sum_i q_i^0 \bar{p}} \tag{8.11}$$

絕對數分析體系為：

$$\sum_i p_i^1 q_i^1 - \sum_i p_i^0 q_i^0 = \left(\sum_i p_i^1 \bar{q} - \sum_i p_i^0 \bar{q}\right) + \left(\sum_i q_i^1 \bar{p} - \sum_i q_i^0 \bar{p}\right) \tag{8.12}$$

可以證明：建立在馬埃指數基礎之上的「均值加權指數體系」並不存在相對數分析體系和絕對數分析體系之間的矛盾現象。下面，我們利用前面表8-1和表8-2的數據，分別用「均值加權指數體系」進行分析，觀察其是否會出現「增量共變指數體系」在分析中所出現的不合理的情況。首先計算分析表8-1的資料，其結果如表8-3所示：

表8-3　　**某企業三種主要產品銷售情況**

商品名稱	計量單位	銷售量		銷售價格		銷售額			
		q_i^0	q_i^1	p_i^0	p_i^1	$p_i^0\bar{q}$	$p_i^1\bar{q}$	$q_i^0\bar{p}$	$q_i^1\bar{p}$
甲	噸	80	70	100	98	7,500	7,350	7,920	6,930
乙	件	70	65	150	150	10,125	10,125	10,500	9,750
丙	臺	85	80	132	130	10,890	10,725	11,135	10,480
合計	—	—	—	—	—	28,515	28,200	29,555	27,160

相對數分析：

由 $$\frac{\sum_i p_i^1 q_i^1}{\sum_i p_i^0 q_i^0} \approx \frac{\sum_i p_i^1 \bar{q}}{\sum_i p_i^0 \bar{q}} \times \frac{\sum_i q_i^1 \bar{p}}{\sum_i q_i^0 \bar{p}}$$

得　90.88%≈98.90%×91.90%

絕對數分析：

由 $$\sum_i p_i^1 q_i^1 - \sum_i p_i^0 q_i^0 = \left(\sum_i p_i^1 \bar{q} - \sum_i p_i^0 \bar{q}\right) + \left(\sum_i q_i^1 \bar{p} - \sum_i q_i^0 \bar{p}\right)$$

得　−2,710＝（−315）＋（−2,395）

以上計算表明：該企業三種主要產品的銷售額報告期比基期下降了 9.12%，減少額為 2,710 元。這是以下因素共同影響的結果：該企業三種主要產品的銷售價格報告期比基期平均下降了 1.10%，使銷售額減少了 315 元；該企業三種主要產品的銷售量報告期比基期平均下降了 8.1%，使銷售額減少了 2,395 元。

再來分析表 8-2 的資料，其結果如表 8-4 所示：

表 8-4　　某企業三種主要產品銷售情況

商品名稱	計量單位	銷售量		銷售價格		銷售額			
		q_i^0	q_i^1	p_i^0	p_i^1	$p_i^0\bar{q}$	$p_i^1\bar{q}$	$q_i^0\bar{p}$	$q_i^1\bar{p}$
甲	噸	80	70	98	100	7,350	7,500	7,920	6,930
乙	件	70	65	150	150	10,125	10,125	10,500	9,750
丙	臺	85	80	130	132	10,725	10,890	11,135	10,480
合計	—	—	—	—	—	28,200	28,515	29,555	27,160

相對數分析：

由 $$\frac{\sum_i p_i^1 q_i^1}{\sum_i p_i^0 q_i^0} \approx \frac{\sum_i p_i^1 \bar{q}}{\sum_i p_i^0 \bar{q}} \times \frac{\sum_i q_i^1 \bar{p}}{\sum_i q_i^0 \bar{p}}$$

得　92.92% ≈ 101.12% × 91.90%

絕對數分析：

由 $$\sum_i p_i^1 q_i^1 - \sum_i p_i^0 q_i^0 = \left(\sum_i p_i^1 \bar{q} - \sum_i p_i^0 \bar{q}\right) + \left(\sum_i q_i^1 \bar{p} - \sum_i q_i^0 \bar{p}\right)$$

得　−2,080 = 315 + （−2,395）

以上計算表明：該企業三種主要產品的銷售額報告期比基期下降了 7.08%，減少額為 2,080 元。這是以下因素共同影響的結果：該企業三種主要產品的銷售價格報告期比基期平均提高了 1.10%，使銷售額增加了 315 元；該企業三種主要產品的銷售量報告期比基期平均下降了 8.10%，使銷售額減少了 2,395元。

由以上分析可見，不論由表 8-1 的資料還是表 8-2 的資料，運用均值加權指數體系分析都沒有出現「增量共變指數體系」出現過的那些矛盾現象，分析是科學合理的。因此，均值加權指數體系才是最合適的指數分析體系。事實上，均值加權指數體系還可以有很多的擴展，限於篇幅，此處不再贅述。

第九章　關於統計指數若干理論和應用問題的探索

作為一種古老而又獨特的研究方法，相較於其他的統計學科分支，關於統計指數理論研究的著作可謂稀少。自中華人民共和國成立以來，中國統計學者關於社會經濟統計指數體系的系統深入的理論研究著作更是十分罕見，所以在本章的相關研究和討論中，我們所涉及的問題可能就比較集中，希望不要因此造成不必要的誤解。

一、關於正態分佈與對數正態分佈

統計指數的理論根源是什麼？構成統計指數的基本單元——個體指數所遵從的影響其變動運行的統計規律是什麼？對這些統計的基本理論問題，中國統計理論界的研究是並不深入的。對此，有的統計學者認為：西方統計指數學派認為個體指數的統計規律是對數正態分佈。本章則以個體指數服從正態分佈為出發點，得出了社會商品總體個體指數是指數真值這一結論。[1] 事實上，這一觀點的出發點就是個體物價指數 $\frac{p_i^1}{p_i^0}$ 和個體物量指數 $\frac{q_i^1}{q_i^0}$ 分別服從正態分佈，二者共同服從二維正態分佈。我們認為：這種學術觀點的理論假設的基礎不是很牢固。

我們認為，西方統計指數理論認為個體指數的統計規律是對數正態分佈是不妥的。其一是因為「個體指數的統計規律是對數正態分佈」不是西方指數理論的理論假設前提；其二是部分西方統計指數學派得出的個體指數的統計規律，也是在首先假定隨機觀察誤差遵從普通正態分佈的前提下經過數學推導而

---

① 孫慧均. 指數理論研究 [M]. 大連：東北財經大學出版社，1998：5.

得出的符合數學邏輯的結論。下面，我們來回顧一下西方隨機指數理論的兩位著名統計學家卡利和杰文斯的基本指數模型。

正如伍超標先生在《統計指數的隨機方法及其應用》一書中所指出的那樣：指數研究的隨機方法是「以迴歸方法為特徵的指數隨機編製方法，正好可以彌補非隨機方法的不足」。眾所周知，建立在高斯-馬爾柯夫理論之上的迴歸分析方法，有若干著名的假設條件，其中一條稱為正態性假設（注意：非對數正態性假設），即假設隨機擾動項應服從均值為零、方差為 σ^2 的一般正態分佈。事實上，在卡利和杰文斯的指數模型中，隨機擾動項也是遵從一般正態分佈的。

卡利隨機指數模型的基本假設是加法模型，即

$$\frac{p_i^1}{p_i^0} = \beta + u_i \quad i = 1,\ 2,\ \cdots,\ n \tag{9.1}$$

其中隨機擾動項 u_i 滿足迴歸分析的各項基本假定。

對模型應用普通最小二乘法（OLS），在滿足基本假定的前提下，就可以得到 β 及其方差的最優線性無偏估計（BLUE）：

$$\hat{\beta} = \frac{1}{n}\sum_{i=1}^{n}\left(\frac{p_i^1}{p_i^0}\right)$$

$$\mathrm{Var}(\hat{\beta}) = \frac{1}{n-1}\sum_{i=1}^{n}\left(\frac{p_i^1}{p_i^0} - \hat{\beta}\right)^2 \tag{9.2}$$

以上便是隨機指數方法中的一個簡單迴歸模型，或稱為單向方差分析模型。其中 $\hat{\beta}$ 就是卡利指數，即算術平均數指數，而 $Var(\hat{\beta})$ 則是卡利指數的估計方差。

這裡我們注意到：由於 u_i 服從正態分佈，$\frac{p_i^1}{p_i^0}$ 是 u_i 的線性函數，因此也服從普通正態分佈而不是對數正態分佈。

關於統計指數與對數正態分佈概念相關的問題，我們來分析一下相關的西方指數隨機方法中的乘法模型。即設定模型為

$$\frac{p_i^1}{p_i^0} = \alpha \cdot \varepsilon_i \quad i = 1,\ 2,\ \cdots,\ n$$

其中 ε_i 為遵從一般正態分佈（而不是對數正態分佈）的隨機變量。

下面我們將會看到：這一模型之後的變形形式可以定義為杰文斯指數，但在杰文斯指數中，隨機擾動項的基本形式依然是滿足正態性假定的。

為了解決乘法模型的估計問題，人們很自然地採用了兩邊取對數的方式，

即有 $\ln(\frac{p_i^1}{p_i^0}) = \ln\alpha + \ln\varepsilon_i$

$$\text{或記為 } y_i = \beta + u_i \text{ ，亦即 } \ln(\frac{p_i^1}{p_i^0}) = \beta + u_i \tag{9.3}$$

其中 $\beta = \ln\alpha \ u_i = \ln\varepsilon_i \ y_i = \ln(\frac{p_i^1}{p_i^0})$

顯然，轉換以後的 u_i 服從對數正態分佈，y_i 或稱為個體指數的對數（而不是個體指數本身）是服從對數正態分佈的。這才是所謂指數模型中隨機擾動項遵從對數正態分佈一說的來源。

綜上所述可以看到：西方指數的隨機研究方法中，關於隨機擾動項（及其函數）分佈的假定，是建立在高斯-馬爾柯夫的迴歸分析理論的堅實基礎之上的，具有嚴密的科學性和邏輯性。

二、總量計算和統計推斷的區別

統計指數的基本性質是什麼？它是一種隨機變量還是一種確定性的變量呢？有的統計學者對此進行了認真的研究，並指出：指數是一種反應社會經濟現象數量變動的相對數，特別是物價指數可以用來反應不能直接加總的由多個要素組成的社會經濟現象總體綜合變動的態勢。他們接著說：我們知道，指數是從最初研究個別商品的價格變動狀況或物量平均變動狀況的，是由單獨考察一種或個別幾種商品的價格或物量變動程度，發展到綜合考慮全社會商品價格或物量一般變動程度的。他們還認為：世界各國都是用代表品集團的數據資料來對社會商品總體性質進行統計推斷的，即將代表品集團的數量特徵當作社會商品總體的數量特徵①。

我們可以將以上表述大致歸納為以下兩個觀點：

第一，指數研究的目的是要研究社會經濟現象總體綜合變動的態勢。代表品集團是樣本，社會商品物價和物量變動的真值才是研究目的。

第二，研究的方法是概率推斷，是通過對代表品集團的推斷達到對總體真值的認識，即指數研究方法就是隨機推斷。

對此，我們的看法並不相同。我們認為：①指數的研究方法既有通過樣本

① 孫慧均. 指數理論研究［M］. 大連：東北財經大學出版社，1998：5.

對龐大總體的推斷性研究，也有對於相對較小總體（如企事業單位內部）的全局性或非隨機性的研究。或者說，統計指數研究既包括隨機推斷，也包括總量計算。②指數研究的方法也分為兩大類：一類是針對前者的以隨機性的數學方法為手段（可簡稱為推斷）的指數隨機性研究方法，另一類是以確定性的數學方法（可簡稱為計算）為手段的指數非隨機性研究方法。

我們首先來考察一下西方指數理論方面在此方面的描述。這裡我們通過幾位對西方統計指數有較多研究的學者的視角來考察。伍超標先生在其編著的《統計指數的隨機方法及其應用》中，雖然重點闡述的是統計指數的隨機方法，但他在討論「指數編製的隨機方法」（第三章）之前，首先討論了「指數編製的非隨機方法」（第二章）。在指數編製的非隨機方法中，伍超標具體討論了簡單指數法和同度量因素法、指數編製的原子法、指數編製的函數方法、物理指數方法以及指數編製的優良性準則，並舉例計算和分析了指數非隨機方法的應用。廈門大學張謹博士在其博士論文《隨機指數方法及其應用》中，首先將指數理論劃分為：①指數公理化方法（其主要內容是指數所謂的十大檢驗方法）；②指數經濟方法或函數方法；③積分指數理論，主要包括 Divisia 指數的理論和應用；④隨機指數方法。他還研究了非隨機經濟指數編製的基本框架以及隨機指數編製的基本框架。廈門大學焦鵬博士在其博士論文《現代指數理論與實踐若干問題研究》中，根據其導師楊燦教授的觀點，將指數劃分為指數固定籃子研究方法、隨機抽樣研究方法、指數檢驗研究方法和經濟指數研究方法。由此可見，西方指數研究方法至少包括兩大類：隨機指數研究方法和非隨機指數研究方法。由此我們認為，孫先生將指數概念限制在隨機指數或統計推斷的範圍內可能是不妥當的，也與中國統計指數分析應用範圍的實際情況不吻合。

其次，我們認為，分析或推斷社會商品總體價格和物量的變化並非統計指數分析的唯一情況和目標。統計指數分析既包括對社會商品龐大總體的推斷和分析，也包括對少量現象局部總體的總量分析。對於前者，適用隨機性或推斷性的指數研究方法；對於後者，則適用描述性或計算性或稱確定性的分析方法。事實上，中國的社會經濟工作單位千千萬萬，統計工作分析人員更是數以萬計，並不可能也不需要人人都去推斷社會商品現象總體的真值，但卻需要大家都能夠靈活地運用指數分析的工具，分析自己面臨的各種現象和問題，這才是指數研究方法的用武之地。

三、關於概率抽樣和非概率抽樣的問題

在統計指數最重要的應用領域——居民消費價格指數（CPI）的編製中，如何認識「商品籃子」即代表性商品集團的性質，是關係到如何認識消費價格指數的性質、如何認識物價指數的代表性和準確性的重要問題。進一步講，就會提出物價指數（CPI）能否進行誤差估計等重要問題。對此，有的統計學者認為：如果代表品集團是隨機抽樣獲得的，那麼作為樣本，由於它的每一個個體都能很好地反應本小類商品的性質，因此代表品集團是所有樣本中最能代表總體、最能說明總體數量特徵的樣本。並稱：儘管實際工作中代表品集團是有意識抽選的，但是將它作為一個分層隨機樣本進行處理並不會失去一般性，並且還能夠保證所編製的指數較好地反應社會商品總體的性質，又為指數理論奠定了堅實的數理基礎。但是，理論畢竟是現實的抽象，它可能抽象掉現實生活中不能不考慮的因素，其結果會使實際工作不可能完全按照抽樣理論去運作。①

對此，我們要提出下列不同意見：

第一，社會經濟統計的抽樣理論，從方法論的角度來看，是建立在概率論和數理統計的基本理論之上的。只有堅持隨機抽樣，才能滿足概率論和數理統計對隨機變量的定義，才能保證所抽樣本會帶全及總體的有效信息，才能保證樣本估計量對未知總體參數的一致有效無偏估計。如果採用人為地、有意識地方式來選擇樣本，將會使所有的估計理論、檢驗理論和誤差分析理論失去其存在的前提。上述概念是 20 世紀初幾十年在國際統計學界經過廣泛討論而被認定的科學理論，怎麼可能會因為一句「實際工作不可能完全按照抽樣理論去運作」而改變呢。而如果其真的改變了，那麼就不再是概率抽樣，而轉型為非隨機抽樣了。如此的話，概率論和數理統計的一系列的定量和定律將不再具有理論基礎的作用，相應的估計理論、檢驗理論和誤差分析理論也會失去其存在的前提。

第二，縱觀世界各國的物價調查工作，可以分為兩大類型：一部分國家是採用隨機抽樣的方式來決定代表品集團的組成，而有一部分國家則是採用有意識的選擇即非概率抽樣的方式來決定代表品集團的組成。概率抽樣和非概率抽

---

① 孫慧均．動態統計理論探討［J］．統計研究，2005（2）．

樣同屬於統計的非全面調查，各自具有不同的優缺點。但我們這裡要特別強調的是：兩種抽樣方法具有完全不同的數學性質。不應該用概率抽樣的理論去解釋非概率的抽樣問題。並且，這種「有意識抽選的」的樣本，怎麼可能「將它作為一個分層隨機樣本進行處理而不失去一般性」呢？

四、關於簡單隨機抽樣與分層隨機抽樣的區別

為了進一步的分析，我們暫且先不考慮中國物價調查中的「代表品集團」是否是「有意識抽選」的問題。但即便如此，仍然可能存在對統計抽樣理論的誤用。

有的學者用如下方式描述了物價調查同分層隨機抽樣的關係，作為其用個體指數 $X=\frac{p_i^1}{p_i^0}$ 和 $Y=\frac{q_i^1}{q_i^0}$ 去估計「期望值」EX 和 EY 和「社會商品價值指數真值」EZ 的現實基礎。這些學者認為：「中國的具體做法是先把社會商品劃分為八個大類，大類下劃分中類，中類下又劃分小類，然後在每個小類中選取代表品，構成代表品集團。」「如果我們把每一小類作為一個層，不妨設總層數為 n，從每一層中隨機抽取一個種類，這樣所抽樣的商品就構成一個分層樣本，這些眾多的分層樣本中必然包括代表品集團。」①

我們對此持有不同的看法，分述如下：

第一，首先要再次強調一下抽樣的隨機性這一基本理念問題。上述學術觀點首先承認代表性商品是「有意識選取的」，但在理論描述時，又強調樣本必須隨機抽取，這一矛盾不知如何解釋。然後在堅持樣本必須隨機抽取的前提下，又斷言「……分層樣本必然包含代表品集團」。這就出現了一個問題，抽樣既然是隨機的，我們怎麼能夠肯定代表品集團就必然包含其中呢？須知「必然」二字是確定性概念，它是與「隨機」的概念格格不入的。第二個問題是分層樣本到底是「等於」還是「包含」代表品集團。如果是「等於」，那還提什麼隨機抽樣，那不就唯一確定或指定了「樣本」嗎？如果是「包含」，那不妨再追問一下，這個樣本除開「包含」代表品集團之外，還包含些什麼單元呢？想必什麼都不包含了，那麼用「包含」二字顯然也就不準確了。

第二，我們即使暫時忽略抽樣的隨機性問題，在上述學術觀點中關於指數

① 孫慧均. 動態統計理論探討 [J]. 統計研究，2005 (2).

的隨機構造的方法從抽樣理論來看也是不能成立的。這是因為：這種學術觀點在其前面關於指數的隨機構造理論，明顯是建立在簡單隨機抽樣的基礎之上的，我們權且認為它是合理的。但在後文中，又將其指數理論的現實基礎，設置在社會商品的「分層隨機抽樣」之上，這樣顯然是不妥的。我們認為：這樣就把簡單隨機抽樣與分層抽樣的理論和方法混為一談了。實際上，由於抽樣的基本方法不同，兩種抽樣方法有如下很大的差別：

(1) 樣本估計量的構造不同

用抽樣理論來描述，簡單隨機抽樣的均值估計量為：

$$\bar{y} = \frac{1}{n}\sum_{i=1}^{n} y_i$$

而分層抽樣的均值估計量為：

$$\bar{y}_{st} = \sum_{h=1}^{L} W_h \bar{y}_h \quad W_h = \frac{N_h}{N} \quad h = 1, 2, \cdots, L \tag{9.4}$$

顯見，用簡單隨機抽樣方式所構造的樣本指數（包括物量指數和物價指數等）和按分層抽樣方式所構造的同類樣本指數，必然也存在著很多不同的方面，是不能一言而蔽之的。

(2) 樣本估計量的性質不同

在抽樣理論中，對於簡單隨機抽樣，樣本估計量對總體參數的估計是自加權的估計。而在分層隨機抽樣中，除了按比例分層抽樣之外，其他的分層抽樣（如等數比例、標準差比例、尼曼比例、最優比例等）均不是自加權的估計。那我們的代表品集團又是按什麼比例配置和決定的呢？上述學術觀點似乎沒有考慮這一問題。

(3) 樣本估計量的分佈不同

簡單隨機抽樣只涉及一個總體，在抽樣中只需要設置一個抽樣框。而分層隨機抽樣則是在一定的分層標志下，將全及總體劃分為若干個具有一定差異的子（層）總體，抽樣過程分別在若干個子（層）總體中獨立進行的。每個子總體都要設置各自的抽樣框。在各子總體中，樣本估計量均可能存在各自不同的概率分佈（在多個隨機變量的情況下，具有多個隨機變量的聯合分佈和邊際分佈）。如果我們試圖將抽樣的現實基礎設置為分層隨機抽樣而不是簡單隨機抽樣，那麼從研究的一開始，有關隨機變量的概率分佈的相關性質就應當重新論述了。

(4) 樣本估計量的方差不同

我們知道，簡單隨機抽樣的樣本均值估計量的方差為：

$$V(\bar{y}) = \begin{cases} \dfrac{S^2}{h} \\ \dfrac{S^2}{n}(1-f) \quad f = \dfrac{n}{N} \end{cases} \tag{9.5}$$

其中 $$S^2 = \frac{1}{N-1}\sum_{i=1}^{n}(Y_i - \bar{Y})^2$$

而分層隨機抽樣均值估計量的方差為：

$$V(\bar{y}_{st}) = \frac{1}{N^2}\sum_{h=1}^{L} N_h V(\bar{y}_h)$$

其中 $$V(\bar{y}_h) = \begin{cases} \dfrac{S_h{}^2}{n_h} \\ \dfrac{S_h{}^2}{n_h}(1-f_h) \quad f_h = \dfrac{n}{N} \end{cases} \tag{9.6}$$

$$S_h{}^2 = \frac{1}{N_h - 1}\sum_{hi=1}^{N_h}(Y_{hi} - \overline{Y_h})^2$$

顯見，這兩種抽樣方法的抽樣方差有較大的差別，二者之間的關係應該是 $V(\bar{y}) \geqslant V(\bar{y}_{st})$ 。因此，兩種抽樣方法的差異是不能視而不見的。

（5）樣本抽取的工作程序不同

分層抽樣與簡單隨機抽樣的另一大區別就是，分層抽樣在實施抽樣工作之間（指事前分層）必須進行樣本量在各層的分配，分配方法是各種各樣的，在此不予贅述。但是，不同的樣本分配方法會使樣本估計量、樣本估計量的分佈、樣本估計量的方差、樣本估計的精度等方面有不同的結果。我們不僅要知道由簡單隨機抽樣如何過渡到分層隨機抽樣，還必須解決樣本量在總體各層中的分層以及分配後會產生的問題。至於如果無法進行事前分層，就勢必涉及事後分層甚至於有關子總體估計的問題，這與簡單隨機抽樣相比情況就更複雜，也更不能視而不見了。

（6）分層樣本中，各層的樣本單位數必須大於 1

上述學術觀點在談及分層抽樣時指出：「如果我們把每一個小類作為一個層，不妨設總層數為 n ，從每層中隨機抽取一個種類，這樣所抽樣的商品就構成一個分層樣本。」表面上看，我們「從每層中隨機抽取一個種類」，那麼從 n 個層中不是正好得到一個容量為 n 的樣本嗎？但結合分層抽樣的理論來分析，孫先生的這種論述方式還是不對的。這是因為，從抽樣理論來看：在分層抽樣中，各層的單位數必須大於 1 而不能等於 1。第一，總體各層的容量不一定是相等的，如果每個商品種類統統相同地只取一個商品，顯然是不合理的。第二，即使各層容量恰好是相等的（雖然社會商品種類不可能如此），也不允許各層只抽取一個單位作為樣本，因為這樣就無法形成各層樣本內的方差，須知分層抽樣的抽樣方差並不是決定於層間方差，而是決定於層內方差，如果沒有各層內的樣本方差，也就無法計算總樣本的方差了。雖然在中國的物價指數估計中，並沒有公布抽樣誤差數據，但我們的觀點是：既然要進行理論的分析和研究，就不可以違反基本的理論原則。

五、Laspeyre 指數不是個體價格指數數學期望的優良估計量

有的學者在經過其自身的分析之後得出一個十分重要的結論：Laspeyre 物價指數 L_p 是社會商品個體價格指數 X 數學期望 a 的一致、漸進無偏估計量，以及 Laspeyre 物量指數 L_q 是社會商品個體物量指數 Y 數學期望 b 的一致、漸進無偏估計量。但在後面對統計指數檢驗理論的評價中，他們卻肯定了「科學的因子互換檢驗是經濟分析的重要工具」，並明確指出，指數家族中許多指數不能滿足因子互換的根本原因是由於對 $p_{1/0}$ 與 $q_{1/0}$ 的相互關係 $\mathrm{cov}(p_{1/0}, q_{1/0})$ 的處理不當。例如，Laspeyre 指數就完全忽略了物價、物量交互關係對因素指數的影響。這裡似乎出現了一個「矛盾論」，也就是說，在為「社會商品個體指數數學期望」尋找一個「優良的估計量」時，上述學術觀點選擇了 Laspeyre 指數作為一個「一致和漸進無偏的估計量」。但在肯定「科學的因子互換檢驗是經濟分析的重要工具時」，上述學術觀點又提出了 Laspeyre 指數不能滿足因子互換檢驗，「完全忽略了物價、物量交互關係對因素指數的影響」。因為如果這樣的話，Laspeyre 指數是社會商品個體價格指數數學期望的優良估計量的性質怎麼可能成立呢？事實上，我們認為上述學術觀點在其前文中關於 Laspeyre 指數是社會商品個體價格指數數學期望的優良估計量的相關論證並非嚴格或嚴謹的，而可能更多的是一些主觀的猜想和推測。

六、關於指數偏誤與抽樣誤差的關係問題

上述學術觀點在對西方指數的偏誤理論的評估中指出：我們清楚地看到，

權偏誤和抽樣誤差是來自兩個不同理論的兩個不同概念，具有不同的作用、性質和經濟內涵，切不可將二者混為一談。對此我們的看法是：二者的確不可混為一談，但在隨機指數的研究領域中，二者又是密切聯繫在一起的，的確是無法避而不談的。

這裡我們需要簡單地回顧一下西方指數的偏誤理論。西方指數理論認為：指數的偏誤一般有型偏誤和權偏誤兩大類型。型偏誤一般是指由於指數構建方法不適當而產生的偏誤。例如：若用一種方法計算的 p_{0t}（指以 0 時間為基期的 t 時間指數）與 p_{t0}（指以 t 時間為基期的 0 時間指數）的乘積不等於 1，則認為用該方法計算的指數有型偏誤。美國學者莫杰特指出用 $E_1 = p_{t0} \times p_{0t} - 1$ 來表示型偏誤。若 $E_1 > 0$ 為上型偏誤，$E_1 < 0$ 為下型偏誤。如對於同一套數據資料，如果分別採用幾種平均方法計算指數，則計算結果一般是算術平均數指數最大（為上型偏誤），幾何平均數居中，而調和平均數指數最小（為下型偏誤）。而權偏誤一般是指由於加權指數的構建中所採用權數的不適當而產生的偏誤。例如，若將權數都固定在基期物量指數 q_{01} 與物價指數 p_{01} 的乘積（或者是將權數都固定在報告期的物量指數 q_{01} 和物價指數 p_{01} 的乘積）與 V_{01}（價值量總指數）不等於 1，則可認為採用該時期權數所計算的指數有權偏誤。同理，可以用 $E_2 = p_{01} \times q_{01} \div V_{01} - 1$ 來計算權偏誤。當 $E_2 > 0$ 時為上權偏誤，$E_2 < 0$ 時為下權偏誤。如對於同一套數據資料，如果選擇不同時期的指標作權數來計算指數，其計算結果一般也會不同。一般來講，一個指數採用加權算術平均或者加權調和平均的方法來計算，則型偏誤與權偏誤都可能產生。

由上述可見，指數的偏誤問題來自指數模型的構造方法，若指數模型構造比較理想，其偏誤（包括型偏誤或權偏誤）就可能比較小甚至沒有偏誤（例如著名美國統計學家費雪構造的「理想指數」都可以同時通過時間互換檢驗和因子互換檢驗，型偏誤和權偏誤都不存在，故稱為「理想指數」）。但遺憾的是：統計指數編製中最常用的兩種指數，即 Laspeyre 指數和 Paasche 指數均無法通過時間互換檢驗和因子互換檢驗，既存在型偏誤又存在權偏誤。

而統計抽樣理論是要求在隨機抽樣的前提下，針對總體中的總體目標參數，構造或選擇性質優良的樣本估計量在一定的允許誤差條件下，對總體目標參數進行具有一定置信概率的估計。這裡所稱的「優良的樣本估計量」，是指樣本估計量是否具有 BLUE 的性質。由此可見，統計隨機指數的偏誤理論與統計抽樣誤差理論雖然完全不同，但在隨機指數分析之上卻是互相聯繫的。這就是說，要保證對總體未知指數真值的誤差較小的優良的估計，就必須要求樣本估計量具有優良的性質。而由統計指數理論已經證明具有型偏誤和權偏誤的

Laspeyre 指數和 Paasche 指數，顯然不具備這些優良的性質，不可能成為優良的估計量。而反觀在上述學術觀點中得到的關於統計指數的「一致、漸進無偏估計量」的結論，其並沒有給出嚴格的數理論證，可以認為只是使用了幾個數學名詞和數學符號所作出的主觀猜測，還不足以證實原命題。

七、關於對傳統的指數體系的「內在矛盾」的處理問題

對於上述學術觀點所提出的解決指數體系中相對數分析和絕對數分析之間矛盾的方法，我們認為它也並沒有真正解決問題。例如上述學術觀點提出了如下方法：

對於傳統的第一套指數體系

$$\frac{\sum_i p_i^1 q_i^1}{\sum_i p_i^0 q_i^0} = \frac{\sum_i p_i^1 q_i^1}{\sum_i p_i^0 q_i^1} \times \frac{\sum_i p_i^0 q_i^1}{\sum_i p_i^0 q_i^0} \tag{9.7}$$

兩邊取自然對數 $\ln\left(\frac{\sum_i p_i^1 q_i^1}{\sum_i p_i^0 q_i^0}\right) = \ln\left(\frac{\sum_i p_i^1 q_i^1}{\sum_i p_i^0 q_i^1}\right) + \ln\left(\frac{\sum_i p_i^0 q_i^1}{\sum_i p_i^0 q_i^0}\right)$

即有 $1 = \frac{\ln\left(\frac{\sum_i p_i^1 q_i^1}{\sum_i p_i^0 q_i^1}\right)}{\ln\left(\frac{\sum_i p_i^1 q_i^1}{\sum_i p_i^0 q_i^0}\right)} + \frac{\ln\left(\frac{\sum_i p_i^0 q_i^1}{\sum_i p_i^0 q_i^0}\right)}{\ln\left(\frac{\sum_i p_i^1 q_i^1}{\sum_i p_i^0 q_i^0}\right)}$

顯然成立：

$$\left(\sum_i p_i^1 q_i^1 - \sum_i p_i^0 q_i^0\right) = \frac{\ln\left(\frac{\sum_i p_i^1 q_i^1}{\sum_i p_i^0 q_i^1}\right)}{\ln\left(\frac{\sum_i p_i^1 q_i^1}{\sum_i p_i^0 q_i^0}\right)}\left(\sum_i p_i^1 q_i^1 - \sum_i p_i^0 q_i^0\right) +$$

$$\frac{\ln\left(\dfrac{\sum_i p_i^0 q_i^1}{\sum_i p_i^0 q_i^0}\right)}{\ln\left(\dfrac{\sum_i p_i^1 q_i^1}{\sum_i p_i^0 q_i^0}\right)}\left(\sum_i p_i^1 q_i^1 - \sum_i p_i^0 q_i^0\right) \tag{9.8}$$

他們認為這樣就合理地解決了相對數分析和絕對數分析的矛盾，對此我們是不能認同的。

誠然，表面上看，採用這種方法可以從形式上避免相對數分析和絕對數分析之間的矛盾，但是仍然存在以下問題：

第一，這種方法是以相對數分析為基準展開的，相當於否定了原指數體系中的絕對數分析體系，其否定的理由是什麼？原絕對數分析體系的問題又何在？為什麼不以絕對數分析為基準來展開？二者的結論是否一致（事實上是不一致的）？

第二，事實上，同樣按其思路，但以絕對數分析體系出發，我們也可以得到另一個相對數分析體系：

即由 $\sum_i p_i^1 q_i^1 - \sum_i p_i^0 q_i^0 = (\sum_i p_i^1 q_i^1 - \sum_i p_i^0 q_i^1) + (\sum_i p_i^0 q_i^1 - \sum_i p_i^0 q_i^0)$

$$\tag{9.9}$$

兩邊同除以 $\sum_i p_i^0 q_i^0$，可得：

$$\frac{\sum_i p_i^0 q_i^1 - \sum_i p_i^0 q_i^0}{\sum_i p_i^0 q_i^0} = \frac{\sum_i p_i^1 q_i^1 - \sum_i p_i^0 q_i^1}{\sum_i p_i^0 q_i^0} + \frac{\sum_i p_i^0 q_i^1 - \sum_i p_i^0 q_i^0}{\sum_i p_i^0 q_i^0}$$

右邊第一項做變化：

$$\frac{\sum_i p_i^0 q_i^1 - \sum_i p_i^0 q_i^0}{\sum_i p_i^0 q_i^0} = \sum_i p_i^0 q_i^1 \frac{\sum_i p_i^1 q_i^1 - \sum_i p_i^0 q_i^1}{\sum_i p_i^0 q_i^1 \times \sum_i p_{0i} q_{0i}} + \frac{\sum_i p_i^0 q_i^1 - \sum_i p_i^0 q_i^0}{\sum_i p_i^0 q_i^0}$$

於是可得：

$$\frac{\sum_i p_i^1 q_i^1}{\sum_i p_i^0 q_i^0} - 1 = \frac{\sum_i p_i^0 q_i^1}{\sum_i p_i^0 q_i^0}\left(\frac{\sum_i p_{1i} q_{1i}}{\sum_i p_i^0 q_i^1} - 1\right) + \left(\frac{\sum_i p_i^0 q_i^1}{\sum_i p_i^0 q_i^0} - 1\right) \tag{9.10}$$

這樣一來，我們就成功地將絕對數分析體系轉化為了一個相對數的分析體系。那麼試想一下，以後我們做指數體系分析，應該以上述學術觀點所提出的轉換體系為準還是以上述我們的轉換體系為準呢？我們認為這都是不對的，因為這樣的轉換，其實不過是一種數學游戲或者說是一種數學的「障眼法」而已——因為它並沒有找出產生問題的原因。

第三，也許有人會問，在

$$\frac{\sum_i p_i^1 q_i^1}{\sum_i p_i^0 q_i^0} - 1 = \frac{\sum_i p_i^0 q_i^1}{\sum_i p_i^0 q_i^0}\left(\frac{\sum_i p_{1i} q_{1i}}{\sum_i p_i^0 q_i^1} - 1\right) + \left(\frac{\sum_i p_i^0 q_i^1}{\sum_i p_i^0 q_i^0} - 1\right)$$

中右邊的第一項，即 $\frac{\sum_i p_i^0 q_i^1}{\sum_i p_i^0 q_i^0}\left(\frac{\sum_i p_{1i} q_{1i}}{\sum_i p_i^0 q_i^1} - 1\right)$ 項中，怎麼能看出它是在反應質量指標因素變動的呢？對此我們也可以反問一下，在

$$\left(\sum_i p_i^1 q_i^1 - \sum_i p_i^0 q_i^0\right) = \frac{\ln\left(\frac{\sum_i p_i^1 q_i^1}{\sum_i p_i^0 q_i^1}\right)}{\ln\left(\frac{\sum_i p_i^1 q_i^1}{\sum_i p_i^0 q_i^0}\right)}\left(\sum_i p_i^1 q_i^1 - \sum_i p_i^0 q_i^0\right) + \frac{\ln\left(\frac{\sum_i p_i^0 q_i^1}{\sum_i p_i^0 q_i^0}\right)}{\ln\left(\frac{\sum_i p_i^1 q_i^1}{\sum_i p_i^0 q_i^0}\right)}\left(\sum_i p_i^1 q_i^1 - \sum_i p_i^0 q_i^0\right) \qquad (9.11)$$

中右邊的第一項，即 $\frac{\ln\left(\frac{\sum_i p_i^1 q_i^1}{\sum_i p_i^0 q_i^1}\right)}{\ln\left(\frac{\sum_i p_i^1 q_i^1}{\sum_i p_i^0 q_i^0}\right)}\left(\sum_i p_i^1 q_i^1 - \sum_i p_i^0 q_i^0\right)$ 項中，又怎麼能看出它是在反應質量指標因素變動的呢？

第四，其實，這種分析方法實際上還必須暗含一個假設，那就是傳統第一套指數體系的相對數分析體系 $\frac{\sum_i p_i^1 q_i^1}{\sum_i p_i^0 q_i^0} = \frac{\sum_i p_i^1 q_i^1}{\sum_i p_i^0 q_i^1} \times \frac{\sum_i p_i^0 q_i^1}{\sum_i p_i^0 q_i^0}$ 才是合理的。那麼，這個假設是合理的嗎？但這實際上又否定了很多研究傳統第一套指數體系學者

們的一個比較一致的看法：該指數體系中，物價指數以 $\sum_i p_i^0 q_i^1$ 為比較的基準，而物量指數以 $\sum_i p_i^0 q_i^0$ 為基準，在通常的情況下，由於 $\sum_i p_i^0 q_i^1 > \sum_i p_i^0 q_i^0$，所以物價指數通常會被低估，而物量指數通常會被高估。

第五，這種分析方法對於絕對數分析而言，類似於對 $\sum_i p_i^1 q_i^1 - \sum_i p_i^0 q_i^0$ 做一個分割，對很多學者集中研究的「共變影響部分處理的意義」而言，這種分割實際上是以 $\dfrac{\sum_i p_i^1 q_i^1}{\sum_i p_i^0 q_i^1}$ 和 $\dfrac{\sum_i p_i^0 q_i^1}{\sum_i p_i^0 q_i^0}$ 為基準，而不是眾多學者認為的應以 $\dfrac{\sum_i p_i^1 q_i^0}{\sum_i p_i^0 q_i^0}$ 和 $\dfrac{\sum_i p_i^0 q_i^1}{\sum_i p_i^0 q_i^0}$ 為基準，即實際上是將「共變影響部分」暗含在物價因子的變動中了。

綜上所述我們認為：這種簡單地對乘積式指數體系取對數而過渡到「和差關係」的處理方法，雖然可以避免相對數分析和絕對數分析之間的矛盾，但明顯地屬於一種「治標不治本」的方法，可以認為其基於一種用數學方法解決社會經濟問題的思維方式，但最終並不能解決其應該解決的問題。譬如，對於傳統的第二套指數體系和第三套指數體系（費雪理想指數），實際上也可以套用這種方式。如對於第二套指數體系：

$$\frac{\sum_i p_i^1 q_i^1}{\sum_i p_i^0 q_i^0} = \frac{\sum_i p_i^1 q_i^0}{\sum_i p_i^0 q_i^0} \times \frac{\sum_i p_i^1 q_i^1}{\sum_i p_i^1 q_i^0} \tag{9.12}$$

有
$$\ln\left(\frac{\sum_i p_i^1 q_i^1}{\sum_i p_i^0 q_i^0}\right) = \ln\left(\frac{\sum_i p_i^1 q_i^0}{\sum_i p_i^0 q_i^0}\right) + \ln\left(\frac{\sum_i p_i^1 q_i^1}{\sum_i p_i^1 q_i^0}\right) \tag{9.13}$$

有
$$\left(\sum_i p_i^1 q_i^1 - \sum_i p_i^0 q_i^0\right) = \frac{\ln\left(\dfrac{\sum_i p_i^1 q_i^0}{\sum_i p_i^0 q_i^0}\right)}{\ln\left(\dfrac{\sum_i p_i^1 q_i^1}{\sum_i p_i^0 q_i^0}\right)}\left(\sum_i p_i^1 q_i^1 - \sum_i p_i^0 q_i^0\right) +$$

$$\frac{\ln\left(\frac{\sum_i p_i^1 q_i^1}{\sum_i p_i^1 q_i^0}\right)}{\ln\left(\frac{\sum_i p_i^1 q_i^1}{\sum_i p_i^0 q_i^0}\right)}\left(\sum_i p_i^1 q_i^1 - \sum_i p_i^0 q_i^0\right) \tag{9.14}$$

這樣，好像從形式上也可以解決第二套指數體系中絕對數分析和相對數分析的矛盾，但也同樣存在著我們在前文提到的對第一套指數體系所提到的那些問題，因此，這依然屬於一種「治標不治本」的方法。事實上，按照類似的，我們還可以對第五套指數體系（理想指數體系）做相應的處理，因其結果和前面所述大同小異，在此不再贅述。

以上意見並不一定正確，只是拋磚引玉，希望能引起大家研究的興趣，從而推動中國指數理論研究的深入和發展。

第十章　統計物價指數的抽樣估計方法

在以上論述中，我們著重分析了各種統計指數和統計指數體系相關的問題，並把討論的重點放在了確定性的統計研究方面。事實上，統計指數同樣可以進行推斷性的分析和研究，特別是作為抽樣調查應用最廣泛的領域——中國的物價抽樣調查中，實際上抽樣調查的方法和理念並沒有得到真正的貫徹。

舉個例子來說吧，眾所周知，抽樣調查研究的核心問題是抽樣誤差問題，但在中國物價抽樣調查的歷史上，從來都只是發布物價指數，而從來都沒有發布這個物價指數的抽樣誤差，以及相關的置信概率、區間估計及抽樣估計精度等內容。即使在對有關方面對物價指數的質疑的解釋中，也都是從公眾心理、調查規模等方面加以解釋，而並沒有從隨機抽樣的理論和方法方面加以說明。誠然，中國抽樣調查的規模是十分巨大的。但作為抽樣調查的優越性，最主要的不是體現在調查規模的巨大，而是體現在抽樣調查方法的優越性之上，抽樣調查的優越性就是能夠通過較小的樣本來達到對總體的人數。

事實上，中國的物價抽樣調查或者說物價指數調查的資料來源的取得很大程度上並不是從科學意義的隨機抽樣來的，而是由多方面的非隨機方法方法來決定的。包括第一，樣本商品的決定並不是隨機抽取的，而是按人為標準選擇的所謂「代表性商品」；第二，作為「代表性商品」的市場採價工作缺乏一套嚴格隨機性的工作程序，而是按照「非隨機抽樣」方法中的「簡便抽樣」和「判斷抽樣」或我們稱之為「典型調查」的方法來進行的；第三，作為物價指數權數決定的重要因素的物價調查「樣本戶」，其結構嚴重不合理（低收入戶比重偏高、高收入戶比重偏低或嚴重偏低）；第四，只計算樣本均值，不計算樣本方差。由上述可見，抽樣誤差的計算和分析也就自然無從談起了。

在本章中，我們以物價指數的統計分析為例，提出了幾種可行的統計物價指數的隨機抽樣的樣本估計方法，希望由此可以解決相關的物價指數的區間估計問題。由於缺乏具體數據，無法進行具體的計算，希望我們提出的方法，能夠給有關部門計算和估計中國物價指數的抽樣誤差問題提供一些參考，並希望能提升中國物價抽樣調查的科學性。

一、多層次分層隨機抽樣均值估計

以每一種單項商品或服務項目為總體的一個單元，我們可按其性質不同進行多重分組，先把總體全部單元分為 N 個大類，每個中類中分別包含 M_i 個中類（$i=1, 2, \cdots, N$），每個中類中包含 L_{ij} 個小類（$j=1, 2, \cdots, M_i$），每個小類（基本分類）中包含 R_{ijl} 個單項商品或服務單元，每個單項商品或服務單元所包含的規格品數為 $R_{ijlg}(g=1, 2, \cdots, R_{ijl})$。

記每個單項商品或服務規格品在觀察期的平均銷售價格為 $P_{ijlg}^{(t)}$，在上期的平均銷售價格為 $P_{ijlg}^{(t-1)}$，在觀察期的銷售額為 $H_{ijlg}^{(t)}$，在上期的銷售頻為 $H_{ijlg}^{(t-1)}$。

則有：總體第 i 大類所包含的中類數為 M_i，所包含的小類數為 $\sum_{j=1}^{M_i} L_{ij}$，所包含的單項商品或服務單元數為 $\sum_{j=1}^{M_i}\sum_{l=1}^{L_{ij}} R_{ijl}$，總體全部單項商品或服務單元總數為 $\sum_{i=1}^{N}\sum_{j=1}^{M_i}\sum_{l=1}^{L_{ij}} R_{ijl}$。

為簡便起見，記總體第 i 大類第 j 中類第 l 小類所包含的單項商品或服務單元總數為 R_{ijl}；記總體第 i 大類第 j 中類所包含的單項商品或服務項目單元總數為 R_{ij}，則 $R_{ij}=\sum_{l=1}^{L_{ij}} R_{ijl}$ 記總體第 i 大類所包含的單項商品或服務項目單元總數為 R_i，則 $R_i=\sum_{j=1}^{M_i} R_{ij}=\sum_{j=1}^{M_i}\sum_{l=1}^{L_{ij}} R_{ijl}\ (i=1, 2, \cdots, N)$。

現以總體第 i 大類第 j 中類第 l 小類中的全部單項商品或勞務項目單元為子總體，其容量為 R_{ijl}，從中等概率隨機不重複地抽出其中部分單項商品或勞務項目單元，記 r_{ijl} 為子樣本容量，並對其中各單項商品或服務項目樣本單元進行觀測，記 $I_{ijlg}=\dfrac{P_{ijlg}^{(t)}}{P_{ijlg}^{(t-1)}}$ 為總體第 i 大類第 j 中類第 l 小類中第 g 種單項商品或服務項目抽樣觀測價比，（$i=1, 2, \cdots, N$; $j=1, 2, \cdots, M_i$; $l=1, 2, \cdots, l_{ij}$; $g=1, 2, \cdots, r_{ijl}$），或簡稱為樣本代表規格品價比。

由此可計算第 i 大類第 j 中類第 l 小類中所抽出的單項商品或服務單元「價比」的樣本平均數為：

$$I_{ijl} = \frac{1}{r_{ijl}} \sum_{g=1}^{l_{ijl}} I_{ijlg} \quad \begin{pmatrix} i = 1, 2, \cdots, N \\ j = 1, 2, \cdots, M_i \\ l = 1, 2, \cdots, L_{ij} \end{pmatrix}$$

為簡便起見，記樣本第 i 大類第 j 中類第 l 小類所包含的樣本單項商品或服務單元數為 r_{ijl} ；記樣本第 i 大類第 j 中類所包含的樣本單項商品或服務項目單元數為 r_{ij} ，則 $r_{ij} = \sum_{l=1}^{L_{ij}} r_{ijl}$ ；記樣本第 i 大類所包含的樣本單項商品或服務項目單元數為 r_i ，則 $r_i = \sum_{j=1}^{M_i} \sum_{l=1}^{L_{ij}} r_{ijl} = \sum_{j=1}^{M_i} r_{ij}$ 。

由於抽樣是在每個小類（基本分類）中進行的，而總體對於各個小類而言是一種多重分層的關係，因此，這種抽樣方法實際上是一個多重按比例分層後的隨機抽樣。

又設總體各層次的層權是已知或可以測定的（在居民消費物價指數的實踐中，是根據一定時期消費支出的比重來測定的）。則可記 W_i 為總體各大類指數的層權，W_{ij} 為總體各中類指數的層權，W_{ijl} 為總體各小類指數的層權。

下面來考察總體第 i 大類第 j 中類第 l 小類（基本分類）中，價比的樣本均值的估計問題。

由前述可知：$\bar{I}_{ijl}$ 是為總體第 i 大類第 j 中類第 l 小類中各樣本商品或服務價格指數的平均數，是以作為該小類的小類樣本價格指數。

由於在該小類中，商品或服務是隨機抽取的，故該小類樣本價格指數對於其未知的小類總體價格指數的估計是無偏的，即有：

$$E(\bar{I}_{ijl}) = E[\frac{1}{r_{ijl}} \sum_{g=1}^{r_{ijl}} I_{ijlg}] = \frac{1}{r_{ijl}} \sum_{g=1}^{r_{ijl}} E(I_{ijl}) = E[I_{ijl}]$$

$$= \frac{1}{R_{ijl}} \sum_{g=1}^{R_{ijl}} I_{ijlg} \tag{10.1}$$

同理可知該小類中各商品和服務價比的總體方差為：

$$V(I_{ijl}) = \frac{1}{R_{ijl}} \sum_{g=1}^{R_{ijl}} [I_{ijlg} - E(\bar{I}_{ijl})]^2 \text{，記為 } \sigma_{ijl}^2 \tag{10.2}$$

其樣本估計值為：

$$v(I_{ijl}) = \frac{1}{r_{ijl} - 1} \sum_{g=1}^{r_{ijl}} [I_{ijlg} - \bar{I}_{ijl}]^2 \text{，記為 } s_{ijl}^2$$

其簡單隨機不重複抽樣的樣本均值的方差為：

$$V(\bar{I}_{ijl}) = \frac{\sigma_{ijlg}^2}{r_{ijl}} \cdot \frac{R_{ijl} - r_{ijl}}{R_{ijl} - 1} \tag{10.3}$$

方差的樣本估計量為：$v(\bar{I}_{ijl}) = \dfrac{s_{ijlg}^2}{r_{ijl}}(1 - \dfrac{r_{ijl}}{R_{ijl}})$ (10.4)

對於顯著性水準 α，可構造總體第 i 大類第 j 中類第 l 小類未知總體價比的平均數的估計區間為：

當 r_{ijl} 較大時：$P\{\bar{I}_{ijl} - u_{\frac{\alpha}{2}}\sqrt{v(\bar{I}_{ijl})} \leqslant E(\bar{I}_{ijl}) \leqslant \bar{I}_{ijl} + u_{\frac{\alpha}{2}} \cdot \sqrt{v(\bar{I}_{ijl})}\} = 1 - \alpha$

當 r_{ijl} 較小時：$P\{\bar{I}_{ijl} - t_{\frac{\alpha}{2}}\sqrt{v(\bar{I}_{ijl})} \leqslant E(\bar{I}_{ijl}) \leqslant \bar{I}_{ijl} + t_{\frac{\alpha}{2}} \cdot \sqrt{v(\bar{I}_{ijl})}\} = 1 - \alpha$

從各中類的角度來看，即將總體各中類視為總體的一個子總體，則根據統計抽樣理論中關於子總體性質的理論，上述抽樣過程在各中類的範圍內，符合按比例分層抽樣的條件，即由各小類指數估計的總體第 i 個大類第 j 個中類的價格平均指數為：

$$\bar{I}_{ij} = \sum_{l=1}^{L_{ij}} W_{ijl}\bar{I}_{ijl} \tag{10.5}$$

其抽樣方差為：$V(\bar{I}_{ij}) = \dfrac{\overline{\sigma_{ijl}^2}}{\sum_{l=1}^{L_{ij}} r_{ijl}}(1 - \dfrac{\sum_{l=1}^{L_{ij}} r_{ijl}}{\sum_{l=1}^{L_{ij}} R_{ijl}})$ (10.6)

其中：$\overline{\sigma_{ijl}^2} = \dfrac{1}{\sum_{l=1}^{L_{ij}} R_{ijl}} \sum_{l=1}^{L_{ij}} R_{ijl}\sigma_{ijl}^2 \quad \sigma_{ijl}^2 = \dfrac{1}{R_{ijl}} \sum_{g=1}^{R_{ijl}} [I_{ijlg} - E(I_{ijl})]^2$

其中 $\overline{\sigma_{ijl}^2}$ 為該中類子總體的平均層內方差，當其未知時，可用樣本平均層內方差 $\bar{S}_{ij}^2 = \dfrac{1}{\sum_{l=1}^{L_{ij}} R_{ijl}} \sum_{l=1}^{L_{ij}} R_{ijl}S_{ijl}^2$ 代替。

則估計量方差的估計量為：$v(\bar{I}_{ij}) = \dfrac{\overline{s_{ij}^2}}{\sum_{l=1}^{L_i} r_{ijl}}(1 - \dfrac{\sum_{l=1}^{L_{ij}} r_{ijl}}{\sum_{l=1}^{L_{ij}} R_{ijl}})$ (10.7)

當樣本容量較大時，對於顯著性水準 α，可構建該中類總體物價指數的估計區間為：

$$P\{\bar{I}_{ij} - u_{\frac{\alpha}{2}}\sqrt{v(\bar{I}_{ij})} \leqslant E(\bar{I}_{ij}) \leqslant \bar{I}_{ij} + u_{\frac{\alpha}{2}}\sqrt{v(\bar{I}_{ij})}\} = 1 - \alpha$$

當樣本容量較小時，相應的估計區間為：

$$P\{\bar{I}_{ij} - t_{\frac{\alpha}{2}}\sqrt{v(\bar{I}_{ij})} \leqslant E(\bar{I}_{ij}) \leqslant \bar{I}_{ij} + t_{\frac{\alpha}{2}}\sqrt{v(\bar{I}_{ij})}\} = 1 - \alpha$$

類似於由小類平均指數推廣至中類平均指數，由中類平均指數可遞推至大類平均指數，即可將各大類的商品與服務價格指數表示如下：

將各大類視為一個子總體，各中類平均指數則為各子總體中分層隨機抽樣的層樣本均值，按等比例方層抽樣的模式，第 i 大類的價格指數估計量為：

$$\bar{I}_i = \sum_{j=1}^{M_i} W_{ij} I_{ij} \qquad (10.8)$$

其抽樣方差為：$$V(\bar{I}_i) = \frac{\overline{\sigma_{ij}^2}}{\sum_{j=1}^{M_i} r_{ij}} \left(1 - \frac{\sum_{j=1}^{M_i} r_{ij}}{\sum_{j=1}^{M_i} R_{ij}}\right) \qquad (10.9)$$

其中：$$\overline{\sigma_{ij}^2} = \frac{1}{\sum_{j=1}^{M_i} R_{ij}} \sum_{j=1}^{M_i} R_{ij} \sigma_{ij}^2 \quad \sigma_{ij}^2 = V(I_{ij}) = \frac{1}{\sum_{l=1}^{L_{ij}} R_{ij}} \sum_{l=1}^{L_{ij}} [I_{ijl} - E(I_{ij})]^2$$

其樣本估計量為：$$s_{ij}^2 = \frac{1}{\sum_{l=1}^{L_{ij}} r_{ijl} - 1} \sum_{l=1}^{L_{ij}} [I_{ijl} - E(\bar{I}_{ij})]^2 \qquad (10.10)$$

同理，各大類平均指數推廣至總體，可推算出總體所有 $\sum_{i=1}^{N} \sum_{j=1}^{M_i} \sum_{l=1}^{L_i} r_{ijl}$ 個樣本單位所構成的樣本平均指數對總體指數的估計。這個估計同樣可將各大類視為總體所分的 N 個層，各大類指數則為各層所抽出的樣本平均指數，按等比例分層的計算公式，可得總樣本平均指數，記為

$$\bar{I} = \sum_{i=1}^{N} W_i \bar{I}_i \qquad (10.11)$$

其抽樣方差為：$$V(\bar{I}) = \frac{\overline{\sigma_i^2}}{\sum_{j=1}^{N} r_i} \left(1 - \frac{\sum_{i=1}^{N} r_i}{\sum_{i=1}^{N} R_{ij}}\right) \qquad (10.12)$$

其中：$$\overline{\sigma_i^2} = \frac{1}{\sum_{i=1}^{N} R_i} \sum_{i=1}^{N} R_i \sigma_i^2$$

其中：$$\sigma_i^2 = \frac{1}{\sum_{i=1}^{N} R_i} \sum_{i=1}^{N} [\bar{I}_i - E(I)]^2$$

$\overline{\sigma_i^2}$ 的樣本估計量為：$$\overline{S_i^2} = \frac{1}{\sum_{i=1}^{N} R_i} \sum_{i=1}^{N} R_i S_i^2$$

其中：$$S_i^2 = \frac{1}{\sum_{i=1}^{N} r_i - 1} \sum_{i=1}^{N} (\bar{I}_i - \bar{I})^2 \qquad (10.13)$$

對於顯著性水準 α，總樣本指數 $\bar{I}$ 的置信區間為：

大樣本：$P\left\{\bar{I} - u_{\frac{\alpha}{2}} \cdot \sqrt{v(\bar{I})} \leqslant E(\bar{I}) \leqslant \bar{I} + u_{\frac{\alpha}{2}} \cdot \sqrt{v(\bar{I})}\right\} = 1 - \alpha$

小樣本：$P\left\{\bar{I} - t_{\frac{\alpha}{2}} \cdot \sqrt{v(\bar{I})} \leqslant E(\bar{I}) \leqslant \bar{I} + t_{\frac{\alpha}{2}} \cdot \sqrt{v(\bar{I})}\right\} = 1 - \alpha$

關於權數，對於分層隨機抽樣，層權應為各層總體單位數占總體全部單位數的比重，則類似地有：

（1）小類內部各樣品抽樣為簡單隨抽抽樣，不存在層權問題；

（2）各小類指標的層權應為 $W_{ijl} = \dfrac{R_{ijl}}{\sum_{l=1}^{L_{ij}} R_{ijl}}$；

（3）各中類指標的層權應為 $W_{ij} = \dfrac{R_{ij}}{\sum_{j=1}^{M_i} R_{ij}}$；

（4）各大類指標的層權應為 $W_i = \dfrac{R_i}{\sum_{i=1}^{N} R_i}$。

嚴格地講，在物價指數的計算中，由於個體商品和服務項目在基本分類中，可視為同質產品，有一定的可加性，但在各中類或大類之間，個體商品和服務項目差異太大，用上述單位數比重作為層權並不是很適合的。在這些情況下，實際中往往採用消費價格總和的比重更為合理。在以下的抽樣設計中，我們也充分地考慮到了這一方面。

這裡，我們只是從單項價格指數（即環比指數）的角度出發，討論了物價指數的抽樣和估計問題，其結果也只是表達了作為環比指數的隨機抽樣和估計問題。但事實上，由於環比指數與定基指標的連鎖關係，我們同樣可以根據環比指數引出固定指數的計算方法，即有：

設基本分類（小類）的價格（環比）指數為 I_t，應用指數連鎖關係，有

$$L_t = \sum I_t \times W_{t-1} = \sum \frac{P^{(t)}}{P^{(t-1)}} \times W_{t-1}$$

則中類定基指數為 $L_t = (\sum \dfrac{P^{(t)}}{P^{(t-1)}} \cdot W_t) \times L_{t-1}$，可按此遞推。

二、多層次分層隨機抽樣比率估計

在第一種抽樣設計，即多層次分層隨機抽樣均值估計方法中，我們給出了

在基本分類（小類）中採用簡單隨機抽樣的方式所做出的抽樣估計，雖然這種方式所給出的均值估計量應為無偏估計量，但我們也認為可以進一步研究，即在基本分類中實行簡單隨機抽樣，等同地看待該分類中各項商品和服務項目，沒有充分體現各商品和服務項目在數量和品質上的差異。針對此問題，我們進一步提出以下的抽樣方法，即代表規格品的分層隨機抽樣比率估計的抽樣設計。

在比率估計中，將每一個小類視為一個子總體，子總體中的各種商品或服務項目的總數設為 R_{ijl}，現要從中隨機抽出 r_{ijl} 種商品或服務作為代表規格品樣本。

設 $H_{ijlg}^{(t-1)}$ 為總體第 i 大類第 j 中類第 l 小類第 g 種商品或服務項目

$$\begin{pmatrix} i=1, 2, \cdots, N; \ j=1, 2, \cdots, M_i; \\ l=1, 2, \cdots, L_{ij}; \ g=1, 2, \cdots, R_{ijl} \end{pmatrix}$$

在第（$t-1$）期的消費支出額。

設 $\bar{I}_{ijlg}=\bar{P}_{ijlg}^{(t)}/\bar{P}_{ijlg}^{(t-1)}$ 為總體第 i 大類第 j 中類第 l 小類中第 g 種商品或服務項目的平均價比。其中，$\bar{P}_{ijlg}^{(t)}$ 和 $\bar{P}_{ijlg}^{(t-1)}$ 分別為總體第 i 大類第 j 中類第 l 小類中第 g 種商品或服務項目在第 t 期和第 $t-1$ 期的平均觀測價格。

可計算
$$\bar{I}_{ijl\hat{R}}=\frac{\sum_{g=1}^{r_{ijl}} h_{ijlg}^{(t-1)}\bar{I}_{ijlg}}{\sum_{g=1}^{r_{ijl}} h_{ijlg}^{(t-1)}} \tag{10.14}$$

這樣所構造的 $\bar{I}_{ijl\hat{R}}$ 是反應總體第 i 大類第 j 中類第 l 小類中各樣本代表規格品的平均價格指數的估計量。是作為對 $E(I_{ijl})=\dfrac{\sum_{g=1}^{R_{ijl}} H_{ijlg}^{(t-1)}\bar{I}_{ijlg}}{\sum_{g=1}^{R_{ijl}} H_{ijlg}^{(t-1)}}$ 的比率估計。

顯然，在比率估計中，$\bar{I}_{ijl\hat{R}}$ 是 $\bar{I}_{ijlg}$ 的加權算術平均數，加權的作用反應了各樣本的代表規格品在（$t-1$）期銷售額的差異，因此，用以作為對 $E(I_{ijl})$ 的估計是很自然的。

應當說明，在隨機抽樣調查中，比率估計作為一種較優良的估計方法，並不是無偏估計，而是一致的估計。在樣本量較大時，比率估計量近似地服從正態分佈（關於比率估計的無偏修正問題，統計學家們做了很多研究，這裡不予詳述。）

這裡給出 $\bar{I}_{ijl\hat{R}}$ 的均方誤差為：

$$MSE(\bar{I}_{ijl\hat{R}}) = \frac{1 - r_{ijl}/R_{ijl}}{r_{ijl}\ (\bar{H}_{ijlg})^2} \cdot \frac{1}{R_{ijl} - 1} \sum_{g=1}^{R_{ijl}} H_{ijlg}^2\ (\bar{I}_{ijlg} - I_{ijl\hat{R}})^2 \tag{10.15}$$

或記為：$\widehat{\sigma_{ijl\hat{R}}^2}$

這個均方誤差的估計量為：

$$s^2(\bar{I}_{ijl\hat{R}}) = \frac{1 - r_{ijl}/R_{ijl}}{r_{ijl}\ (\bar{h}_{ijl})^2} \cdot \frac{1}{r_{ijl} - 1} \cdot \sum_{g=1}^{r_{ijl}} h_{ijl}^2\ (\bar{I}_{ijlg} - I_{ijl\hat{R}})^2 \tag{10.16}$$

小類平均價格指數 $\bar{I}_{ijl\hat{R}}$ 的近似的置信區間為：

$$P\{\bar{I}_{ijl\hat{R}} - u_{\frac{\alpha}{2}} \cdot s(\bar{I}_{ijl\hat{R}}) \leqslant E(I_{ijl}) \leqslant \bar{I}_{ijl\hat{R}} + u_{\frac{\alpha}{2}} \cdot s(\bar{I}_{ijl\hat{R}})\} = 1 - \alpha$$

類似於前述按比例分層抽樣的均值估計，可給出按比例分層抽樣比率估計下，總體各類別的估計方法：

由於各類對中類而言，相當於是中類的若干個層，則可給出各中類價格指數的比率估計量為：

$$\bar{I}_{ij\hat{R}} = \sum_{l=1}^{L_{ij}} W_{ijl}\bar{I}_{ijl\hat{R}} \tag{10.17}$$

其抽樣方差為 $V(\bar{I}_{ij\hat{R}}) = \dfrac{\overline{\sigma_{ij\hat{R}}^2}}{\sum_{l=1}^{L_{ij}} r_{ijl}}(1 - \dfrac{\sum_{l=1}^{L_{ij}} r_{ijl}}{\sum_{l=1}^{L_{ij}} R_{ijl}})$，可記為 $\widehat{\sigma_{ij\hat{R}}^2}$ (10.18)

其中：$\overline{\sigma_{ij\hat{R}}^2} = \dfrac{1}{\sum_{l=1}^{L_{ij}} R_{ijl}} \sum_{l=1}^{L_{ij}} R_{ijl}\ \widehat{\sigma_{ijl\hat{R}}^2}$

當 $\widehat{\sigma_{ijl\hat{R}}^2}$ 未知時，可用 $s^2(\bar{I}_{ijl\hat{R}})$ 估計之。且 $V(\bar{I}_{ij\hat{R}})$ 的樣本估計記為 $s^2(\bar{I}_{ij\hat{R}})$。則近似的置信區間為：

$$P\{\bar{I}_{ij\hat{R}} - u_{\frac{\alpha}{2}} \cdot s(\bar{I}_{ij\hat{R}}) \leqslant E(I_{il}) \leqslant \bar{I}_{ij\hat{R}} + u_{\frac{\alpha}{2}} \cdot s(\bar{I}_{ij\hat{R}})\} = 1 - \alpha$$

進一步，由於各中類對於大類而言，相當於是大類的若干個層，則可給出各大類的價格指數比率估計量為：

$$\bar{I}_{i\hat{R}} = \sum_{j=1}^{M_i} W_{ij}\bar{I}_{ij\hat{R}} \tag{10.19}$$

其近似的抽樣方差為：

$$V(\bar{I}_{i\hat{R}}) = \frac{\bar{\sigma}_{i\hat{R}}^2}{\sum_{j=1}^{M_i} r_{ij}}(1 - \frac{\sum_{j=1}^{M_i} r_{ij}}{\sum_{j=1}^{M_i} R_{ij}})\text{，可記為 } \widehat{\sigma_{i\hat{R}}^2} \tag{10.20}$$

其中：$\overline{\sigma_{i\hat{R}}^{2}} = \dfrac{1}{\sum_{j=1}^{M_i} R_{ij}} \sum_{j=1}^{M_i} R_{ij} \widehat{\sigma_{ij\hat{R}}^{2}}$

當 $\hat{\sigma}_{ij\hat{R}}^{2}$ 未知時，可用 $s^2(\bar{I}_{ij\hat{R}})$ 估計之，且 $V(\bar{I}_{i\hat{R}})$ 的樣本估計記為 $s^2(\bar{I}_{i\hat{R}})$，則近似的置信區間為：

$$P\{\bar{I}_{i\hat{R}} - u_{\frac{\alpha}{2}} \cdot S(\bar{I}_{i\hat{R}}) \leqslant E(I_i) \leqslant \bar{I}_{i\hat{R}} + u_{\frac{\alpha}{2}} \cdot S(\bar{I}_{i\hat{R}})\} = 1 - \alpha$$

同理，對於總體而言，各大類相當於是總體的若干個層，則可給出總體的價格指數的比率估計為：

$$\bar{I}_{\hat{R}} = \sum_{i=1}^{N} W_i \bar{I}_{i\hat{R}} \tag{10.21}$$

其近似的抽樣方差為：

$$V(\bar{I}_{\hat{R}}) = \frac{\overline{\sigma_{i\hat{R}}^{2}}}{\sum_{i=1}^{N} r_i}\left(1 - \frac{\sum_{i=1}^{N} r_i}{\sum_{i=1}^{N} R_i}\right)\text{，可記為 } \widehat{\sigma_{i\hat{R}}^{2}} \tag{10.22}$$

其中：$\overline{\sigma_{i\hat{R}}^{2}} = \dfrac{1}{\sum_{i=1}^{N} R_i} \sum_{i=1}^{N} R_i \hat{\sigma}_{i\hat{R}}^{2}$

當 $\hat{\sigma}_{i\hat{R}}^{2}$ 未知時，可用 $s^2(\bar{I}_{i\hat{R}})$ 估計之，記 $V(\bar{I}_{\hat{R}})$ 的樣本估計為 $s^2(\bar{I}_{\hat{R}})$，則其近似的置信區間為：

$$P\{\bar{I}_{\hat{R}} - u_{\frac{\alpha}{2}} \cdot s(\bar{I}_{\hat{R}}) \leqslant E(I) \leqslant \bar{I}_{\hat{R}} + u_{\frac{\alpha}{2}} \cdot s(\bar{I}_{\hat{R}})\} = 1 - \alpha$$

三、多層次按比例分層 PPS 抽樣估計

另外，在基本分類中進行代表規格品的隨機抽樣，還可以考慮採用不等概率抽樣的方法。

假定我們可以得到基本分類中各種商品和服務項目的消費額的資料，那麼消費額較大的項目應當比消費額較小的項目有更大的入樣概率，因此，考慮一種與各項目消費額的大小成比例的抽樣（PPS 抽樣）應當是合理的。

通常在實踐中，PPS 抽樣可以通過代碼法或拉希里法加以實現，這裡不予詳述，對於有放回的不等概率抽樣，常用的估計量是 Hansen-Hurwitz 估計量，其對總體總值 Y 的估計式為：

$$\hat{Y}_{HH} = \frac{1}{n} \sum_{i=1}^{n} \frac{y_i}{P_i} \tag{10.23}$$

這個估計是無偏估計。其方差為：

$$V(\hat{Y}_{HH}) = \frac{1}{n}\sum_{i=1}^{N} P_i \left(\frac{y_i}{P_i} - Y\right)^2 \tag{10.24}$$

其無偏估計為：

$$v(\hat{Y}_{HH}) = \frac{1}{n}\frac{1}{n-1}\sum_{i=1}^{n} \left(\frac{y_i}{P_i} - \hat{Y}_{HH}\right)^2 \tag{10.25}$$

這裡，y_i 表示樣本中第 i 個單元的總值，P_i 表示第 i 個單元的入樣概率，M_i 表示第 i 個單元的規模（或容量），$M_0 = \sum_{i=1}^{N} M_i$。

欲用於物價指數的估計，我們首先將其改寫為總體均值的無偏估計式：

$$\bar{y}_{HH} = \frac{1}{nM_0}\sum_{i=1}^{n} \frac{y_i}{p_i} \tag{10.26}$$

其方差及方差的無偏估計為：

$$V(\bar{y}_{HH}) = \frac{1}{nM_0^2}\sum_{i=1}^{N} P_i \left(\frac{y_i}{P_i} - T_Y\right)^2 \tag{10.27}$$

$$v(\bar{y}_{HH}) = \frac{1}{n(n-1)M_0^2}\sum_{i=1}^{n} P_i \left(\frac{y_i}{p_i} - \hat{T}_{HH}\right)^2 \tag{10.28}$$

這裡 T_y 表示總體總值，$\hat{T}_y$ 表示總體總值的 Hansen-Hurwitz 估計量。

如果樣本是嚴格按照與各單元規模的成比例的概率 $P_i = \frac{M_i}{M_0}$ 抽出，則

$$\bar{y}_{HH} = \frac{1}{nM_0}\sum_{i=1}^{n} \frac{m_i y_i}{m_i/M_0} = \frac{1}{n}\sum_{i=1}^{n} \bar{y}_i \tag{10.29}$$

是 $\bar{Y}$ 的無偏估計，其方差為：

$$V(\bar{y}_{HH}) = \frac{1}{n}\left[\sum_{i=1}^{N} \frac{M_i}{M_0}\bar{Y}_i^2 - \bar{Y}^2\right] \tag{10.30}$$

方差的無偏估計為：

$$v(\bar{y}_{HH}) = \frac{1}{n(n-1)}\sum_{i=1}^{n} (\bar{y}_i - \bar{y}_{HH})^2 \tag{10.31}$$

可見在 PPS 抽樣下，Hansen-Hurwits 的均值估計量實際上已經表現為一種簡單算術平均數，事實上，這是由於 PPS 抽樣本身具有一種自加權的作用，即在抽樣過程中已經體現了不等概率抽樣的意義，而在樣本估計量的計算上不需要再加權。

如果在物價指數的抽樣調查中，我們可以估計出在基本分類中某種項目的

消費額及總消費額的資料，就可以根據這種消費額的大小不同進行 PPS 抽樣，這裡，我們設 $\bar{y}_i$ 為 I_{ijlg}，即在多次觀測下的某種新時期產品或服務項目下某代表規格品的平均價格指數（價比），作其簡單平均數 $\bar{I}_i = \frac{1}{r_{ijl}}\sum_{g=1}^{r_{ijl}} I_{ijlg}$ 是以作為其對應真值的 PPS 估計式，其方差的無偏估計為：

$$v(\bar{I}_{ijlH}) = \frac{1}{r_{ijl}(r_{ijl}-1)}\sum_{g=1}^{r_{ijl}} (\bar{I}_{ijlg} - \bar{I}_{ijlH})^2 \text{，記為 } \hat{\sigma}^2_{ijlH}$$

則可給出總體第 i 大類第 j 中類第 1 小類商品價格指數的 PPS 抽樣的置信區間為：

$$P\left\{\bar{I}_{HH} - u_{\frac{\alpha}{2}}\sqrt{v(\bar{I}_{ijlH})} \leqslant E(I_{ijl}) \leqslant \bar{I}_{HH} + u_{\frac{\alpha}{2}}\sqrt{v(\bar{I}_{ijlH})}\right\} = 1 - \alpha$$

在此基本分類以上，仍然按照多層次分層抽樣方式估計其均值及抽樣誤差。

由前述可知，各中類價格指數的 PPS 估計量為：

$$\bar{I}_{ijH} = \sum_{l=1}^{L_{ij}} W_{ijl}\bar{I}_{ijlH} \tag{10.32}$$

其抽樣方差為：

$$V(\bar{I}_{ijH}) = \frac{\overline{\sigma^2_{ijH}}}{\sum_{l=1}^{L_{ij}} r_{ijl}}\left(1 - \frac{\sum_{l=1}^{L_{ij}} r_{ijl}}{\sum_{l=1}^{L_{ij}} R_{ijl}}\right) \text{，可記為 } \sigma^2_{ijH} \tag{10.33}$$

其中：
$$\overline{\sigma^2_{ijH}} = \frac{1}{\sum_{l=1}^{L_{ij}} R_{ijl}}\sum_{l=1}^{L_{ij}} R_{ijl}\sigma^2_{ijlH} \tag{10.34}$$

當 σ^2_{ijlH} 未知時，可用 $s^2(\bar{I}_{ijlH})$ 估計之，記 $V(\bar{I}_{ijH})$ 的樣本估計為 $s^2(\bar{I}_{ijH})$，則估計其對應的置信區間為：

$$P\{\bar{I}_{ijH} - u_{\frac{\alpha}{2}} \cdot s(\bar{I}_{ijH}) \leqslant E(I_{ij}) \leqslant \bar{I}_{ijH} + u_{\frac{\alpha}{2}} \cdot s(\bar{I}_{ijH})\} = 1 - \alpha$$

各大類價格指數的 PPS 估計量為：

$$\bar{I}_{iH} = \sum_{j=1}^{M_i} W_{ij}\bar{I}_{ijH} \tag{10.35}$$

其抽樣方差為：

$$V(\bar{I}_{iH}) = \frac{\overline{\sigma^2_{iH}}}{\sum_{j=1}^{M_i} r_{ij}}\left(1 - \frac{\sum_{j=1}^{M_i} r_{ij}}{\sum_{j=1}^{M_i} R_{ij}}\right) \text{，可記為 } \hat{\sigma}^2_{iH} \tag{10.36}$$

其中：$\overline{\sigma_{iH}^2} = \dfrac{1}{\sum\limits_{j=1}^{M_i} R_{ij}} \sum\limits_{j=1}^{M_i} R_{ij}\sigma_{ijH}^2$

當 σ_{iH}^2 未知時，可用 $s^2(\bar{I}_{iH})$ 估計之，記 $V(\bar{I}_R)$ 的樣本估計為 $s^2(\bar{I}_H)$，則其近似的置信區間為：

$$P\{\bar{I}_{iH} - u_{\frac{\alpha}{2}} \cdot s(\bar{I}_{iH}) \leqslant E(I_i) \leqslant \bar{I}_{iH} + u_{\frac{\alpha}{2}} \cdot s(\bar{I}_{iH})\} = 1 - \alpha$$

同理可設總體價格指數的 PPS 估計式為：

$$\bar{I}_H = \sum_{i=1}^{N} W_i \bar{I}_{iH} \tag{10.37}$$

其抽樣方差為：

$$V(\bar{I}_H) = \frac{\overline{\sigma_H^2}}{\sum\limits_{i=1}^{N} r_i}\left(1 - \frac{\sum\limits_{i=1}^{N} r_i}{\sum\limits_{i=1}^{N} R_i}\right)\text{，可記為 } \sigma_H^2 \tag{10.38}$$

其中：$\overline{\sigma_H^2} = \dfrac{1}{\sum\limits_{i=1}^{N} R_i} \sum\limits_{i=1}^{N} R_i \sigma_{iH}^2$

當 σ_{iH}^2 未知時，可用 $s^2(\bar{I}_{iH})$ 估計之，記 $V(\bar{I}_H)$ 的樣本估計為 $S^2(\bar{I}_H)$，則其對應的置信區間為：

$$P\{\bar{I}_H - u_{\frac{\alpha}{2}} \cdot s(\bar{I}_H) \leqslant E(\bar{I}) \leqslant \bar{I}_H + u_{\frac{\alpha}{2}} \cdot s(\bar{I}_H)\} = 1 - \alpha$$

這樣就完成了對總平均物價指數的 PPS 估計。

由於缺乏詳細的物價抽樣調查數據資料，所以無法進行實證性的數據分析，以上設計的各種抽樣估計方法，也因此只能作為一種抽象的理論模式提供給業內人士，希望業內有關人士能夠以此作為物價抽樣調查分析和推斷的參考。

第十一章　中國 CPI 權重調整問題探析——基於 Divisia 指數的統計和計量研究

一、研究的背景和意義

居民消費價格指數（CPI）是衡量與居民生活相關的商品和服務價格變化的重要指標。CPI 影響著經濟社會的各個方面，並已成為中國宏觀調控和關注民生的重要依據。因此，CPI 數據的準確性備受各方關注。

2002 年，中國加入國際貨幣基金組織的 GDDS（數據公布通用系統）。GDDS 要求成員以提高數據質量為目標，不斷改進數據編製和發布工作，公布統計數據詮釋，即公布各類統計指標的概念範圍、數據來源、數據編製方法以及數據發布程序，並及時公布以上各方面的重大調整及改進的信息。同時，GDDS① 特別指出：價格指數編製的核心指標是消費者價格指數，生產者價格指數是鼓勵編製的指標，頻率為月度，及時性要求為 1~2 個月。加入 GDDS 在一定程度上促進了中國 CPI 的編製工作，為其相關數據信息的獲得提供了方便。近些年，在 CPI 質量的改進方面，中國統計部門也做了許多努力，指標的概念範圍、數據來源、數據公布及時性方面的改進尤為突出。在 CPI 的「籃子」中新增了數碼相機、物業管理費等商品和服務項目。2006 年，中國統計局對 CPI 權數進行了較大調整，使其與消費支出構成調查數據更加吻合；統計局官方網站有專門的「統計信息發布日程表」公布數據發布時間，月度 CPI 一般會在中旬公布。以上這些舉措為真實、及時反應物價的變動提供了保障。

---

① 鄭京平. GDDS 在中國［M］. 北京：中國統計出版社，2006.

然而，隨著人們對 CPI 關注的增多，質疑聲音也越來越高，而這種質疑更多地可以歸結到各類商品和服務的權重上面。特別是 2008 年次貸危機以來，大多數人切身感受到的通脹情況和 CPI 的變化幅度有了一定差距。居民最大的體會是：食品價格上漲尚且能夠承受，而房價的上漲是不能忍受的。而 CPI 給人的感覺是，單看住房類和食品類消費指數的影響情況，似乎食品的影響更大一些，CPI 在這些大類商品和服務上的權重設置似乎和現實不太吻合。事實上，統計局通過新聞發布會和印製小冊子的方式，一直在為 CPI 的核算框架、核算方法做解釋。專家學者也通常以盡量通俗的表達方式強調，比如：CPI 是一種綜合價格指數，電子產品的價格在下降，食品、娛樂等商品的價格在上升，一升一降對 CPI 的綜合影響形成了現在 CPI 的波動結果，所以不能用某一種商品的變動來衡量綜合價格水準的變動。按照 1993 年 SNA 的核算框架，住房的購買應該算是投資，所以不納入居民消費的核算範圍，CPI 的計算不應該包括房價。這樣的解釋似乎也只是有助於人們對 CPI 有一個技術上的直觀理解。客觀事實是，居民消費價格指數讓居民們覺得可用性不強。2004 年食品對 CPI 影響程度為 76%，2007 年為 82%，2008 年為 86%①。甚至有人戲稱：中國通貨膨脹都是「豬肉」惹的禍。當然，2008 年，農產品價格上漲確實是中國經濟通脹的表現之一，但豬肉價格肯定不是造成中國經濟通貨膨脹的根本原因。暫不去追究通脹產生的原因，因為更基礎和更現實的問題是，2011 年，國家統計局的 CPI 編製啓動了新的權重方案，本輪調整上調了居住類價格權重，下調了食品類價格權重。據稱，該調整使得 CPI 數據更貼近居民實際生活狀況②。

在這樣的新形勢下，有必要對 CPI 的編製問題，特別是權數變動對 CPI 的影響效應做一具體分析——CPI 一定不像產品產量那樣，是一個精確、易計算的指標，但它對一般價格的反應水準決定了其充當經濟決策制定依據的有效程度。借助 2006 年、2011 年 CPI 權重變動前後的差異分析和波動因素分析，我們利用統計和計量方法，探求了在中國現有編製能力和現行使用框架下，高層加總中的權重選擇問題及其對 CPI 的影響程度，並對 2011 權數調整新方案的確定和可能的調整效果進行了更細化的解釋和估計。

中國經濟發展快，居民消費支出結構變化迅速，這樣的國情使得政府不斷提升對 CPI 數據的質量要求。由此，探討中國 CPI 編製問題的一個出發點是：

---

① 數據來源於人民網。

② 信息來源於新京報和網易新聞。

目前中國居民的消費支出結構與 CPI 權重設計的關係是怎麼樣的，即所謂的「CPI 權重設置依據消費支出結構」[①] 僅僅是權重設計的參考，還是遵循的標尺。我們可進一步延伸：第一，2006 年、2011 年權重調整過後，現有核算框架下，各類商品的消費支出結構與最終敲定的 CPI 權重是否完全吻合？第二，如果二者完全或者基本吻合，那麼目前對 CPI 的質疑是源於老百姓的認識錯誤還是消費支出的核算框架本身已經不適合中國國情呢？或是構成 CPI 的其他因素在影響著人們對其數據可靠性的判斷？第三，國家統計局稱變動住房消費的權重，那麼按照幾種國際慣例，對住房消費核算框架進行調整後的 CPI 應該呈現什麼樣的波動趨勢呢？第四，2011 年權重調整已經結束，調整後數據又呈現何種特徵？

鑒於中國統計局特有的核算安排和目前各方特別是居民一方對 CPI 的看法，完全按照中國 CPI 的編製流程去討論問題會遇到一定困難。比如各個小類的權重、更細化的消費支出構成、不同地區具體的調查時間和調查內容的差異等一系列的資料都不可能得到。所以一個可行的思路是：從 CPI 高層加總的角度入手，通過對已公布 CPI 數值進行分解，分析影響其波動的因素，同時對比 CPI 權重調整前後的差異，找到有價值的結果，然後對中國 CPI 的權數選擇問題進行再討論，進而延伸到更寬的方面。具體來說，行文主要從以下兩個層次進行：

第一，避開官方 CPI 編製信息不全的壁壘，盡量地用現有方法和數據去接近或者擬合 CPI，以分析其各個構成或影響因素：籃子商品、價格、各類商品權重、權重設置依據——消費支出結構到底存在著什麼樣的數據特徵或關聯關係。雖然從核算公式上也能考量其邏輯關係，但是這種認識僅僅限於數學邏輯關係，沒有現實數據加以佐證，缺少直觀性。更重要的是，現實數據和理論描述是存在一定差異的，對這種差異性的深入瞭解，可以廓清現行核算行為與理論的吻合度，進而對瞭解現有 CPI 核算工作有一定參考價值。從而為 CPI 的使用者提供更全面的認識 CPI 的思路，為居民正確理解 CPI、政府合理使用 CPI 提供更明了的途徑。目前，CPI 在中國還是一個「黑匣子」，國家會每月對 CPI 的核算值進行調整，許多國家也都有調整的慣例；但不同的是，中國統計局並不會公布具體調整方法、調整時間等相關內容。所以，根據已公布資料，根本無法知曉官方最終公布的 CPI 是如何得到的，這就需要採用一定的方法去盡量接近它，只有這樣才能真正瞭解權重調整和核算範圍的變動到底對 CPI 的

① 參見中國統計局網站的統計知識板塊。

影響是什麼樣的。因此，我們從探尋擬合 CPI 的方法入手具體討論 CPI 的權重和核算範圍確定問題，以期幫助使用者從別樣角度理解 CPI。

第二，對比 2006 年 CPI 權重調整前後，消費支出構成比與權重設置的差異，並對 2011 年 CPI 可能的調整思路做出更為細化的說明。現階段，國家統計局「上調了居住類價格權重，下調食品類價格權重」。這種調整有兩種方式：第一，根據以往統計局官方網站「按照聯合國統計局向各個成員國推薦」的方法，把「住房列入固定資本形成範疇，並不計算在 CPI 中」，則 2011 年的權重調整則是出於價格原因，也就是說現有住房核算項目（比如租金）的價格波動造成了消費支出結構的變動，從而有必要對 CPI 進行權重調整。如果按照 21 世紀經濟報導的說法「房價因素被部分編入 CPI」，這就意味著統計局應該對現有的消費核算框架進行調整。所以有必要結合 2006 年的權重調整，對 2011 年可能的調整效果進行評述和更細化的解釋。分析框架圖如圖 11－1 所示。

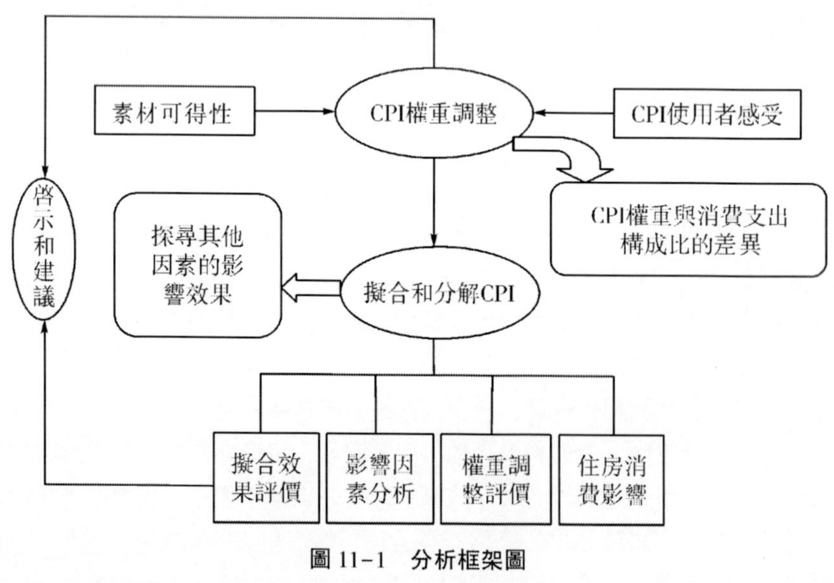

圖 11－1　分析框架圖

二、有關 CPI 研究的文獻回顧與述評

（一）有關 CPI 基礎理論研究的文獻

事實上，對 CPI 基本理論，特別是有關計算公式和權數確定的討論大多以

整個指數理論體系為依託。單獨研究 CPI 公式的文章雖然也有一些，但一般都要放在指數理論的大框架下。

（1）定基指數和個體指數——物價指數的起源

CPI 是指數的一個分支，但是最早研究指數的目的就是測度社會物價水準，可以說，CPI 這種測度一般商品價格水準的思想從指數理論誕生的時候就出現了。英國經濟學家賴斯・沃亨（1675）最早設計了個體指數。他為了測定當時勞資雙方進行貨幣交換的比例，採用穀物、布帛、家畜、魚類和皮革等作為測算對象，以 1352 年為基年，將 650 年的物價與之比較，這就是物價指數的起源。賴斯的研究不僅為後來定基指數的發展奠定了基礎，而且為 CPI 的研究提供了一定的理論支持，因為在計算 CPI 時，規格商品的單項指數就是這樣計算的。

（2）指數公式基本形式以及同度量因素

從指數公式基本形式的確定方面來看，卡利（1764）創立了簡單算術平均指數和簡單調和平均指數，杰文斯（1863）首創了簡單幾何平均指數。特別要指出的是，拉斯貝爾（1864）利用價格作為同度量因素，創造了加權綜合指數，解決了多個不同計量單位的總體單位不能加總的矛盾。這一矛盾問題的解決使得 CPI 的核算成為可能，CPI 能夠作為一個綜合性和整體性的概念，去衡量居民消費價格變動水準以及通貨膨脹程度的理論基礎即在於此。

同度量因素對公式的形式和準確性有很大的影響，所以對同度量因素的討論是指數理論體系中較為重要的部分。拉斯貝爾本人主張將同度量因素固定在基期，即拉氏指數；派許（1874）傾向於將同度量因素固定在報告期，即派氏指數；馬歇爾-埃奇渥思（1890）編製了用基期和計算期的物量平均數為權數的加權綜合物用指數。其他的一些研究基本上是在對這些公式進行整合。比如，卓比史（1881）創立了對拉氏物價指數與派氏物價指數進行簡單算術平均的指數公式；費雪（1911）提出了幾何平均的指數公式，亦稱理想公式，即拉氏指數和派氏指數的幾何平均數。現代許多國家計算 CPI 大都依然採用上述幾個方法中的一個或者結合幾個來使用。

（3）有關商品代表性和權數問題的爭論

事實上，無論採用哪一種指數，均難以準確反應物價的變化，選擇不同的時期和不同的因子，會得到不同的結果。費雪（1927）總結了檢驗統計指數的三條標準：時間互換測驗、因子互換測驗和循環關係測驗，即「三大檢驗」。但是，極少的綜合指數能夠通過費雪提出的測驗標準，而費雪提出的幾何平均指數公式也只能通過前兩項測驗。馬歇爾-埃奇渥思（1888—1889）對簡單算術平均法、加權算術平均法、簡單中數法、簡單幾何平均法等各種計算方法進行比較後認為，權數對計算結果的影響不如物價重要。

對物價重要性的討論意味著商品的選擇問題已經引起了一些學者的關注。索爾貝克（1900）主張在選擇商品時，應多用重要消費品，少用次要商品，並且認為應對重要消費品用雙重價碼（Duplicating Quotations）加權；米爾斯（1924）認為編製物價指數的關鍵問題是確定商品的種數和性質。甚至有學者不贊成使用權數，米切爾（1915）提出指數的確實性不在於商品種數的多寡而在於商品代表性的大小。

這些學者的理論闡述一方面討論了權數的重要性，這樣的爭論恰好說明了權數的選擇對於計算目標——衡量物價總體變動水準的影響是客觀存在的，焦點在於這種影響有多大；另一方面說明了商品的選擇也是值得關注的問題，入選商品的代表性是決定計算結果的重要因素之一。

儘管對於各種計算公式，特別是權重的選擇存在許多爭議，但是大多數指數的計算過程還是要加入權重要素。因為客觀事實是，不同商品的重要程度有差異。即便是現代指數理論的一些新方法也還是考慮到這一問題，只不過運用其他的數學方法對其改造加工而已。

（4）現代指數理論體系

現代指數理論體系把微積分理論、非參數理論和隨機理論等數學方法運用到了指數計算中，豐富了指數理論，但是在一定程度上，這些方法的複雜性造成了其應用的局限性。其中，已經為個別發達國家採用並在一些領域應用較多的指數是 Divisia 指數。Barnett（1980）將 Divisia 理論應用於估計貨幣需求總量之後，美國開始對其 M2 計算 Divisia 指數。

事實上，Divisia（1926）假設價格和消費量都是時間上的連續數據，並使用微積分讓連續時間上的總量數值能夠分解成反應總體價格變動和總體消費量變動的因子，這一方法對深入討論 CPI 的影響因素有一定的幫助，但是對於離散數據沒有給出確切公式。之後又為 Tornqivist 採用對數近似的形式，應用於離散數據。Vogt（1978）、VanIjzeren（1987）、Vogt 和 Barta（1997）以及 Balk（2005）分別對 Divisia 指數進行了改進，並陸續有學者將這一方法應用到能源等其他領域。

其他對指數理論體系的擴延影響較大的指數主要有超越指數（Superlative index number，Diewert，1976—1978）、共變影響指數（黃應繪，2000）、函數指數等。超越指數和生產者成本函數相聯繫，更多應用在全要素生產率（TFP）的計算上。共變影響指數的研究主要集中在價格和消費量的份額分攤上。和 Divisia 指數相同，函數指數體系也是利用微積分的原理，對現象的總變動進行測定並進行因素分析，但是這種方法更偏重對絕對數體系和相對數體系的研究。

（二）關於 CPI 編製問題的比較性文獻

中國消費價格指數的編製相對於西方發達國家要晚得多，指數的編製和應用還不完善，因而，許多學者對中國消費價格指數與其他國家的比較性研究也比較多。他們試圖從比較中發掘這只「不準的體溫計」[①] 到底不準在什麼地方，並對中國 CPI 的功能定位等各類問題進行分析。

20 世紀 90 年代一些學者介紹國外研究方法，為中國 CPI 編製工作的改進提供了頗多參考。王惠玲、劉澤猛（1990）系統介紹了美國 CPI 商品和服務質量變化調整方法。胡曉輝（2000）提出參考國外及中國香港特別行政區的辦法，建立分層次城鎮居民消費物價指數的編製方法。但是，真正與國外經驗進行對比，並進行了一定探索性研究的文獻目前還不是特別多。比如，許滌龍、謝敏（2004）從基本概念，依據的理論框架，匯編指數使用的分類、抽樣調查方法的差異等多方面與美國和西歐國家進行了對比，認為中國的 CPI 從名稱到調查方法都需要重新定義或者改進。這樣的研究的確有一定的指導意義，但是從名稱到方法到體系的整體變革要考慮到實用性和成本的問題。王超、張志堅（2004）提出了對消費物價指數編製的意見以及關於「中國 CPI 指數種類還有待進一步完善」，而不是「變革」的建議。

最近幾年的研究則從更具體的方面提出了一些建議。莫萬貴（2006）認為 CPI 作為中國宏觀調控指標的局限性之一在於 CPI 構成中的一些價格是受管制的，所以不能真正反應通貨膨脹壓力。這是從 CPI 的功能角度進行的分析，王學慶（2009）也從這一角度進行了闡述，同樣認為要慎重使用 CPI 測度通脹，但他的理由不同：分別對比美國和中國把 CPI 作為衡量通貨膨脹指標的適用性，認為中國 CPI 對「價格總水準的代表性不夠」。這些研究具有整體性，而徐向東（2009）的研究則更為細化，他專門對比國內外 CPI 編製過程中與自有住房有關的成本處理方法，對中國居住類價格指數的編製問題進行研究，認為自有住房成本應該包括貸款利息和代表首付款成本的名義利率。高燕雲（2008、2009）從數據收集、權重更新速度、數據的詳細程度、籃子產品的代

---

① 在 20 世紀 80 年代末，已故著名經濟學家胡昌暖教授就曾著文批評中國統計部門每年所公布的年物價指數，著名經濟學家汪祥春教授還用「一支不準的體溫計」來形容這種物價指數。

表性等方面對中國 CPI 的數據質量和公布及時性進行了對比，認為中國和其他發達國家的差距較大。

（三）基於統計和數量經濟分析的實證類文獻

無論建立數量經濟學模型進行分析，還是運用統計學方法進行論證，關於 CPI 的實證分析的文獻，大致可以分為兩類：

（1）考量 CPI 漲跌趨勢、影響因素，對其未來趨勢進行預測

對於 CPI 趨勢預測方面的研究，運用統計方法的文獻主要集中在季節調整方面。比如，董雅秀、沈赟、董莉娟（2008）採用 X-11 方法對中國 CPI 月度環比指數的季節調整問題做了深入探討，認為這種方法對相同月度數據的長期預測比較有效。採用計量經濟學的方法進行趨勢預測的文獻則占了絕大部分。白仲林（2008）用面板數據結構突變的單位根檢驗的方法分析了中國省級 CPI 的變動趨勢，發現中國省級 CPI 是有「結構突變的趨勢平穩過程」；採用 ARMA 模型（孫慧君，2008）、主成分迴歸（楊凌雲、王凡彬，2010）的方法對當年 CPI 走勢進行預測；基於 BP 神經網絡（孫紅英，2009）對 2001—2009 的 CPI 進行擬合和預測。這些文獻或是討論方法的適用性，或是為下期經濟變動做事前分析，更多的是後者，即帶有經濟形勢分析與報告的性質的文章。而統計學和計量經濟學方法的優點不僅在於預測，也在於綜合分析的多種因素對 CPI 的影響。

所以，對於 CPI 的漲跌趨勢描述、影響因素分析和趨勢預測，許多的文獻往往結合進行。統計學方面的分析相對比較直觀，因素分析集中在兩個方面：一是流動性影響分析（鞠崗 2007）。通過對食品類單項商品價格波動的絕對量和相對量的對比分析，認為流動性過剩是 2005—2007 年 CPI 上漲的原因。二是大類商品的影響分析（陳明麗、高勁，2008），採用指數平滑的理論對 2008 年之前的 CPI 上漲趨勢進行了預測，並應用「翹尾理論」對 2008 年 CPI 走勢進行了較為有效的預測，認為食品和住宅是影響中國居民消費的主要因素。而採用計量經濟學方法進行的研究則更多的是從長短期、微宏觀等因素的影響路徑和聯動效應方面考慮問題。譚本豔、柳劍平（2009）基於協整系統對中國 CPI 波動的長短期驅動力進行了實證研究，發現食品、交通、娛樂這三類價格指數導致 CPI 短期和長期的上漲。周惠彬、任棟（2009）利用 CPI 月度數據，採用 ARCH 和 GACH 模型討論了中國通脹率的波動路徑。董直慶、蔡玉程、謝加貞（2009）採用頻帶分析中的互譜和濾波方法對 CPI 和 PPI 的聯動效應進行分析後發現，CPI 的短期波動源於食品類消費供給而非流動性過剩，長期波動

源於貨幣供應。這些學者的研究不僅結合了長期短期因素的分析，而且從宏觀調控角度提出了有效穩定物價的措施。

（2）找到 CPI 編製方面的缺陷，為 CPI 的改進工作提供建議

這一類文獻的分析角度更為多元，涉及 CPI，甚至其所在指數理論體系的各個層面。

最多的研究是從權重和商品代表性角度出發為 CPI 編製工作提出建議。宋金奇、舒曉惠（2009）基於誤差修正模型對 PPI 和 CPI 的關係進行了分析，認為食品類商品在 CPI 中的比重過大加大了 CPI 和 PPI 在統計口徑上的缺口，會對研究造成一定影響。周超、王垚鑫、胡軍（2010）從 CPI 動態傳導機制的角度證明了中國 CPI 的缺陷之一在於食品所占權數過高，住房類所占權數過低。

然後是有關指數的調整問題。楊緬昆、楊宏亮（2000）討論了「名義物價指數」的調整問題。認為只有將名義物價指數調整為實際物價指數，才能使真實的物價變動得到準確的反應。並闡述了「質量指數」的概念和相應的計算方法。劉曉紅（2008）建議用掃描數據編製價格指數，以滿足 hedonic 方法構建計量模型樣本容量盡量大的要求，從而能在中國建立 CPI 質量調整體系。

另外，遊明倫（2009）從 CPI 數據結構的角度探討了 CPI 的缺陷，CPI 應該根據消費需求變化分成改進，不能只考慮費用支出，而是對彈性較小和彈性較大的產品分別計算 CPI。再有就是偏差測定的角度，許永洪、曾五一（2008）估計了中國 CPI 的偏差，認為中國城市的家庭消費總支出統計和食品消費支出的統計口徑可能已經出現了變化。也有學者完全拋開公布數據，按照現有計算方法自己計算 CPI，Bils 和 Klenow（2004）就用勞工統計局的內部數據計算發現美國不同代表性商品的變化差距特別大。

雖然提建議者居多，但同時也有學者認為中國 CPI 在反應宏觀經濟變動方面的作用還是不可小覷。劉敏、張豔麗、楊延斌（2004）從 CPI 和 GDP 變動趨勢的宏觀角度進行論證，認為中國價格水準的波動基本反應了經濟週期的運動。

（四）對現有文獻的簡略評述

綜合以上文獻我們發現，關於 CPI 編製及其效果評價的問題，研究人員選取了不同國家和地區、不同時間的素材，並採用了不同的研究方法（或是理論闡述，或是基本情況對比，或是模型和變量設定），往往得到的是有差異的

結論，特別是採用不同數據、選擇不同模型進行分析時，甚至會得到相反的實證結果。事實上，價格指數理論經過百年的發展已經形成體系，其許多方法已經開始向其他領域擴延並迅速發展和完善，比如 Divisia 指數方法本來是研究消費領域問題的，後來為金融領域①甚至能源領域②的學者使用，反而在其自身領域的探討要少一些。Divisia 方法在價格指數體系中的運用也只限於質量和數量指數的界定和分解，並沒有像能源領域那樣和其他變量結合起來討論。

另外，有關通過運用計量和統計學方法對 CPI 進行深入分析的文獻大致集中在以下幾個方面：對已有 CPI 數據建立季節調整模型，或者加入可能的影響變量，建立 GARCH 等時間序列模型等，很少有文獻把 CPI 分解開來對其更細化地分析，即便是細化分析，一般也限於對大類商品的價格波動情況分別加以描述或分析，而不是對指數本身進行分解。如果能從經濟學基礎理論出發，將影響 CPI 的外部因素，比如居民消費規模引入模型，就能從理論和數據兩個角度找到它們的關聯關係，從而有效解決我們關心的問題。更進一步，將 CPI 分解，找到各個影響因素並能分析各個因素的影響程度，而將各個因素的數據再次合併後又能比較精確地模擬 CPI 變動趨勢。這樣，一方面對分析權重變動對 CPI 的變動影響有一定作用，另一方面對分析各個影響因素的內在綜合效應更有優勢。

再有，有關國際 CPI 編製問題的比較文獻往往更注重國內外的差距和國外的最近改進成果，而現實問題是在中國現有核算能力和已選擇核算框架下應該怎麼辦。因此，單單考慮差異性，而忽略現有條件限制也是有欠考慮的。另外值得關注的問題是，CPI 的功能已被許多學者深入挖掘，那麼中國對 CPI 的關注點在哪裡？是為了讓群眾覺得價格漲跌一致，還是為了在方法上和國際接軌？是為了測量通脹還是為了政府決策方便？這些問題似乎值得考慮。

三、CPI 的基本理論分析

（一）居民消費價格指數的定義和作用

1. CPI 的指數類型

（1）固定籃子指數（Fixed Basket Price Index），又叫洛厄爾指數（Lowe

① DONALD L SCHUNK. The relative forecasting performance of the divisia and simple sum monetary aggregates [J]. Journal of Money, Credit, and Banking, 2001.

② 黃菁. 環境污染與工業結構：基於 Divisia 指數分解法的研究 [J]. 統計研究，2009：12.

Index)，是 Joseph Lowe 在 1823 年提出的。他的觀點是：首先根據消費者購買商品和服務的具體項目及支出情況，選擇特定商品和服務籃子，然後將其作為確定權重的基礎，再具體計算價格指數。其缺陷在於不考慮因價格變化導致的購買數量的變化，也就是說商品和服務籃子不一定和當期的實際數量相吻合。拉氏指數、派氏指數、埃奇渥思指數等是籃子價格指數的應用。

（2）生活費用指數（Cost of Living Index)，是 Konus 在 1924 年提出的。他的觀點是以西方經濟學中理性消費者消費效用最大化理論為基礎，假設消費者的偏好不變，從而為維持某一特定的效用水準而在不同的時期選擇不同的商品組合。當商品和服務的價格發生變化時，替代效應會使得消費者調整消費數量甚至消費組合，以追求效用最大化。效用水準一般不易測得，所以生活費用指數不易直接計算。

兩種指數各有優缺點，所以它們誰優誰劣的問題一直是爭論的焦點之一。爭論大致形成了兩類觀點：一類是籃子價格指數以直接測算商品和服務價格來測算 CPI，所以能更好地反應通貨膨脹。另一類觀點則認為，固定權重和固定籃子不能體現出消費者偏好的變化，生活費用指數的實際應用價值更大。兩類觀點都各有理論支撐，難分對錯。值得注意的是，在實際應用中，各國無論是採用哪個核算框架，都在盡量避免所使用指數的缺陷。

中國、日本等大多數國家都採用的是固定籃子理論，但是他們會時刻關注商品和服務的需求變化，隨時將「過期」商品和服務淘汰，並增加新的內容。比如中國最近兩年淘汰了 BP 機，增加了移動電話費用的核算。同時，定期對權數進行調整，中日統計局都是每五年對價格基期和權數進行調整。美國、瑞典等個別國家將生活費用指數理論作為編製 CPI 的理論基礎。但是他們也會確定一個商品和服務的「籃子」，方便指數的最終計算。比如美國就是根據調查城市在一定時期內購買商品和服務的具體項目確定「採購籃子」，然後由人口普查局實施價格調查。並且其居住費用的調查半年才進行一次，「採購籃子」也是幾年更新一次。對於固定籃子指數而言，「籃子」確定的同時，也意味著代表規格品和權重已經具有滯後性，商品和服務的消費價格是隨時在變動的，但是這樣的方法方便了核算；對於生活費用指數而言，消費者效用的不可度量性使得找到較為可行的計算公式難度較大。所以從實用的角度考慮，大多數國家選擇了更具可行性的固定籃子理論，然後讓固定籃子指數盡量和真實消費結構相一致。這裡考察的是中國 CPI 的編製情況，所以集中討論固定籃子指數。總而言之，沒有哪一個核算標準是完美無缺的，使用哪一種標準都要以 CPI 的使用效果為目標，以方法的可行性為約束。因此，討論 CPI 編製問題有必要再次陳清 CPI 的用途，也就是說，在質疑中國編製問題之前，首先要搞清楚我們編製 CPI 到底是為了什麼，更簡單一點的表述就是：是誰，用 CPI 去做什麼？正如 Michael J. Boskin 和 Ellen R. Dulberger（1998）等人所指出的那樣，在研究消費價格指數的時候要弄清「是誰想去度量這些商品和服務的價格」①。

2. CPI 的界定與用途

不同國家對 CPI 的定義有一定的差異。中國統計局官方網站是這樣界定居民消費價格指數的：CPI 是反應一定時期內城鄉居民所購買的生活消費品價格和服務項目價格變動趨勢和程度的相對數，是反應居民家庭一般所購買的消費商品和服務價格水準變動情況的宏觀經濟指標。而學者 Paul A. Armknecht 認為美國的 CPI 刻畫的是城市居民的生活成本。事實上，之所以存在界定上的差異，主要是對其用途的理解不同。中國政府需要觀察和分析商品和服務價格變動對城鄉居民實際生活費支出的影響程度。而美國官方則更傾向於利用 CPI 的數據確定出適合城市居民的保障性轉移。W. Erwin Diewert（2001）② 對 CPI 的用途做了詳盡歸納：

第一，作為補償指數（Compensation Index），比如衡量不同種類商品的價格升降的綜合標準。這裡的補償有貨幣價值補償的意思。第二，作為生活成本指數（COLI），比如，當一個（或者一群）消費者面臨多種不同商品和價格的選擇集的時候，衡量達到某種生活水準（或者說在當前時間段的經濟形勢下達到某種效用）所要付出的成本。這就決定了編製不同消費群體價格指數的需要。第三，作為消費減縮的（或者扣除消費性通貨膨脹）標準。它衡量了不同時期，在商品價格和數量相關變動因素的影響作用下，消費支出構成比例變化的價值波動。第四，衡量一般性的通貨膨脹。

在中國，價格問題被認為是各級政府都應該關注的宏觀經濟問題和重大民生問題。十一屆全國人大一次會議的《政府工作報告》中強調：「防止物價總水準過快上漲，是宏觀調控的重大任務」，「各級政府一定要把穩定市場物價放在更加重要的位置」。顯然，CPI 已經成為為國家宏觀調控提供決策的重要依據。具體來看，CPI 在中國的用途主要有以下幾個方面：

第一，測定通貨膨脹（或緊縮），為貨幣政策提供依據。雖然在學界一直

---

① MICHAEL J BOSKIN, ELLEN R DULBERGER, ROBERT J GORDON, ZVI GRILICHES, DALE W JORGENSON. Consumer prices, the consumer price index, and the cost of living [J]. Economic Perspectives, 1998, (5): 3-26.

② W ERWIN DIEWERT. The treatment of owner occupied housing and other durables in a consumer price index [J]. Working Paper Centre for Applied Economic Research, 2004, (3).

存在著物價上漲是否就是通貨膨脹的爭論，但中國一直把價格指數作為測量通貨膨脹的標尺之一。因為畢竟通貨膨脹最終會表現為物價水準的上漲，在沒有找到更優指標的前提下，價格指數至少在表現形式上衡量了通貨膨脹嚴重程度。2000 年之前，中國價格指數的公布以商品零售價格指數為主，通貨膨脹率也用商品零售價格指數進行計算。2000 年之後，CPI 的編製使得這一計算通脹的公式較為通用：

$$通貨膨脹率 = \frac{報告期\ CPI}{基期\ CPI} \times 100\% - 1$$

第二，作為關注民生的重要指標。社會保障、財政等部門借助 CPI 測定人民實際工資水準、實際可支配收入以及實際消費支出水準。一方面，居民得到的貨幣工資能夠買到多少商品和服務，直接受價格波動的影響；另一方面，國家尚未全面推行居民基本生活費用價格指數的編製工作，所以各級部門在調整最低工資、社會保障和社會救濟標準設定方面，CPI 的數據就成為制定一系列政策的依據之一，以真正保障低收入群體的利益。

第三，用於國民經濟核算。在國民經濟核算過程中，農林牧漁業、社會服務業、科研以及綜合技術服務業等許多行業都需要剔除各期價格變動的影響，核算不變價增加值，以真實反應國民經濟發展的狀況，進而為宏觀管理提供較為有效的參考依據。

明確了 CPI 的用途，我們就可以有目的地確定消費核算範圍，因為它直接影響 CPI 的計算結果，「消費者消費範圍主要包括了什麼」是計算 CPI 面臨的「首要問題」（Michzel J. Boskin，Ellen R. Dulberger，1998）。中國真正解決這一問題，要從 1984 年算起，這一年國家統計局在各大城市正式組建了抽樣調查隊。改變了原來由商業部門上報統計報表的價格收集方式，不僅統一了商品的目錄，有專業在職調查員到購物點收集價格資料，而且縮短了價格指數的編製週期，同時明確要求各地編製價格指數的權數要採用城鎮居民家庭收支調查中消費支出的資料。總之，無論是價格採集方法、編製範圍還是編製頻率和權數的確定都形成了一定的規範。雖然之後又經歷了 1994 年居民消費價格指數、商品零售價格指數分別編製，餐飲業納入 CPI 核算範疇，以及 2001 年鏈式拉氏公式的採用，移動電話費、物業管理費、成人教育費等籃子商品和服務的增加，但是這些變動都是在 1984 年的這個大框架下進行。

四、Divisia 指數理論及應用

（一）Divisia 指數簡介

Divisia 指數，最早用於研究與分析商品價格與數量變的動態軌跡，由 Francois Divisia 在 1926 年首次提出。他給出了連續時間的指數公式，此後該公式被廣泛應用於數據加總和衡量技術結構變化的理論討論中。1957 年，Solow 利用 Divisia 指數從生產函數中分解出技術變動因子，後來有學者將其稱為總要素生產力。20 世紀 80 年代以後，Divisia 指數的概念被應用到更多領域：Chinloy（1980）將其應用在要素投入的品質測定；Barnett（1980）根據金融資產之間的不完全可替代性，使用 Divisia 指數加總美國各種金融資產，以資產的機會成本來建立權數，用以分析貨幣數量的變化；Boyd 和 McDonald（1987）等學者則是利用 Divisia 指數討論了美國前 5 大能源使用產業的能源集中度測定；AW 和 Robert（1986）以美國的貿易競爭對象（韓國、臺灣地區等）為例，討論了當美國以非關稅壁壘（Non-tariff Barriers）來限制臺灣地區、韓國的鞋類進口時，他們出口結構的波動情況。Manzur（1990）利用 Divisia 指數檢驗工業國家長期和短期的購買力平價說（PPP）是否成立。並且利用 Divisia 指數的二階矩差（即 Divisia Variance）來說明某國物價與匯率變動的程度。在其應用性和可行性論證方面，一些經濟學家也做出了全面的解釋，Barnettet（1984）、Seretis（1988）和 Douglas Fischer（1989）等經濟學家從不同的方面和角度論證了 Divisia 貨幣數量指數相對於簡單加總指數的優點和可操作性。

綜合來看，Divisia 指數理論已經較為成熟，其應用範圍也較為廣泛，反而在其誕生領域——商品價格與數量變動分析方面沒有得到更多應用。本部分結合經濟理論和數學理論，對這一起源於價格指數領域的分析方法進行了再討論，以找到 Divisia 指數與 CPI 計算方面的契合點，為深入瞭解中國 CPI 權重設置問題找到新的剖析途徑。

（二）Divisia 指數的分解方法

根據經濟學理論：消費的實際價值等於消費支出的名義（市場）價值除

以相應年度的消費品價格指數①，即 $\overset{\gg}{C} = \frac{C}{}$（＊），$\overset{\gg}{C}$ 為實際貨幣需求量，C 為貨幣發行量，$\overset{\gg}{P}$ 為當前商品價格指數。這裡的 $\overset{\gg}{C}$、C 既包含了一般意義上的居民消費，又包含了投資，因此 $\overset{\gg}{P}$ 衡量的是用於消費和用於投資的所有商品的價格波動。相應地，將其範圍縮小，根據指數理論，單純考慮與居民生活相關的商品和服務價格，則居民消費的實際價值等於居民消費支出的名義（市場）價值除以相應年度的居民消費品價格指數。借用（＊）公式的符號，「衡量居民消費的所有商品的價格波動」意義上的 CPI 可以有如下描述方式，具體計算結果見公式（11.1）。

一方面，不妨定義 $\overset{\gg}{C}$ 為居民的實際消費額，C 為居民用以進行消費而投入的貨幣量，$\overset{\gg}{P}$ 為居民消費價格指數。

根據指數編製公式：

$$\overset{\gg}{P}_t = w_1\left(\frac{P_{1t}}{P_{10}}\right) + w_2\left(\frac{P_{2t}}{P_{20}}\right) + \cdots + w_i\left(\frac{P_{it}}{P_{i0}}\right) + \cdots + w_N\left(\frac{P_{Nt}}{P_{N0}}\right) \qquad (11.1)$$

各個權值 w_1，w_2，…，w_N 反應的是各類商品的重要程度，且各個權值的和為 1，P_{i0} 表示第 i 種商品的「基年」價格，P_{it} 表示第 i 種商品的「當年」價格，$i = 1, 2, \cdots, N$。一般來說，給予商品 1 的權值等於在整個消費組合中商品 1 的消費份額。令：

$$\frac{P_{it}}{P_{i0}} = \overset{\gg}{P}_{it}$$

另一方面，借用（＊）公式的符號，結合公式（＊＊），經過數學變換：

$$\overset{\gg}{P}_t = C_t \sum_{i=1}^{N} \frac{C_{it}}{C_t} \frac{\overset{\gg}{P}_{it} w_{it}}{C_{it}} \qquad (11.2)$$

其中 $\overset{\gg}{P}_{it} = \frac{P_{it}}{P_{i0}}$，令 $\frac{C_{it}}{C_t} = m_{it}$，$\frac{\overset{\gg}{P}_{it} w_{it}}{C_{it}} = s_{it}$

對（11.1）求時間的導數，得到：

$$\begin{aligned} \frac{d\overset{\gg}{P}_t}{dt} &= \frac{dC_t}{dt}\frac{\overset{\gg}{P}_t}{C_t} + \sum_{i=1}^{N} C_t m_{it}\left(\frac{dm_{it}}{m_{it}}\frac{1}{dt}\right)s_{it} + \sum_{i=1}^{N} C_t m_{it} s_{it}\left(\frac{ds_{it}}{s_{it}}\frac{1}{dt}\right) \\ &= \frac{dC_t}{dt}\frac{\overset{\gg}{P}_t}{C_t} + \sum_{i=1}^{N}(\overset{\gg}{P}_{it} w_{it})\left(\frac{dm_{it}}{m_{it}}\frac{1}{dt}\right) + \sum_{i=1}^{N}(\overset{\gg}{P}_{it} w_{it})\left(\frac{ds_{it}}{s_{it}}\frac{1}{dt}\right) \qquad (11.3) \end{aligned}$$

① 保羅·薩繆爾森，威廉·諾德豪斯. 微觀經濟學［M］. 人民郵電出版社，2004.

然後等式兩邊同時除以 $\overset{\gg}{P}_t$，得到：

$$\frac{d\overset{\gg}{P}_t}{\overset{\gg}{P}_t}\frac{1}{dt}=\frac{dC_t}{C_t}\frac{1}{dt}+\sum_{i=1}^{N}(\frac{\overset{\gg}{P}_{it}w_{it}}{\overset{\gg}{P}_t})(\frac{dm_{it}}{m_{it}}\frac{1}{dt})+\sum_{i=1}^{N}(\frac{\overset{\gg}{P}_{it}w_{it}}{\overset{\gg}{P}_t})(\frac{ds_{it}}{s_{it}}\frac{1}{dt}) \quad (11.4)$$

m_{it} 表示了在 t 時刻，按名義（市場）價格計算情況下，居民在第 i 類商品上的消費額占居民消費總額度的比重。m_{it} 刻畫了居民消費支出結構。

對於 s_{it} 的理解：

事實上，$\frac{\overset{\gg}{P}_{it}w_{it}}{C_{it}}=s_{it}$ 中，$\frac{C_{it}}{\overset{\gg}{P}_{it}}$ 即是購買第 i 類商品的實際貨幣量（實際價格），將其取倒數，再乘以權重得到 s_{it}。

第一，從統計理論上，如果商品選擇完全按照消費構成情況設定，即 $w_{it}=\frac{C_{it}}{C_t}$，那麼 $s_{it}=\frac{\overset{\gg}{P}_{it}w_{it}}{C_{it}}=\frac{\overset{\gg}{P}_{it}}{C_t}$，對於 t 時刻而言，無論商品（i）如何變化，C_t 為常數，s_{it} 只和 $\overset{\gg}{P}_{it}$ ——該類商品的價格指數有關係。所以 s_{it} 考量了商品價格指數的權重與該商品消費構成的差異性。事實上，在設定商品權重的過程中，不可能完全按照消費支出構成比例來確定。因為各類商品的價格是時時變化的，相應地，消費支出比例是在時時變化的，而權重一旦確定，是需要保持一定持久性的。而只有保持一定持久性才更具有可比性，所以權重不可能隨時調整。s_{it} 從某種程度上描述了商品的消費支出構成情況和價格指數權重在技術上的錯位。這種錯位源於各類商品消費支出構成變動的即時性和權重調整的時滯性，是必然存在的，也是不可避免的，我們要做的工作就是每隔一定時間去適當地調整權重。一方面，讓價格指數保持一定連續性和可比性，另一方面，讓這種技術錯位盡量減少，以提高指數的準確性。

第二，如果按照西方經濟學的理論，$\overset{\gg}{P}_{it}$ 表示了不同時刻某商品價格波動情況，那麼對於大類商品而言，s_{it} 表示在考慮了不同類商品重要程度（w_{it}）的前提下，單位貨幣使用量對應的物價變動 $\frac{\overset{\gg}{P}_{it}}{C_{it}}$ 情況。具體地，對於 A 類和 B 類商品而言，如果 A 所對應的 s_{it} 高，即 A 與 B 相比，同樣投入 1 單位貨幣，A 類商品所對應的物價波動大，出現這種現象可能有以下原因：①A 類商品較之 B 類商品的彈性要高，也就是說，B 類商品可能涵蓋了更多的必需品，比如食品類商品，A 類商品可能涵蓋了更多的奢侈品或高檔商品，比如文化娛樂類商品。②由於國際投資環境變化，如金融危機、糧食危機、戰爭、技術革命等一系列的原因引起的 A 類商品的價格波動程度要高於 B 類。無論是哪種原因，應該可以肯定的是 s_{it} 在一定程度上刻畫了不同類商品的差異性。需要說明的是，從異類商品差異性的角度理解 s_{it} 的含義，隱含了一定的假設前提：商品重要程度（w_{it}）的確定是合理的，這裡的合理指的是「商品選擇完全按照消費構成情況設定」，上面自然段已提到，這裡不再贅述。

另外，根據指數編製公式，$\sum_{i=1}^{N} \frac{\overset{\gg}{P}_{it} w_{it}}{\overset{\gg}{P}_t} = 1$，可將公式（11.3）中價格指數的變化率 $\frac{\mathrm{d}\overset{\gg}{P}_t}{\overset{\gg}{P}_t}\frac{1}{\mathrm{d}t}$ 分解成三個部分：居民總的消費額度的變化導致的價格的變化 $\frac{\mathrm{d}C_t}{C_t}\frac{1}{\mathrm{d}t}$；使用於不同類商品的貨幣量（消費額度）占總貨幣使用量（總消費額度）的比，即商品消費支出結構的變化導致的價格的變化 $\sum_{i=1}^{N}(\frac{\overset{\gg}{P}_{it} w_{it}}{\overset{\gg}{P}_t})(\frac{\mathrm{d}m_{it}}{m_{it}}\frac{1}{\mathrm{d}t})$；不同類商品各自價格的漲跌變化造成的消費支出比與權重的錯位或者說不同商品的差異性導致的總價格的變化 $\sum_{i=1}^{N}(\frac{\overset{\gg}{P}_{it} w_{it}}{\overset{\gg}{P}_t})(\frac{\mathrm{d}s_{it}}{s_{it}}\frac{1}{\mathrm{d}t})$。

進一步延伸：對於「包含籃子商品價格波動意義」上的 CPI，C、$\overset{\gg}{C}$ 不再代表居民所有消費額度，而是代表了居民消費的籃子商品的額度，這時候的 $\overset{\gg}{P}_t$ 即為固定籃子指數（Fixed Basket Price Index）。這樣，公式（11.3）中價格指數的變化率 $\frac{\mathrm{d}\overset{\gg}{P}_t}{\overset{\gg}{P}_t}\frac{1}{\mathrm{d}t}$ 就可以理解為三個方面：居民用於消費籃子商品所投入貨幣量的變化導致的價格的變化 $\frac{\mathrm{d}C_t}{C_t}\frac{1}{\mathrm{d}t}$；購買各類籃子商品的貨幣量占貨幣投入總量的比，即消費支出結構的變化導致的價格的變化 $\sum_{i=1}^{N}(\frac{\overset{\gg}{P}_{it} w_{it}}{\overset{\gg}{P}_t})(\frac{\mathrm{d}m_{it}}{m_{it}}\frac{1}{\mathrm{d}t})$；居民所消費的不同類籃子商品各自價格的漲跌變化造成的消費支出比與權重的錯位或者說不同籃子商品的差異性導致的總價格的變化 $\sum_{i=1}^{N}(\frac{\overset{\gg}{P}_{it} w_{it}}{\overset{\gg}{P}_t})(\frac{\mathrm{d}s_{it}}{s_{it}}\frac{1}{\mathrm{d}t})$。

需要注意的是，以上分解是在連續時間前提下進行的，為了將其運用於離散時間的分析，借助 Divisia 指數分解方法，對（11.1）兩邊取對數，再對時間求導數：

$$\frac{\mathrm{d}\overset{\gg}{P}_t}{\overset{\gg}{P}_t}\frac{\mathrm{d}\ln\overset{\gg}{P}_t}{\mathrm{d}t}=\frac{\mathrm{d}\ln C_t}{\mathrm{d}t}+\sum_{i=1}^{N}(\overset{\gg}{P}_{it}w_{it})(\frac{\mathrm{d}\ln m_{it}}{\mathrm{d}t}+\frac{\mathrm{d}\ln s_{it}}{\mathrm{d}t}) \tag{11.5}$$

對公式（11.4）兩邊同時求積分，由定積分的定義：

$$\ln\frac{\overset{\gg}{P}_t}{\overset{\gg}{P}_0}=\int_0^T[\frac{\mathrm{d}\ln C_t}{\mathrm{d}t}+\sum_{i=1}^{N}(\overset{\gg}{P}_{it}w_{it})(\frac{\mathrm{d}\ln m_{it}}{\mathrm{d}t}+\frac{\mathrm{d}\ln s_{it}}{\mathrm{d}t})]\mathrm{d}t$$

$$=\ln\frac{C_t}{C_0}+\sum_{i=1}^{N}(\overset{\gg}{P}_{it}w_{it})\int_0^T[\frac{\mathrm{d}\ln m_{it}}{\mathrm{d}t}+\frac{\mathrm{d}\ln s_{it}}{\mathrm{d}t}]\mathrm{d}t$$

所以

$$\frac{\overset{\gg}{P}_t}{\overset{\gg}{P}_0}=\frac{C_t}{C_0}\times\exp\left[\sum_{i=1}^{N}\int_0^T(\overset{\gg}{P}_{it}w_{it})\frac{\mathrm{d}\ln m_t}{\mathrm{d}t}\mathrm{d}t\right]\times\exp\left[\sum_{i=1}^{N}\int_0^T(\overset{\gg}{P}_{it}w_{it})\frac{\mathrm{d}\ln s_t}{\mathrm{d}t}\mathrm{d}t\right] \tag{11.6}$$

$\overset{\gg}{P}_{it}w_{it}$ 在時間 $[0,T]$ 上變化，所以無法計算出積分值，Boydetol（1988）提出了算術平均 Divisia 指數，這種方法簡便，但是分解結果有殘差，Ang 和 Choi（1997）提出了改進的對數平均 Divisia 指數方法（LMDI），並且已經證明這種分解方法為完全分解法。

對於兩個不同的正數，對數平均數定義為：

$$L(x,y)=(y-x)/\ln(y/x)$$

並且　$L(x,x)=x$

又 $\overset{\gg}{P}_{it}=\dfrac{P_{it}}{P_{i0}}$，令 $\dfrac{C_{it}}{C_t}=m_{it}$，$\dfrac{\overset{\gg}{P}_{it}w_{it}}{C_{it}}=s_{it}$

用 LMDI 方法得到這樣的結果：

$$\frac{\overset{\gg}{P}_t}{\overset{\gg}{P}_0}=\frac{C_t}{C_0}\times\exp\left[\sum_{i=1}^{N}\tilde{u}\ln\frac{m_{it}}{m_{i0}}\right]\times\exp\left[\sum_{i=1}^{N}\tilde{u}\ln\frac{s_{it}}{s_{i0}}\right]$$

$$\overset{\gg}{P}_t=\frac{C_t}{C_0}\times\exp\left[\sum_{i=1}^{N}\tilde{u}\ln\frac{m_{it}}{m_{i0}}\right]\times\exp\left[\sum_{i=1}^{N}\tilde{u}\ln\frac{s_{it}}{s_{i0}}\right]\times\overset{\gg}{P}_0 \tag{11.7}$$

其中

$$\tilde{u}=\frac{L(\frac{\ddot{P}_{i0}w_{i0}}{C_0},\ \frac{\ddot{P}_{it}w_{it}}{C_t})}{L(\frac{\ddot{P}_0w_0}{C_0},\ \frac{\ddot{P}_tw_t}{C_t})}=\frac{\left(\frac{\ddot{P}_{it}w_{it}}{C_t}-\frac{\ddot{P}_{i0}w_{i0}}{C_0}\right)/\ln[(\frac{\ddot{P}_{it}w_{it}}{C_t})/(\frac{\ddot{P}_{i0}w_{i0}}{C_0})]}{\left(\frac{\ddot{P}_tw_t}{C_t}-\frac{\ddot{P}_0w_0}{C_0}\right)/\ln[(\frac{\ddot{P}_tw_t}{C_t})/(\frac{\ddot{P}_0w_0}{C_0})]}$$

等式（11.6）右邊的四個乘數項分別代表了消費規模效應 $\frac{C_t}{C_0}$ 、消費結構效應 $\exp\left[\sum_{i=1}^{N}\tilde{u}\ln\frac{m_{it}}{m_{i0}}\right]$ 和異類商品的差別效應 $\exp\left[\sum_{i=1}^{N}\tilde{u}\ln\frac{s_{it}}{s_{i0}}\right]$ ，以及基期價格水準 $\ddot{P}_0$。以上過程只是基於經濟學理論和數學理論的推導，在實際應用的過程中，我們不可能找到具體每一種商品的貨幣流通量或者交易額。同時需要說明的是，這裡價格指數的計算公式參考的是薩克斯的寫法，但它與薩克斯對商品的定義範圍有差異。這裡的 $\ddot{P}$ 是指一般意義上的籃子商品價格指數，而按照薩克斯的觀點，價格指數是包括了投資品在內的以本國貨幣表示的進口商品價格與國內商品的加權平均數①。鑒於賴斯②奠定的指數理論基礎，對於衡量一般消費品價格波動情況的 CPI 而言，$\ddot{P}$ 是對應籃子商品而言的。需要說明的是，上述 Divisia 方法的優良性質在於當設定時間期限 t 較短時，它能夠借助大類商品的價格波動信息 $\ddot{P}_i$ 、各類商品的消費情況 C_i 以及權重 w_i 較為精確的估計出 CPI 的值（這一驗證在第四部分給出）。當 w_i 和消費支出結構 m_i 一致性較高的時候，就可以用價格波動信息和消費支出的數據對現有 CPI 重新估計。本書對 Divisia 方法的應用已經和最早編製 Divisia 質量指數和數量指數的意義不同，Divisia 指數最早發明的時候是為了刻畫價格波動，這裡只是借助這一方法在其他領域的突破，將其數學拆解模式「移植」回指數領域，以期對影響 CPI 編製的因素進行分析。

---

① 杰弗里·薩克斯，費利普·拉雷恩. 全球視角的宏觀經濟學［M］. 費方域，等，譯. 上海：上海人民出版社，2004.

② 詳見文獻綜述部分闡述。

五、基於 Divisia 指數的統計和計量研究

(一) 數據來源及相關說明

首先，數據區間的選擇：2003 年 1 月至 2012 年 3 月的月度數據。這一選擇主要依據中國 CPI 和消費支出調查數據質量的改進進程，以及 CPI 編製基期的選擇和權數調整情況。2002 年 4 月，在國際貨幣基金組織的官方網站上，中國向世界公開了英文版的統計數據詮釋，標志著正式加入 GDDS（數據公布通用系統），並於當年完成《中國 GDDS 工作準則》的制定。所以，從 2003 年開始，中國統計數據的及時性和完整性有了很大改善。一方面，GDDS 鼓勵各國根據《1993 年國民帳戶體系》（簡稱 93SNA）進行支出類別的細分，並鼓勵使用季度指標。城鄉家庭消費性支出的調查數據按照 93SNA 的要求從 2003 年開始按月或季詳盡公布。另一方面，GDDS 特別指出：價格指數編製的核心指標是消費者價格指數，生產者價格指數是鼓勵編製的指標，頻率為月度，及時性要求為 1~2 個月。雖然中國從 20 世紀 90 年代就開始正式公布居民消費價格指數的月度數據，但是直至 2003 年，月度 CPI 的發布才兌現了在每月 13 號之前發布的承諾，同時，在當年實現了消費、零售和農業生產資料價格指數採用同一個程序編製，居民消費價格調查體系逐漸完善。

其次，只選擇大類商品的價格指數和權重進行 Divisia 分解。其主要原因在於本章的研究對象是指數計算這一「錐行」體系的頂端，前文理論部分已有敘述。而單從數據角度看，其原因在於：第一，在中國，「為保確保居民消費價格指數的準確性和可比性」，大類商品的權重五年調整一次，比較穩定。中國雖然已經加入 GDDS 系統，一些數據質量確實有所提高，但是對於居民和政府都比較感興趣、常為國際研究機構關注的 CPI，統計局的工作並沒有完全到位。CPI 權重沒有完全公布，看不到權重的 CPI 只能是一個「黑匣子」，打開它，就不得不靠已有消費支出調查數據模擬，而 Divisia 指數分解方法的作用之一就是盡可能地接近已知數據。為了保證模擬結果的優良，數據的穩定性是必不可少的。第二，Divisia 方法的分解要求被分解項可以寫成多個數學表達式求和的形式，而基本分類指數和中類指數的計算分別涉及幾何平均和鏈式拉氏公式的使用。要想採用 Divisia 方法對基本分類指數和中類分類指數進行擬合，還需要通過取對數或者拆解才能實現，從而在後續採用 LMDI 法分解時，不易對結果的經濟意義進行解釋。況且，中國統計局不完全公布基本分類和中

類商品的消費支出情況。

最後，為了避開「理論權數」和「數據微調」「專家評估」的差異，在對 CPI 進行擬合的時候，盡量按照中國 CPI 編製的既定規則進行。在保證擬合效果的前提下，為維護資料的保密性（大類商品的權重來自統計局內部資料），將權數精確到 0.1%。

一方面，根據教科書[①]的表述：理論上，居民消費價格指數的權數是根據城鄉居民家庭消費支出構成，並按照全國人均消費支出金額和人口加權平均計算得到的，大類商品的權數是從中類和基本分類的權數依次分層計算得到的，也就是說大類權重是大類支出額占所有大類支出額總和的比。那麼用數學公式表示這一說法是：

$$w_i=\frac{C_i}{C}=\frac{n_{城鎮}\cdot c_{i,城鎮}+n_{農村}\cdot c_{i,農村}}{n_{城鎮}\cdot c_{城鎮}+n_{農村}\cdot c_{農村}}=\frac{(n_{城鎮}\cdot c_{i,城鎮}+n_{農村}\cdot c_{i,農村})/n_{總}}{(n_{城鎮}\cdot c_{城鎮}+n_{農村}\cdot c_{農村})/n_{總}}$$

$$=\frac{r_{城鎮}\cdot c_{i,城鎮}+r_{農村}\cdot c_{i,農村}}{r_{城鎮}\cdot c_{城鎮}+r_{農村}\cdot c_{農村}} \tag{11.8}$$

其中，現有消費支出調查框架下，C_i 表示第 i 類商品的消費總額，C 表示所有大類商品消費總額，$r_{城鎮}$ 和 $r_{農村}$ 分別表示城鎮和農村人口占總人口的比重，$r_{城鎮}+r_{農村}=1$，$c_{i,城鎮}$ 和 $c_{i,農村}$ 分別表示城鎮和農村居民在第 i 類商品上的人均消費額，$c_{城鎮}$ 和 $c_{農村}$ 分別表示城鎮和農村居民人均消費額。

另一方面，據統計局官方表述：中國對居民消費價格指數編製的權數資料來源主要是城鄉住戶的居民消費支出調查，並輔之以典型調查和專家評估。並且，按照統計局的說法：權數的確定除了根據消費支出構成比重計算之外，還要根據綜合情況進行微調。所以說，將權數精確到 0.1%已經具備一定可度量性和可比性。

綜合來看，中國 CPI 的計算基礎是各類商品消費支出占總消費的比重，但可以肯定的是，其最終公布出來的數據是經過調整後了的。中國 CPI 大類商品的權重沒有像歐美國家那樣，通過統計網的專欄或者統計年鑒的數據詮釋詳盡地公布出來，根據中國統計局官方網站、中經網等關於居民物價指數的知識介紹性欄目可知，各網站公布的大類商品的權重略有差異，但差異均不超過 0.1%。這裡 2001 年的數據從國家調查總隊內部獲得，2005 年的數據取自中國統計局官方網站「統計知識」板塊，八大類商品的權重分別為：2001 年，食品 37.4%、菸酒及用品 4.0%、衣著 9.4%、家庭設備用品及服務 5.6%、醫療

① 徐國祥. 統計指數理論及應用［M］. 北京：中國統計出版社，2004.

保健和個人用品 10.0%、交通和通信消費 10.0%、娛樂教育文化消費 12.0%、居住 9.7%；2005 年，權數調整後，食品 33.1%、菸酒及用品 3.9%、衣著 9.1%、家庭設備用品及服務 6.0%、醫療保健和個人用品 10.0%、交通和通信消費 10.2%、娛樂教育文化消費 14.0%、居住 13.0%（註：2005 年權數進行較大調整，居住類權重初次調整為 13.2%，後經評估，進一步調整為 13.6%。且權重每年都有微調，但浮動一般不超過 1%，這裡所列數據並未精確到 0.01）；2011 年調整為 15.1%，權重再次調整後，食品 30.1%、菸酒及用品 3.5%、衣著 9.0%、家庭設備用品及服務 6.0%、醫療保健和個人用品 11.0%、交通和通信消費 10.4%、娛樂教育文化消費 14.9%、居住 15.1%①。

（二）中國 CPI 即各大類商品和服務指數的描述統計

CPI 的波動規律與食品類價格指數的波動規律大致相當。2003—2004 年、2007—2008 年，CPI 經歷了兩次較為明顯的振蕩，刻畫了兩次經濟波動，即亞洲金融危機過後的投資需求過熱和 2008 年次貸危機帶來的居民消費價格的變化。2004 年 5 月至 10 月，CPI 出現了小的高峰，一直位於 104.0%~105.3%之間，2007 年 11 月—2008 年 6 月，CPI 在 106.5%~108.7%的高位振蕩。而與之相呼應的是食品類價格指數的波動情況，在 CPI 高漲的這兩個階段，食品類價格指數分別達到了 110.0%以上和 114.0%以上，各自達到了 2003—2005 年、2006—2010 年兩個時間段的高峰。值得關注的是，在 2008 年 2~4 月，CPI 達到 108.0%以上，為 2000 年以來的歷史最高，相應地，在這三個月內，食品價格指數高漲到 120.0%以上。

非食品類價格指數也存在著一定的波動規律，但是並沒有像食品類價格指數那樣，呈現出與 CPI 波動方向類似的趨勢，甚至差異較大。第一，衣著、交通和通信的消費價格指數的波動不明顯，與 CPI 大致成反向，峰值並沒有出現在 2007 年 11 月—2008 年 6 月，即 CPI 值出現高峰的這兩個階段，而是出現在了 2006 年 11 月—2007 年 2 月，也就是通貨膨脹率較低，經濟運行相對平穩的階段。第二，除去食品類以外的幾大類中，居住類消費價格指數的波動幅度是最大的，其高位出現在 2004 年 7 月—2008 年 10 月。也就是從 2003 年通脹期結束以後一直到 2008 年年末，居住類消費價格指數持續走高。第三，家庭設備用品及服務消費價格指數經歷了穩步爬升到逐漸走低的過程，2008 年年底達到峰值，為 103.4%；若以 2005 年為界，醫療保健和個人用品消費價格指數

① 該數據較為粗糙，系根據統計局公布數據推算所得，較準確數據尚未公布。

則呈現了前段與 CPI 呈反向，後段與 CPI 呈同向波動的趨勢，而娛樂教育文化消費價格指數則呈現出前段與 CPI 呈同向，後段與 CPI 呈反向波動的趨勢。

2011 年權重調整以後，CPI 的波動規律與各大類價格指數的波動規律大致相當。交通和通信、家庭設備用品及服務類消費價格指數波動幅度較小，居住類消費價格指數波動具有「超前」特徵，即波動特徵比 CPI 出現早，這與住房貸款因素引入住房消費核算有直接關係。需要說明的是，現有數據區間較短，波動規律尚待時間驗證。如圖 11-2 所示。

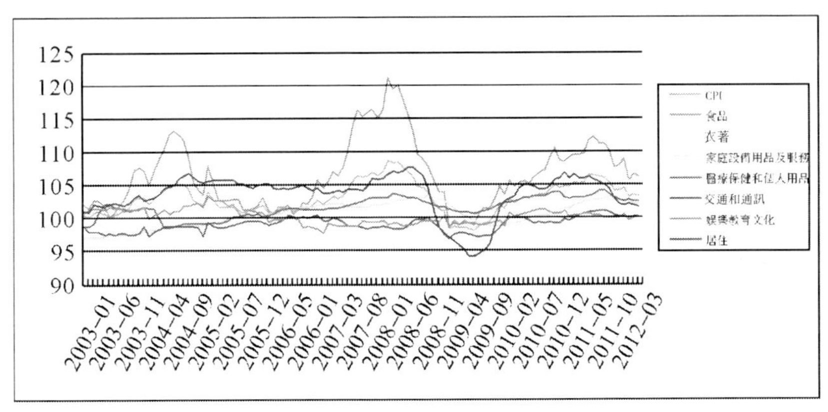

圖 11-2　中國 CPI 及各大類商品和服務波動趨勢（上年＝100）

對城鄉消費支出的數據進行整理計算可得到各大類商品和服務的消費支出額占所有大類商品和服務支出總額的比重，即消費支出構成比，並對其比重進行初步統計分析，結果見表 11-1、11-2、11-3。2003—2005 年，即權數調整之前，食品、衣著、醫療保健和個人用品的消費支出構成比的平均數和中位數都要略低於所設 CPI 權重，家庭設備用品及服務、醫療保健和個人用品類、娛樂教育文化對應的 CPI 權數或位於消費支出構成比的平均數和中位數之間，或與之接近，而交通和通信、居住消費所對應的這兩個統計量的值要略高於所設權重。這說明，從與消費支出構成比的對照結果上看，食品、衣著類權重的設定偏高，而在交通和通信、居住上的設定則偏低。2005 年 CPI 權重調整，下調了食品、衣著類權重，上調了娛樂教育文化、居住類權重。其中較為明顯的是食品類和居住類的變化，調整幅度均達到了 3 個百分點以上。2006—2010 年，居住類的權重較之居住性消費支出比的平均數和中位數，要高出 1.5～1.8 個百分點，其他大類商品和服務的權重均與其對應的消費支出比的平均數或中位數較為接近。這說明，與各類商品和服務的消費支出構成情況對照來看，居住類權重偏高了，且其高出來的差值被食品、衣著、交通和通信等其他大類

「分擔」和「消化」了。2011 年 1 月至 2012 年 3 月，與消費支出構成數據對照來看，居住類權重依然偏高，只不過高出來的差值不再被食品類商品而是衣著、娛樂教育文化等大類商品「分擔」和「消化」了。

另外，單從標準差、最大值、最小值來看，食品、衣著、居住類的消費支出構成波動較為明顯。娛樂教育文化消費支出比的波動最為明顯，觀察原始數據不難發現，其波動主要為季節原因，每 2、9 月份年會出現一次峰值。事實上，這兩個月恰好是學生開學繳費的時間。

綜合而言，從描述性統計信息可以發現：一方面，中國 2006 年權重調整在盡量與現有消費支出的核算框架相接近，CPI 的權重設計更準確地體現了在現有核算框架下，中國城鄉居民的消費支出構成情況。另一方面，專家熱議、人們對 CPI 的質疑已經引起了核算部門的注意，居住類權重已經被調高。如果按照價格指數的核算原理，以現有消費支出結構所示的數據作為衡量權數設定精確與否的標準，那麼居住類權重不是「太低」，而是偏高。但是，這並不意味著，某種大類商品的權重就應該調高或者調低，比如：居住類權重調低，食品類商品的權重調高之後，權重和消費支出構成完全一致了，然後計算出來的 CPI 也不一定就是精確的。因為主要問題出在核算框架而不是具體的計算過程上。討論到核算框架和計算過程的問題，以下兩方面矛盾因素值得說明：第一，當某類商品的消費範圍擴張或者價格上漲的時候，從直觀上講，就是人們感覺應該調整某類商品的權重的時候，消費支出調查的工作還沒有跟進，比如尚未把某項已經較為普遍的消費項目歸入籃子商品，沒有及時準確地登記耐用商品的價格。第二，對核算框架的理解問題也造成了工作錯誤，這裡以居住類消費做一簡要說明。有專家認為居住類的核算應該納入投資範疇，而有些觀點則認為自有住房應該屬於消費，這就是核算範圍的「模糊」區域引發的問題。從現有分析來看，第一個矛盾雖然存在，但不是特別明顯，僅限於住房等個別類商品；第二個矛盾則有待進一步驗證。

表 11-1　　2003 年 1 月—2005 年 12 月消費支出構成比

類別	食品	衣著	家庭設備用品及服務	醫療保健和個人用品	交通和通信	娛樂教育文化	居住
平均數	39.18%	8.92%	5.72%	9.25%	11.20%	13.57%	12.16%
中位數	39.16%	8.99%	5.57%	9.19%	11.08%	11.95%	11.96%
標準差	0.024,5	0.020,8	0.007,8	0.009,2	0.010,3	0.056,2	0.021,0

表11-1(續)

類別	食品	衣著	家庭設備用品及服務	醫療保健和個人用品	交通和通信	娛樂教育文化	居住
方　差	0.000,6	0.000,4	0.000,1	0.000,1	0.000,1	0.003,2	0.000,4
最小值	33.81%	5.72%	4.29%	6.52%	9.49%	7.70%	7.72%
最大值	44.53%	13.71%	7.70%	10.22%	14.13%	28.66%	15.77%

表 11-2　　2006 年 1 月—2010 年 12 月消費支出構成比

類別	食品	衣著	家庭設備用品及服務	醫療保健和個人用品	交通和通信	娛樂教育文化	居住
平均數	38.19%	9.33%	6.10%	9.03%	11.94%	12.51%	12.56%
中位數	38.18%	9.28%	6.02%	7.90%	12.96%	10.54%	12.30%
標準差	0.022,5	0.019,1	0.005,0	0.021,8	0.022,1	0.038,8	0.020,5
方　差	0.000,5	0.000,3	0.000,1	0.000,5	0.000,5	0.001,5	0.000,4
最小值	32.37%	6.65%	4.73%	6.39%	7.22%	9.03%	7.84%
最大值	42.55%	12.38%	6.81%	13.74%	14.50%	26.30%	17.09%

表 11-3　　2011 年 1 月—2012 年 3 月消費支出構成比

類別	食品	衣著	家庭設備用品及服務	醫療保健和個人用品	交通和通信	娛樂教育文化	居住
平均數	38.41%	10.42%	6.78%	7.74%	13.05%	11.14%	12.47%
中位數	37.40%	11.21%	6.65%	7.65%	12.33%	9.98%	11.73%
標準差	0.015,5	0.019,8	0.002,8	0.004,1	0.009,4	0.025,0	0.021,5
方　差	0.000,2	0.000,4	0.000,0	0.000,0	0.000,1	0.000,6	0.000,5
最小值	37.14%	7.25%	6.60%	7.33%	12.31%	9.46%	9.39%
最大值	41.07%	12.88%	7.32%	8.49%	14.41%	15.93%	14.81%

註：中國城鄉消費支出結構的調查是把菸酒及用品類歸入食品消費進行調查，為了使 CPI 大類與之相匹配，這裡在分析 CPI 時，將八大類商品消費、菸酒及用品類與食品類均歸入食品類。

（三）Divisia 指數分解的實證研究

無論統計工作做到了什麼程度，也無論對核算框架的理解有什麼差異，總之，根據價格指數的基礎理論，直接影響 CPI 計算結果的要件包括：①消費支出構成比；②以消費支出構成情況為依據計算的權重 w_i；③籃子商品和服務種類和價格 p_i。現在有必要討論的問題是在現有核算框架下，各個構成要件是怎樣變化的，以使 CPI 出現現有的波動形態。換句話說，外部經濟因素（金融危機的衝擊、投資的衝擊等）和政策因素（匯率政策、政府補貼政策等）的綜合作用已經使得中國 CPI 呈現出圖 11-3 的形態，並且通過簡單觀察得出：CPI 的波動曲線和食品類消費價格指數的波動方向具有較為明顯的一致性，但這只是表象，把 CPI 自身構成要件拆開，考量其變化規律應該對研究有一定幫助。需要特別指出的一個問題是，雖然可以根據現有數據找到消費支出構成比、權重（這裡指大類商品和服務的權重）、籃子商品和服務價格等相關信息，但是這些信息過於零散，單從各自相對獨立的數值上不易分析出它們對 CPI 的綜合影響，況且，已公布數據資料的局限性決定了重新計算 CPI 的不可行性。即便是目前擁有足夠的資料，重新計算一遍 CPI 也只能發現計算本身的問題，而不能找到各個構成要件的關聯性。因此，將數據信息通過一定的連結整合起來，綜合考量它們對 CPI 的影響有其一定的必要性。需要說明的問題是，第三個構成要件中籃子商品價格的準確性是由調查人員的有效調查決定的，這裡假定中國對 CPI 籃子商品價格的調查是及時可靠的。在中國，籃子商品的種類和價格直接取決於消費支出調查情況，所以構成要件 1 和 2 是關注點。

1. Divisia 指數分解及分解效果驗證

按照上一章介紹的分解方法，這裡分別計算出消費規模效應、消費結構效應和異類商品的差別效應。需要指出的是，與之前文獻中的計算方法不同，為了使得估計效果更優，在使用 LMDI 方法對離散數據進行整合的過程中，這裡縮短了計算期的長度，即分段估計，C_0、m_{i0}、$\overset{\gg}{P}_0$、s_{i0} 均取各年一月份的值，以每 12 個數據為一個時間長度進行估計。事實上，這種做法在增強估計效果的同時完成了各個分解效應值在整個時間長度上的趨勢剔除。

為了驗證其分解效果，用三效應與 $\overset{\gg}{P}_0$ 的連乘積反推 CPI，得到的 CPI 估計值，與已公布 CPI 值進行比較，結果如圖 11-3 所示。從圖中波動路徑不難發現，基於數學分解的 Divisia 方法能較好地擬合官方公布的 CPI 數據。

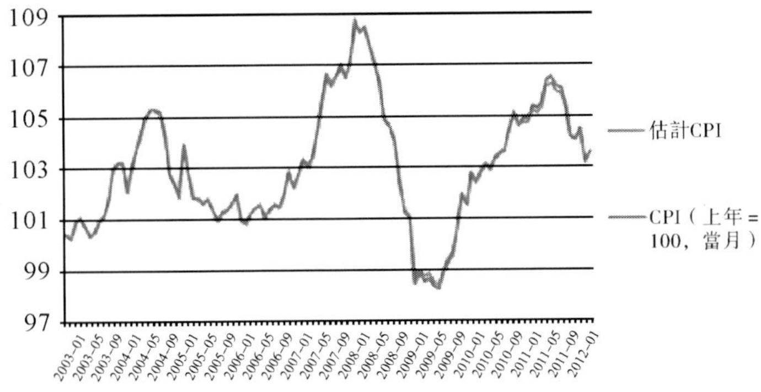

圖 11-3　估計 CPI 和真實 CPI 的波動趨勢（上年=100）

為了進一步驗證其估計效果，這裡用非參數方法檢驗一下估計 CPI 和真實 CPI 的一致性。分別採用雙樣本的符號秩檢驗和配對 Wilcoxon 秩和檢驗進行驗證得到 p 值分別為 1.000 和 0.101，均大於 0.05，說明檢驗的兩組數據在 α=0.05 的水準下，不能證明二者的分佈形狀、位置參數是有顯著差異的。可以從統計意義上斷定，估計 CPI 和真實 CPI 存在較高的一致性。具體如表 11-4 所示。

表 11-4　　符號秩檢驗與 Wilcoxon 秩和檢驗

Sign Test	N	Wilcoxon Signed Ranks Test	N	Mean Rank	Sum of Ranks
Negative Differences[a]	47	Negative Ranks	47[a]	53.65	2,575
Positive Differences[b]	63	Positive Ranks	63[b]	57.79	3,641
Ties	1	Ties	1	—	—
Total	111	Total	111	—	—
Z	-1.430	Z	-1.568	—	—
Asymp. Sig.（2-tailed）	0.153	Asymp. Sig.（2-tailed）	0.101	—	—

註：①估計 CPI<CPI；②估計 CPI>CPI；③估計 CPI=CPI。

將估計 CPI 和公布 CPI 做差，對差值序列進行單位根檢驗，發現並無單位根，且從其 Q-Q 圖和 P-P 圖檢驗結果可知，差值服從標準正態分佈，序列具有隨機性，對 CPI 序列估計的可信度較高。具體如圖 11-4 及圖 11-5 所示。

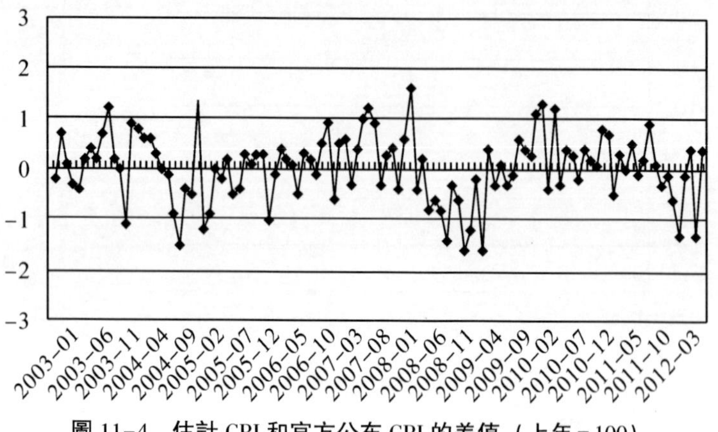

圖 11-4　估計 CPI 和官方公布 CPI 的差值（上年=100）

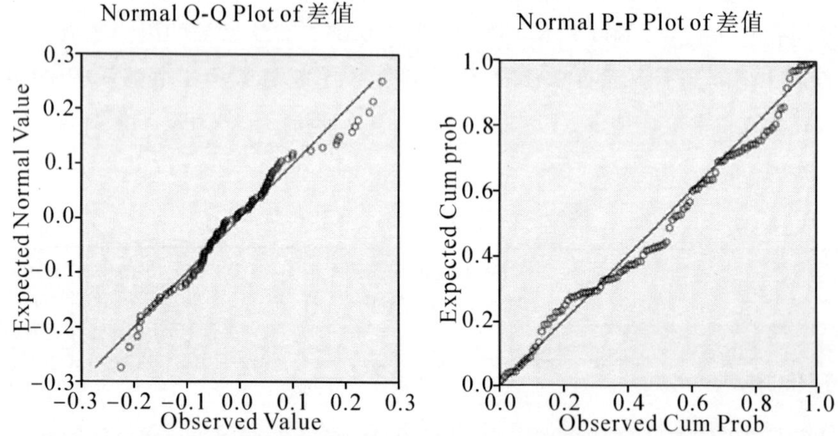

圖 11-5　估計 CPI 和官方公布 CPI 差值的 Q-Q 圖和 P-P 圖（上年=100）

在驗證了 CPI 分解效果的之後，這裡列示出了分解得到的消費規模效應（S1）、消費結構效應（S2）和異類商品的差別效應（S3）。具體分解結果如圖 11-6 所示。

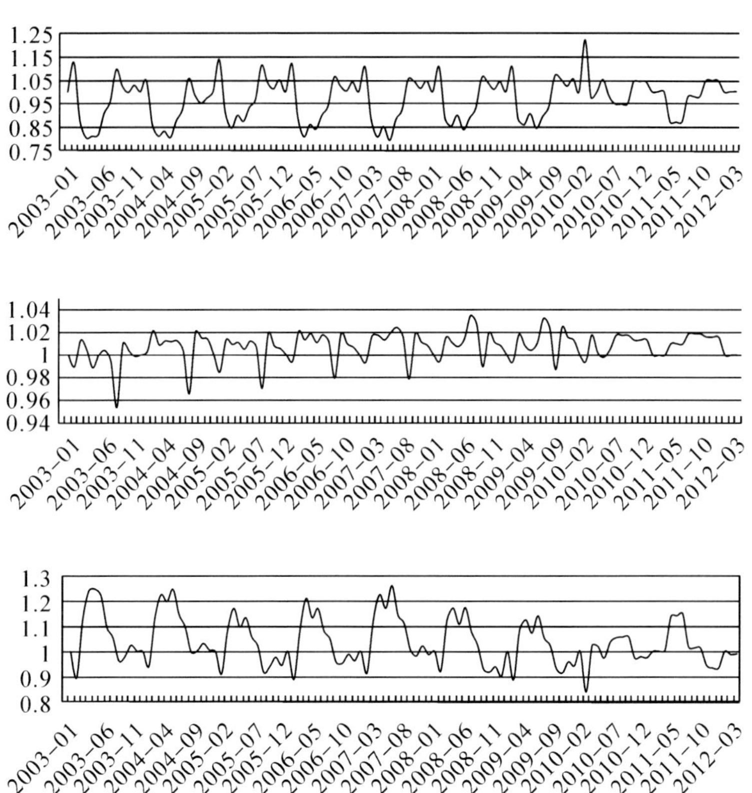

說明：消費支出的數據從 2007 年開始只公布了季度數據，現在對數據的初步處理方法是將季度數據按照以前年份月度消費占季度消費比進行分攤。

圖 11-6　CPI 的 Divisia 分解結果

整體來看，三種效應的波動均呈現一定的週期性，但同時，每種效應又有其波動特點。第一，消費規模效應，也就是居民消費總量的高峰值出現在年末歲初，農歷春節拉升了年度消費規模。以波動週期（年）為單位觀察消費規模效應可以發現，它經歷了 2005 年年末—2006 年年中、2009 年年中—2010 年年初兩次小的上揚，而這兩個時期都是 CPI 漲高後剛剛出現低谷的階段。很顯然，通貨膨脹抬高了消費者的心理預期價格，當商品價格稍有回落，消費規模就會出現擴張跡象。可以說，當 CPI 回落，處於平穩或者低谷期時，只要不存在嚴重的通貨緊縮，消費規模效應會從一定程度上保障它的數值不會落得太低。第二，消費結構效應呈現總體上升的趨勢，雖然能從圖中大致分辨出其各個週期的起始點，但是週期波動規律不如其他兩個效應明顯。值得注意的是，對三種效應計算峰值發現，消費結構效應的峰值為 6.078。消費規模效應、異類商品差別效應的峰度值均小於等於 3，消費結構效應的峰度值為三效應中最高。而 CPI 一階差分後的峰度值為 4.355。再分別計算 1990 年 1 月—2005 年 12 月、2003 年 1 月—2010 年 6 月 CPI 一階差分序列的峰度，均大於 3，而標準正態分佈的峰度值為 3，幾個不同時間段的序列均出現了「尖峰」的形態。同時，通過三個效應及其差分序列峰度值大小的比較可以斷定：消費結構效應的高峰特徵是由消費結構效應，即各類商品和服務消費結構的波動變化決定的。第三，異類商品的差別效應呈現遞減的趨勢，並且其各個週期的振幅有遞減的趨勢。這說明在現有 CPI 消費調查框架下，各大類商品和服務的消費支出占比和權重的差異在減小，再一次印證了 2006 年、2011 年的權數變更提高了權重與現有消費調查結構的吻合度（見表 11-5）。

表 11-5　2003 年 1 月—2012 年 3 月各指標峰度、偏度比較表

指標	s1	s2	s3	DCPI
峰度	2.381	8.865	2.500	4.329
偏度	-0.035	-1.265	0.492	-0.467

2. 對各個序列的進一步剖析

為了進一步驗證消費結構效應對 CPI 分佈特徵的影響，這裡採用時間序列模型對三個序列進行擬合。

（1）序列的平穩性檢驗

時間序列模型不同於其他計量模型的特點之一就是要明確考慮序列的非平穩性，建模時考慮的首要問題即序列的平穩性。經 ADF、PP 檢驗可知，CPI 經過 Divisia 指數分解以後的效應序列均為平穩時間序列（見表 11-6）。

表 11-6　序列平穩性檢驗報告表

序列	條件	水準統計量			
		ADF	p 值	PP	p 值
消費規模效應（S1）	有常數項和趨勢項，滯後階數為 2	-4.821	0.001	-4.885	0.001
消費結構效應（S2）		-6.914	0.000	-10.487	0.000
異類商品的差別效應（S3）		-4.931	0.001	-4.851	0.001
CPI		-2.273	0.445	-1.915	0.640
DCPI		-4.406	0.009	-8.721	0.000

註：ADF 和 PP 統計量對應的 1%臨界值分別為-4.065,7 和-4.064,5。

（2）對消費規模影響效應（S1）、異類商品差異效應（S3）序列的建模[①]

①消費規模效應：

$$S1_t = 1.008 * S1_{t-1} + \hat{\mu}_t \quad (11.9)$$
$$(157.017)$$
$$R^2 = 0.956,\ D.\ W = 2.043$$

②異類商品差異效應：

$$S3_t = 0.989 * S3_{t-1} + \hat{\mu}_t \quad (11.10)$$
$$(130.563)$$
$$R^2 = 0.938,\ D.\ W = 1.812$$

對兩個方程用最小二乘法估計，且觀察方程的殘差圖，未發現波動有「成群」現象，並且殘差的自相關和偏自相關序列圖的檢驗結果顯示，Q 統計量不顯著，可能不存在條件異方差性。對兩個模型做 LM 檢驗，LM 統計量顯示，迴歸方程的殘差序列不存在序列相關性，所以，迴歸方程的估計結果是有效、可信的。檢驗結果如表 11-7 所示：

表 11-7　　LM 檢驗報告表

序列	滯後階數	F 統計量	概率值（p 值）	$T*R^2$ 統計量	概率值（p 值）
S1	一階	0.629	0.430	0.646	0.422
	二階	1.162	0.317	2.249	0.325
S3	一階	0.727	0.427	0.653	0.419
	二階	2.408	0.095	4.658	0.097

註：篇章所限此處僅列示滯後階數為 1、2 的情況以說明問題。

（3）消費結構效應（S2）模型的建立

①用拉格郎日乘數（即 ARCH-LM）判斷殘差序列是否存在 ARCH 效應

用最小二乘法（OLS）估計方程，觀察方程的殘差圖，發現波動存著「成群」現象，表明誤差項可能有條件異方差性。因此，同時進行條件異方差的 ARCH-LM 檢驗（滯後階數為 4）。ARCH-LM 檢驗結果：卡方檢驗的相伴概率 p 值為 0.001，小於顯著性水準 α=0.05，說明序列存在 ARCH 效應。另外，也可以通過觀察上式殘差序列的自相關係數（AC）、偏自相關係數（PAC）和對

① 經反覆比較發現，S1、S2 序列可以採用 AR（p）模型，故此處將兩個序列的模型形式一同表示出來以方便比較。

應於高階序列相關的 Ljung-Box Q 統計量來判斷是否存在序列相關，結果如下：

從圖 11-7 中可以看出，自相關係數（AC）、偏自相關係數（PAC）顯著不為 0，Q 統計量非常顯著，說明上述檢驗方程的殘差序列存在高階 ARCH（q）效應，這時考慮採用 GARCH（p，q）模型。

Date: 06/23/12 Time: 10:33
Sample: 2003M02 2012M03
Included observations: 110

Autocorrelation	Partial Correlation		AC	PAC	Q-Stat	Prob
		1	0.356	0.356	14.300	0.000
		2	-0.074	-0.229	14.918	0.001
		3	-0.072	0.051	15.512	0.001
		4	-0.048	-0.063	15.781	0.003
		5	0.093	0.151	16.805	0.005
		6	0.111	-0.000	18.272	0.006
		7	0.093	0.093	19.303	0.007
		8	-0.061	-0.143	19.748	0.011
		9	-0.058	0.080	20.160	0.017
		10	-0.062	-0.130	20.631	0.024
		11	0.263	0.445	29.258	0.002

圖 11-7　殘差序列相關性檢驗結果

②GARCH 模型的估計結果

經過實證分析發現，基於 IGARCH-GDE 模型對 S2 的刻畫效果更好，結果如下：

均值方程：$S2_t = 0.999S2_{t-1} + \hat{\zeta}_t$ （11.11）

Z=（109, 410.3）

方差方程：$\sigma_t^{\ 2} = 0.137\hat{\zeta}^2_{\ t-1} + 0.863\sigma_{t-1}^{\ 2}$

Z=（3.394）　（-5.402）（21.376）

對數似然值為 268.037，AIC=-7.384，SC=-7.310

對模型的殘差進行 ARCH-LM 檢驗，同樣得到的殘差序列在多項滯後（4 階）時的統計結果：卡方檢驗的相伴概率 p 值為 0.310，大於顯著性水準$\alpha=0.05$，接受原假設，說明 GED 分佈的 IGARCH 模型能夠很好地消除原序列的異方差。

方差方程中 ARCH 項系數較小，為 0.137，說明本期 CPI 的消費結構影響效應（S2）較小，即居民消費結構的波動受前一期（短期）的外部衝擊較小；GARCH 項的系數較大，為 0.863，說明本期 CPI 的消費結構影響效應波動的記憶性比較強。與以往研究（周惠彬、任棟，2009）進行對比發現，對 CPI 的一階差分序列（DCPI）與 CPI 分解後得到的消費結構效應序列（S2）建立的模型，都呈現出了序列受短期外部衝擊小，對波動長期記憶性強的特點。兩模型的相似性再一次說明，消費結構效應確實是影響 CPI 波動的重要方面，甚至在一定程度上決定了 CPI 的波動特點。

（4）居民消費價格指數（CPI）序列模型的建立

事實上，上述分析存在一定局限性，因為我們選取的數據時間區間和以往學者存在差異，這裡用 2003 年 3 月—2010 年 6 月和 1990 年 1 月—2005 年 12 月的數據再次進行擬合，以方便與以往研究結果的對比。經過單位根檢驗，不同時間段的 CPI 都存在單位根，並且其一階差分後的序列平穩。對差分序列（DCPI）建模，發現它們依然符合 GARCH（1，1）模型，進一步分析發現，模型中 ARCH 項和 GARCH 項的系數之和很接近於 1，並且方差方程的常數項很不顯著，根據 GARCH 模型系數要求和赤池信息最小準則，我們比較 GARCH（p，q）模型，發現基於 IGARCH-GDE[①] 模型的刻畫效果更佳，為了方便對比，在此列出具體模型形式，如表 11-8 所示：

表 11-8　對三個不同時間段 DCPI 序列建模的參數估計結果

模型選擇	1990 年 1 月—2008 年 6 月		1990 年 1 月—2005 年 12 月		2003 年 1 月—2012 年 3 月	
	GARCH		IGARCH-GED		IGARCH-GED	
	系數	Z 統計量	系數	Z 統計量	系數	Z 統計量
			均值方程			
AR（1）	0.285	4.545 (0.000)	0.305	5.264 (0.000)	0.993	119.96
			方差方程			
常數項	0.125	1.262 (0.218,0)				
ARCH 項	0.065	2.007 (0.044,7)	0.063	3.570 (0.000,4)	0.101	4.328 (0.000,0)
GARCH 項	0.906	19.247 (0.000,0)	0.937	52.968 (0.000,0)	0.899	39.149 (0.000,0)
GED 參數			2.311		2.500	
AIC	2.280		2.374		-3.179	
SC	2.341		2.408		-3.131	

① 參數大於 2，說明 CPI 的差分序列呈現薄尾現象。

對表 11-8 中各模型的殘差進行 ARCH-LM 檢驗，同樣得到的殘差序列在多項滯後時的統計結果，接受原假設。說明 GED 分佈的 IGARCH 模型能夠很好地消除原序列的異方差。

從方程估計結果來看，一方面，數據選取區間上的局限性並不明顯，與 1990 年 1 月—2008 年 6 月間 CPI 數據做出的模型（周惠彬、任棟，2009）相比，只是在均值方程滯後期的確定上存在差異，而方差方程的估計結果非常接近。另一方面，不同時間段 CPI 模型的相似性共同揭示了從 20 世紀 90 年代至今中國 CPI 序列的特點：呈現一定的波動態勢，且這種趨勢通過差分緩解很多；ARCH 項系數較小，差分後的序列受短期外部衝擊小；GARCH 項系數較大，對波動長期記憶性強；差分序列的尖峰特徵明顯。總之，將分析結果與以往研究結論進行對比是存在一定可行性的，因數據區間選取而造成的結論性差異較小。

（5）CPI 編製特點及影響因素分析

第一，與 2006 年權重調整前相比，現階段權重信息已經較為準確的描述了現有消費支出構成情況，只是居住類權重較之居住類消費占總消費的比要略大一些。這一結論從描述統計的結果很容易得出。需要強調的是，這裡所謂說權重信息較為準確地反應了消費支出構成情況，是針對現在的核算框架和現有的核算結果而言的，至於權重信息是否真正反應了居民實際消費的情況，或者說更換核算框架後是不是就較為準確地反應了消費支出構成還有待驗證。這一結論為後面結論的得出提供了基礎，因為只有在權重（ w_i ）確認較為準確地反應消費支出結構的前提下，才能從第二層意義上理解 s_{it} ，即從異類商品的差別性的角度理解 s_{it} 。

第二，消費結構效應（S2）是塑造 CPI 分佈形態的主導者。消費結構效應（S2）和 CPI 差分序列（DCPI）都可以用 GRCH 模型或者 GRCH 模型的變形形式來描述。這樣的結論與之前描述統計大致吻合：三個分解效應中，消費規模效應（S1）和異類商品的差別效應（S3）的峰值小於 3，也就是低於正太分佈的峰值。只有商品結構效應的峰值出現了「尖峰」現象，與 CPI 數據的特點類似。並且各模型的方差方程具有相同的特徵：ARCH 項系數較小，GATCH 項系數較大。這說明 S2 和 DCPI 都表現出了受短期外部干擾小以及長期記憶性強的特點。

第三，消費規模和異類商品的差別不是塑造 CPI 分佈形態的最主要因素。對 CPI 用 Divisia 方法進行分解以後的序列具有寬平穩性，並且消費規模效應（S1）和異類商品的差別效應（S3）的變化規律都可以用 AR（1）模型刻畫。

與描述統計得到的峰度值結合來看，在現有消費支出調查框架下，消費規模變化以及各大類商品和服務的差異性並不是 CPI 數據分佈形態的最主要「塑造者」。另外，這兩個變量在當期對 CPI 的影響或者「貢獻」作用受前期作用效果影響明顯，前期效應增加 1 個單位，會引起後期效應約 0.9 單位的變動。

第四，消費規模的擴大、異類商品的差異性對 CPI 的波動有「削勻」作用。從描述統計來看，與 CPI、DCPI 序列形成鮮明對比的是，S2 序列的峰值更高，偏度更大。從均值方程的模型結構和統計結果上看，EGARCH-GED 模型對消費結構效應（S2）的擬合更為準確，而均值方程中不出現條件方差（σ^2）項的 GARCH 或者 IGARCH 模型對 DCPI 的擬合更為有效，這說明，消費結構效應（S2）受消費計劃或者消費預期 σ_t 的影響較為明顯，而 DCPI 受這一因素的影響並不顯著。這說明雖然三個效用的「合力」作用形成了對 CPI 波動趨勢的影響，但是消費規模效應（S1）和異類商品的差別效應（S3）對商品結構效應有一定的「拖累」作用。

總而言之，描述統計和計量經濟分析表明：在 CPI 的基本構成要件中，消費結構的變動情況是影響 CPI 數值較重要的因素。因為權重的選擇終究要以 CPI 對應的籃子商品，也就是消費支出調查的框架進行，所以，不改變現有的核算框架，單純地靠輿論建議或者所謂的「專家評估」象徵性地修改一下權重值，並不能對 CPI 的計算結果造成多大的影響。況且，調整後的 CPI 權重已經與目前核算的消費支出結構具有較高的吻合度。既然消費價格指數反應的是「一定時期內城鄉居民所購買的生活消費品價格和服務項目價格變動趨勢和程度」，中國「利用居民消費價格指數」，是為了「觀察和分析消費品的零售價格和服務價格變動對城鄉居民實際生活費支出的影響程度」，那麼，我們應該討論的問題就應該是現有框架是不是把「居民實際生活費支出」的基本狀況「框」進去了。

第十二章 （自有）住房核算範圍變動方法選擇——Divisia 指數的應用研究

如上章所述，消費核算框架的確定、消費支出結構的差異，而非權重本身對物價指數編製的影響作用明顯。這一結論與索爾貝克、米爾斯（1924）一派的觀點具有一致性，即「編製物價指數的關鍵問題是確定商品的種數和性質，而非權重」。所以對核算範圍的選擇進行一些討論有其必要性。對於大類商品和服務範圍的選擇，目前爭議最大的就是自有住房的核算問題。雖然，對於住房消費的核算，特別是自有住房消費的核算，現在國際上也沒有統一的標準和方法，而標準和方法選擇的多樣化使得討論其差異性和實用性成為必要。差異性的討論已經有學者在做工作，但是這種差異在數據上的體現還沒有詳盡的驗證。這裡根據核算自有住房消費國家已有經驗以及中國的實際國情，以自有住房的處理為出發點，沿著上文實證分析的思路，試著改變中國現有居住類住房中自有住房消費部分核算範圍，並利用 Divisia 方法對改變後的數據進行擬合，計算新的 CPI，與官方數據進行粗略比較。需要說明的是，這裡選用不同方法對中國 CPI 進行估計，主要目的不是考量中國 CPI 應該上調或者下調多少的問題，是為了借助中國現有數據討論不同方法對 CPI 值的影響，以期找到更為適合的方法選擇。

一、關於居民自有住房核算方法的學術觀點簡述

在各國編製 CPI 的具體過程中，對於自有住房的核算方法並沒有統一的標準，其主要原因在於經濟理論中對居民自有住房性質的認識有差異，即對自有住房到底屬於消費品還是投資品的認識不夠明朗（莫萬貴，2007），爭議不

斷。1993 年之前的 SNA 體系一直將自有住房消費視為投資。並且，按照薩克斯的經濟學理論，投資是用於維持或增加經濟中資本存量的產量流，住宅建築投資是除固定投資（Fixed Business Investment）和存貨投資（Inventory Investment）之外的第三大類投資，它包括了房屋維修和建造新房的開支。他同時強調，一個家庭從另一個家庭購買的現有房屋不屬於投資，因為這種購買只是所有權的轉移而已，整個經濟系統的資本存量並沒有增加。薩克斯是從整個經濟存量的角度來定義投資的，他將存量的減少視為負投資，甚至將日用品電燈泡的磨損視為投資品的折舊。也有許多人不同意這樣的觀點，美聯儲（FED）主席認為，將居民的住房購買行為視為投資是為了方便計算 GDP，而居民戶的住宅不一定屬於投資品。新古典經濟學家 RobertJ. Barro 則認為居民新購住宅的花銷「是居民戶為了自身使用而發生的支出，最終會被視作耐用消費品」。

綜合來看，薩克斯站在整個宏觀經濟存量增減的角度，將消費視為負投資。Ben Bernanke 和 Robert J. Barro 分別從 GDP 核算理論和消費者行為理論出發，將居民自有住房的購買劃入消費範疇。他們看問題的角度各有不同，使得其結論各有差異。事實上，CPI 本身屬於宏觀經濟指標，但是它又具有從微觀到宏觀的跨度性。從其編製過程來看，調查網點的選擇、價格數據的採集、基本分類指數的計算等流程都體現了其微觀性特徵，而借助居民戶的消費支出結構信息確定權重、大類環比指數和定基指數的核算又都體現了其宏觀特性。從具體應用來看，中國的新聞節目每天通過滾動字幕的形式向普通居民報告大白菜、花生油的價格變動情況，政府部門通過利用 CPI 度量通貨膨脹情況、測定實際工資水準，這分別又體現了編製 CPI 的微觀和宏觀需要。而現實中，CPI 不同於 GDP 等指標——將微觀變量值簡單加總就能比較準確的估計出宏觀總量，它要用部分微觀量的特定組合形式，或者更具體地，加權形式代表宏觀水準。所以，從微觀即消費者消費行為出發，綜合考慮微觀宏觀兩方面的內容，同時把握 CPI 在中國的用途，才可能找到相對適宜的核算範圍。

從消費的定義來看，消費是指人們將生產出來的物質和精神產品用於滿足個人生活需要的行為。顯然，房屋是人們生產出來的物質產品，一旦它被銷售給居民並用以滿足其居住需求，就意味著消費行為已經產生，同時，房屋由產成品轉化成為消費品，即 CPI 編製過程中的「自有住房」。再者，消費資料有多種劃分方式，大致可分為以下幾類：第一，按照消費種類分為吃、穿、住、用、行幾類；第二，按照人們的需求層次分為生存資料、發展資料和享受資料；第三，按照時間長短分為普通消費品和耐用消費品。從消費種類來看，居民自己買來居住用的房子應該屬於「住」一類的消費；從人們的需求層次來看，如果消費者買的房子是為了增加生活的方便程度，遮風擋雨、住宿儲物，那麼它應該屬於生存資料，如果消費者買房子是為了提升生活品味和生活質量，比如買海邊別墅用來度假，那麼應該屬於享受資料；從使用時間長短來看，自有住房的消費週期一般較長，所以應該屬於耐用消費品範疇。從宏觀層面來講，在中國，編製 CPI 主要是為了給宏觀政策制定提供依據，保障民生，這一點第三部分已有提及，不再贅述。同時，從國家的住房政策可以瞭解到，中國目前已經把住房視為關係民生的重要方面，提供經濟適用房、保障性住房，嚴格審查企事業單位住房公積金發放情況等一系列政策都體現了政府管理部門已經把提升居民住房消費的能力、縮小住房環境差異視為關係居民基本生活水準和生活質量的重要方面。宏觀政策導向決定與其有關聯關係的宏觀經濟指標的設計，因此，將體現「消費職能」的那部分房屋價值及其相關服務費用納入 CPI 是具有一定現實意義的，如此看來，「居民自住的第一套住房購買屬於消費，而第二套及以上的住房屬於投資」的設計就存在其合理性。至於何為「第一套住房」的認定，不過是一個技術問題而已。

事實上，把自有住房視作消費已經逐漸為許多機構認可。1987 年，第 14 屆國際勞動統計學家會議建議在 CPI 中包含住房成分。1993 年 SNA 體系改革以後，也開始建議「將住房因素考慮到 CPI 核算中」。歐盟各成員國在匯總編製其官方價格指數（HCPI）之前採用的是排除法，2008 年之後開始改用淨購置法將購買新房的價格納入 CPI。所以，無論是從理論、世界發展態勢，還是從中國實際應用的角度來看，都應該將居民自有住房消費納入 CPI 的核算。

二、首次購房價格應計入消費物價指數

（一）問題的提出

2013 年，北京大學匯豐商學院教授克里斯托弗–伯爾丁發表的一份報告指出，中國公布的通貨膨脹和國內生產總值數據可能被高估了，造成其經濟規模被誇大了 1 萬億美元。

克里斯托弗–伯爾丁在研究中對 2000 年到 2011 年的數據進行了檢視，認定通貨膨脹數據不準確，這將導致包括國內生產總值和可支配收入在內等經濟指標的扭曲。他表示，如果通貨膨脹數據是不準確的，那麼這個數字將會影響到經濟的其他領域和其他財政數據，隨著時間的推移將會導致巨大的差異。

此外，他的研究發現，在 2000 年至 2011 年間，通過對官方統計的房價進

行修正，中國實際的 CPI 數據應該比官方數據高 1%，這令該國的實際 GDP 比官方數據減少 8%~12%，規模大概為 1 萬億美元。

在這份報告中，伯爾丁特別關注了房價數據，後者是統計 CPI 最大的權重項目之一。中國經濟的繁榮導致人們從農村遷徙至不斷擴張的城市內，這導致發達地區的房價「火箭」般上漲。但是，中國官方的統計數據顯示，農村的房價漲幅還高於城市。這顯然是很難令人信服的。

這裡，我們對於伯爾丁教授關於中國的經濟規模被誇大了 1 萬億美元的結論不能簡單地認同，畢竟影響中國經濟的因素有方方面面。但是我們認為，伯爾丁教授關於中國實際的 CPI 數據可能被低估的觀點是有一定道理的，因為在中國，購房價格的變動沒有計入 CPI，購房行為被認為是投資而不是消費的觀點直接影響了中國 CPI 的大小——從而又很大程度上影響了中國的經濟規模。

那麼，是否應該將購房價格計入 CPI 呢？如果將購房價格計入 CPI，又應當如何計入？居住類的類別又該如何調整呢？下面對這些問題談談我們的認識。

（二）首次購房價格應該計入 CPI

我們認為：首次購房價格應該計入居民消費價格指數。

首先，從代表規格品的選擇原則來看，購房價格應該計入居民消費價格指數。在中國，代表規格品的選擇原則之一是：生產、購進或消費量（金額）大。住房支出在家庭消費支出中所占的比重高低，是決定購房價格應不應該納入居民消費支出核算的關鍵。根據一些城市大致的估計，社會消費品零售總額與房屋銷售總額比例大致為6：4，也就是說居民總體如果一年支出100元，大約有 40 元要用在房屋支出上，這個比例應該是較高的，如果完全不考慮購房價格變動因素，勢必會導致消費價格指數難以真正全面地反應居民消費支出的變化。

其次，目前在居民消費價格指數的居住類價格中，是使用房租來體現住房消費價格變動的。房租又分為兩種情況：對租房的人而言，其住房的價格變動是通過實際租金來體現的；對擁有自己住房的人而言，其住房的價格變動是通過其擁有住房的潛在租金（或虛擬租金）來體現的。事實上，僅僅用實際租金和虛擬租金體現購房價格變動是相當片面的，它並不能完全體現購房價格變動。

就實際租金而言，國家統計局城市社會經濟調查總隊的調查資料顯示：全國的城鎮居民中租房家庭僅占 15%。顯然，在中國，租房只是小部分消費者的居住選擇。而且用租金價格計算的漲幅與購房價格計算的漲幅相比，差距太大。僅 2005 年一季度全國 35 個城市住宅價格平均上漲 12.5%，而租金價格僅僅上漲 1.3%。如此小的比例，如此大的差距，不得不讓民眾質疑：實際租金能夠體現住房消費價格的變動。

就虛擬租金而言，虛擬租金是自有住房的體現形式。在中國，城鎮居民和農村居民自有住房虛擬房租的計算公式如下：

城鎮居民自有住房虛擬房租＝［（年初城鎮居民住房面積+年末城鎮居民住房面積）÷2］×城鎮及工礦區個人建房單位面積工程造價×4%（折舊率）

農村居民自有住房虛擬房租＝年末每間住房價值×年末戶均住房間數×農村人口戶數×2%（折舊率）

長期以來，中國住房實行低租金福利制度。計劃經濟時期的福利分房機制已經基本消亡，房價和房租的市場價格形成機制已經確立。更多的居民通過購買產權擁有了自己的住房，國家統計局城市社會經濟調查總隊的調查資料顯示：全國 85%的城鎮居民家庭擁有自己的住房，租房家庭僅占 15%。然而，中國 GDP 核算制度自 1993 年正式執行以來（包括以前年度的數據調整），沒有充分考慮居民住房制度的這種根本變化，居民住房虛擬房租依然以城鎮及工礦區個人建房單位面積工程造價計算，計算結果必然嚴重偏低。又因為虛擬房租是居民住房消費的重要組成部分，這必將嚴重低估中國居民住房消費的總量及其在居民消費中的比重，從而導致居民住房消費的實際支出與統計部門的數據不銜接。

綜上所述，顯然僅僅用實際租金和虛擬租金來代表購房價格變動是不妥的。

再次，將住房問題納入消費價格指數並不會引起消費價格指數的劇烈波動。某些學者認為商品房購買行為是一種短期內集中支付的行為，而房子的消費時間有幾十年，其購買和消費行為是不同步的。如果直接把購房價格納入當前的居民消費價格指數中，會使消費價格指數因商品房市場的週期性而出現劇烈波動，不能正確反應與當前居民實際消費內容相對應的全部消費支出的價格變動。這實際上是把個人的買房行為混同於整體市場。對個人來說，短期內的買房支出反應的的確是以後幾十年的住房消費價格水準，但不能由此推斷整體市場也是這樣的，因為儘管整體是由個體加總而成，可它們之間有本質的區別：個體反應的只是一次購買的過程，而整體反應的是買賣的整體過程，也就是說，雖然一個人一生中可能只買一次房子，但整體卻是連續的，市場有源源不斷的人進入。退一步而言，即使住房市場就是一次性買賣行為，同是作為耐用品，汽車、彩電等使用年限也很長，它們可以成為居民消費價格指數的統計對象，住房為什麼就不能計入居民消費價格指數？可見，使用年限的長短也不是拒絕的理由。

最後，商品房的購買在統計口徑不能全部歸於投資。某些學者認為：商品住宅具有明顯的投資性，且在某種意義上也是一種金融資產，因此，西方國家大多將住宅投入類視為投資而不是消費，中國也應如此。這種觀點明顯脫離了中國國情。在西方國家，貸款買房和租房已經是大多數人的居住形式。而中國目前正處在住房改革時期，商品房是消費和投資的混合體。不能單純地將商品房的購買歸於投資，因為對於大批城市無房戶來說，購買第一套住房首先解決的是「住」的需要。也不能單純地將商品房的購買歸於消費，因為，在小部分居民中的確存在著為賣和出租而買的明顯的投資行為，兩種行為可以是成規模的，也可以是小範圍的，有時甚至是階段性的。因此，我們不能無視中國國情，盲目效仿西方國家，將商品房的購買全部歸於投資。

(三) 關於 CPI 中居住類調整方法的思考

首先，要將購購房價格計入 CPI 的居住類消費中。具體方法是：將個人首次的購買商品房的價格一次性計入 CPI。

這裡需要強調的有三點：

(1) 必須是個人的「首次」購房價格。為什麼是「首次」呢？因為，個人的首次購房絕大多數是為了滿足自身居住的需求，而二次或者更多次的購房就可能出現以租賃為目的或為賣而買的投資性行為。在將購房價格計入 CPI 時，不應考慮這部分非消費性質的購房行為。

(2) 必須是購買「商品房」的價格。為什麼是「商品房」呢？因為，中國以前的住房制度是：從 1996 年住房制度改革以來，出現了房改房、集資建房等多種解決住房問題的方法。其中只有商品房能夠反應房地產市場的市場價格。其他方法購置的住房並不能反應房地產的市場價格，不易計入 CPI 中。

(3) 必須是「一次性」計入 CPI。為什麼是「一次性」呢？因為，商品房市場是整體行為，其反應的是買賣的過程。也就是說，有人買房子，也就有人賣房子。另外，一個人一生中可能只買一次房子，但整體卻是連續的，市場有源源不斷的人進入。因此，一次性計入不會引起 CPI 的劇烈波動，而且一次性計入方法簡單，有利於統計調查和核算。

其次，如果將購房價格計入消費價格指數，那就需要對居住類中的類別構成重新設置。筆者認為，既然購房價格要計入消費價格指數，則原有的租金和自由住房可以並為一類。而隨著商品房市場的發展，物業管理費用也越來越受到人們的重視，因而，也應將物業管理費用計入消費價格指數統計。那麼，居住類的類別可以重新構建成為：建房及裝修材料、租房及自有住房、水電燃料、物業管理費和購房五個中類。相應的，這五個中類的權數應該有所調整。

最後，目前中國消費價格指數中居住類權數遠低於20%，這相對其他西方國家明顯過低（如在美國消費物價指數中，居住類權數占41%。），也不符合目前的國情，應該適當上調。

三、自有住房核算方法的選擇

核算住房消費的方法不一，各個方法和具體計算過程都有其理論基礎和實踐先例，但又都存在一定問題，鑒於我們研究的落腳點在於消費支出結構的變化對CPI的影響，目的是為了從數據角度發掘在改變了現有核算範圍的條件下，中國CPI的波動情況。在國際上，有關住房消費的處理有如下幾種方法：

第一，住房消費不列入CPI，周清杰（2008）稱其為排除法。即按照1993年以前，國民收入核算體系（SNA）的做法，將自有住房支出作為投資品來處理，認為居民消費價格指數應該只核算居民戶消費的、已經完成市場交易的商品和服務的貨幣價格。

第二，淨購置法（Net Acquisitions Approach），也稱淨取得法，將居民部門購買新房的實際交易價格視做自有住房費用①，即以居民和房屋銷售方是否簽署契約作為交易價格是否計入當期CPI中的標準，它包括了家庭需要支付的貨幣交易，與房款是否支付、房屋是否交付使用無關。在具體核算過程中，常常把財產稅及財產保險費、維修費計入其中。

第三，支出法（Outlays Approach），也稱花費法，將居民當期實際支出的現金額視為自有住房費用，而不去關注住房是否已經交付使用或者開始被消費。這種核算方法認為財產稅及財產保險費、修理維護費、抵押貸款利息均屬於住房消費範圍。

第四，消費成本法（Cost of Consumption），此方法把小規模修理費、維護費、財產稅、與服務費相關的保險費等實際消費成本視作自有住房的費用。這

① EUROSTAT. Progress: Report on owner-occupied housing [R]. 61st Meeting of the Statistical Program Committee, Luxembourg, 2007.

種方法更注重住房消費的成本而非購買時的貨幣交易價格。

第五，等值租金法（Rental Equivalence）或估算租金法（Imputed Rent），即用同類住房的市場租金來估算自有住房的費用。住房消費核算方法對比如表 12-1 所示。

表 12-1　　住房消費核算方法對比

項目	排除法	淨購置法	支出法	消費成本法	等值租金法
購買新房的價格		√			
財產稅及財產保險費		√	√	√	
修理費、維修費		√	√	√	
自有住房的租金					√
使用自有住房的成本				√	
抵押貸款利息、預付金			√		
使用國家舉例	法國、義大利、西班牙、菲律賓	澳大利亞、新西蘭、歐洲聯盟	愛爾蘭、英國	美國、加拿大、瑞典、芬蘭、冰島	美國、德國、墨西哥、日本、印度

資料來源：周杰清. 自有住房的雙重性質及其費用在 CPI 中的處理［J］. 經濟理論與經濟管理，2008，(3).

除第一種方法以外，其他幾種方法均將住房費用納入了 CPI 的核算範圍，其差異在於如何區分住房的「消費品」部分和「投資品」部分。事實上，幾種方法各有優缺點。淨購置法直接將購買新房的交易價格作為自有住房費用，如果按照任棟、周立輝（2006）等學者的觀點，居民第一套住房用以消費，可以納入核算範圍，第二、第三套住房用以倒賣賺取差價，有投資性質，屬於不應考慮的「非消費性質購房行為」，那麼淨購置法顯然誇大了住房消費對價格影響作用。但是這種方法以實際貨幣交易為基礎，能「即時跟蹤價格上漲過程」（周清杰，2008），方便央行及時地掌握價格變動方向，有利於制定貨幣政策。支出法不關注房屋是否已經被消費，而只關注消費者的支付行為是否已經產生。中國老百姓常常關注的「房價的即時性」在這一方法上的體現不是特別明顯。但住房抵押貸款利息等信息確實在一定程度上體現了房價的波動，只是對一個政府干預相對較多的經濟體來說，利息的波動往往比房價略有滯後性。等值租金法比較適用於住房市場比較完備的國家，因為住房市場發達意味著政府部門干預較少，同類住房的市場租金就能較為準確的體現居民自有住房價格的變動情況，這一方法在中國還不太適用。

事實上，目前國際上許多權威組織也只是建議將部分自有住房消費納入CPI核算，但核算方法和具體核算細節依然沒有統一的標準。所以，自有住房消費核算的國際可比性問題也就相對弱化，而選擇更適合中國國情的方法似乎更具現實意義。上文對各個方法的優劣性對比僅僅限於經濟學和統計學理論基礎，而從數據角度對各種方法的差異性做一描述則更具直觀性，有助於瞭解中國住房消費核算的範圍的變化對CPI編製的影響。鑒於對以上各個方法優劣性的對比，這裡分別採用淨購置法、消費成本法對中國CPI進行再估計。概括來說，之所以沒有選擇支出法，主要是由於支出法沒有將住房消費的「即時性」很好地表現出來，預付金等信息帶有一定的投資性質，存在先行性特點；之所以沒有選擇等值租金法主要是由於這方法往往適用於商品房買賣市場、租房市場較為發達，政府干預少，市場間聯動性較強的國家和地區，中國在這些方面顯然不符合條件。淨購置法的「即時性」較強，對於測度通貨膨脹、制定貨幣政策的幫助較為明顯，而消費成本法和中國目前的估算方法比較接近，所以更具實用性和可比性。

四、中國CPI在不同自有住房核算方法下的變動特徵分析

在對CPI進行重新估算前，應先結合中國的核算情況，討論選用消費成本法、淨購置法與Divisia方法相結合時遇到的問題。

先考慮消費成本法。中國目前居住類商品和服務項目包括了建房及裝修材料、租房、自有住房和水電燃料四個方面，其核算方法雖然接近消費成本法，但與消費成本法的差異性還是比較明顯。在居住類商品和服務中，一是建房及裝修材料，權重是27%，包括木材、磚、水泥、塗料等；二是房租，權重為11%，包括公房房租、私房房租等；三是自有住房，權重為21%，包括物業管理費用、維護修理費用等；四是水、電、燃料，權重是41%，其中包括水費、電費、液化石油氣等，自有住房的虛擬房租用貸款利率代替①。王軍平（2006）認為中國低估的是房租費，他認為「虛擬房租以城鎮及工礦區個人建房單位面積工程造價計算」導致居民住房消費的實際支出與統計部門數據錯位，並用居民人均住房建築面積乘以房地產開發企業（單位）竣工房屋造價

① 參見2010年《21世紀經濟報》數據以及國家統計局數據。

得出人均住房的成本增加額，將其折舊調整後加到居民人均住房消費中，估算出 CPI 的居住類權數至少低估 12 個百分點。這種方法有一定的合理性，但折舊率 4%的確定方法只是根據經驗數據獲得，沒有可衡量的標準。所以用人均住房成本的增加額調整折舊，不如換一個角度，不去重新調整租房費用，直接計算新增人均住房成本增加額，將其加到自有住房的部分。事實上，與其他國家消費成本法的設計相比，中國的核算缺少的是「自有住房的成本」部分，維護費等已經計入自有住房消費範疇，所以用住宅竣工價值除以住宅竣工面積，得到竣工住宅的平均價格，再將其乘以人均新增住房面積得到自有住房成本，加入目前人均居住類消費額。但是這種方法存在一定缺陷，重複計算了建房及裝修材料，所以有必要將這部分費用剔除。

消費情況（C_i）確定了，價格波動（$\overset{\gg}{p}_i$）也需要重新估計。按照大類環比指數的計算方法 $I = \sum W_{t-1} \dfrac{P_t}{P_{t-1}}$，即中類環比指數的加權，這裡也採用加權的辦法得到新核算範圍下的居住類價格指數，即

$$\overset{\gg}{p}_i{}' = \overset{\gg}{p}_i \times \frac{c_i}{c_i + c_k} + \overset{\gg}{p}_k \times \frac{c_k}{c_i + c_k} = \overset{\gg}{p}_i \times \frac{c_i}{c_i + c_k} + \frac{p_{k,1}}{p_{k,0}} \times \frac{c_k}{c_i + c_k} \quad (12.1)$$

其中，i 代表現有核算範圍下的居住類商品和服務，k 代表新增加的「自有住房」部分，$\overset{\gg}{p}_i{}'$ 表示加入了「自有住房成本」以後的住房類消費價格指數，$\overset{\gg}{p}_i$ 表示官方公布的居住類消費價格指數，$c_j(j = i,\ k)$ 表示各類項目的人均消費額度，$p_{k,\ l}(l = 1,\ 0)$ 分別表示「自有住房成本」報告期和基期的價格。需要說明的是，CPI 核算中的權重是統計局設定的，一方面根據消費支出數據，另一方面要根據消價處根據綜合情況進行微調，而這裡的權重則是完全根據已設定的消費範圍對消費額加權得到的。同時，相應地要對 Divisia 公式中的消費類（C_i）信息進行調整。

相對而言，中國的核算方法與淨購置法差異較大。國際上採用這種方法的國家一般用住宅銷售信息核算購買新房的消費額，但是住宅的銷售額包括了現房銷售額和期房銷售額兩部分，根據中國建設部《商品房銷售管理辦法》的規定：商品房現售是指房地產開發企業將竣工驗收合格的商品房出售給買受人，並由買受人支付房價款的行為；商品房預售是指房地產開發企業將正在建設中的商品房預先出售給買受人，並由買受人支付定金或者房價款的行為。所以，期房是沒有竣工驗收合格的商品房，顯然對於這類住房而言，即使居民實現了購買行為，也不大可能實現消費行為。所以，這裡只選用現房銷售額進行估算。具體地，用住宅現房銷售額除以總人口得到人均住宅購買額，用住宅現

房銷售額除以住宅現房銷售面積得到「購買新房的價格」。將購買新房的消費額加上現有住房類商品和服務消費額值，就得到了淨購置法估計下的居住類消費額。需要說明的是，居民「購買新房」的消費中也包括了建房及裝修材料的費用，應該剔除。然後按照類似消費成本法的方法求出加入了「購買新房」項目後的住房類消費價格指數，同樣，也對 Divisia 公式中的消費類信息進行調整。

數據時間段的選取：通過之前的統計分析可以知道，2006 年權重調整以後得到的權重值與居民消費支出結構的吻合性更高一些，並且在擴大了居住類核算範圍以後，對權重的重新估計都是按照消費支出得到的，所以這裡選取 2006 年以後的數據進行擬合，以方便和官方估計的 CPI（上年 = 100）進行對比。另外，在用 Divisia 公式進行計算過程中，所需的現房銷售額等變量的月度數據是 2005 開始才在中經網和中國統計局網站上公布的，估算 2005 年之後的 CPI 也是基於數據可得性的限制。將各個數據代入上述公式可以發現，完全按照消費支出比設置權重，通過消費成本法和淨購置法得到的居住類權重分別為 17.7%、16.9%，其他大類商品的權重依次按消費支出構成比分攤後，權重變化不是特別明顯。從圖 12-1 的估計結果不難發現，按消費成本法計算出來的消費支出比，即權重，要高於淨購置法的計算結果，且消費成本法得到的 CPI 估計值要高過淨購置法和現有公布數據。這主要是由於在採用消費成本法進行計算的時候，新增住房消費額是用人均新增住房面積乘以住宅單位面積竣工價值得到的，人均新增住房不僅包括淨購置法中現房，還包括其他內容，比如通過享受廉租房等方式實現的住房增加。而現房僅僅針對商品房市場而言，無論是依市場定價的一般商品房，還是保障性住房中的限價商品房。總體來說，現房包括的範圍比新增住房要窄。這樣，用消費成本法估算得到的居住類消費占總消費的比例就相對較高，相應地，估計的權重也高些。

無論採用哪種方法，從總體平均水準上看，一方面，估計得到的 CPI 要略高於官方公布的水準，但絕對差異並非特別明顯。這與任棟（2006）、趙樂東（2010）等學者的預測有一定的一致性：將住房問題納入消費價格指數並不會引起消費價格指數的劇烈波動。另一方面，兩種方法的估計結果又存在一定差異。與官方公布的 CPI 相比，用消費成本法估計出來的結果要高約 1 個百分點，並且其兩個波形相似度較高。而用淨購置法估計的結果與官方公布數據的波形差異較為明顯，這在一定程度上體現出了商品房市場的價格波動對 CPI 的影響。2006—2008 年年初，金融危機之前，中國房價一度在高位徘徊，相應地，估計 CPI 高於官方公布結果 0.3~0.5 個百分點；2008 年下半年，受金融

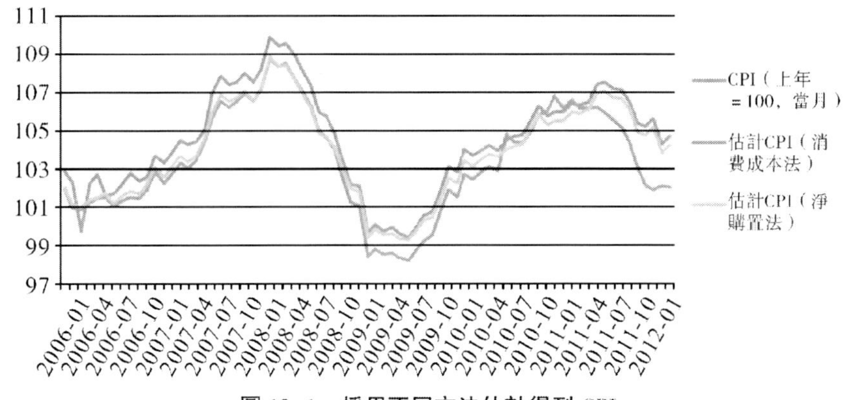

圖 12-1　採用不同方法估計得到 CPI

危機影響，直至 2009 年年中，中國房地產業出現疲軟，住宅類商品房銷售量也有所下降，估計 CPI 低於官方公布結果 0.1~0.3 個百分點；2009 年下半年，經濟刺激計劃發揮作用，加上游資炒作，房價又一路攀升，之後政府出抬了大力度緊縮房貸的政策，房價在 2010 年得到一定程度的控制，同樣，估計 CPI 先是高出官方公布結果約 1 個百分點，然後又與其拉近差距。值得注意的是，兩種方法對 2011 年以後的 CPI 估計均高出實際 GDP 1~2 個百分點。這說明：新修訂的 CPI 權重調整方案雖然把住房貸款利息等計入 CPI，但現實中，住房貸款利息體現了金融政策層面對 CPI 的影響，而居住成本或者說資本推動下的房價更直接地影響著住房消費。而居住成本和房價信息則分別在消費成本法和淨購置法中更明顯地體現了出來。

另外，兩種方法的差異性決定了估計結果的不同，消費成本法只是把新增住宅的成本價加到自有住房範圍裡，而銷售價格的波動往往比其成本價值的波動劇烈，所以在存在遊資炒作的情況下，淨購置法更明顯地體現出了房價波動對 CPI 的時時性影響。

五、相關結論和建議

以上我們首先通過描述統計分析了 2006 年中國 CPI 權重調整前後，城鄉居民消費支出結構與 CPI 權重設置的差異性，以及各大類商品價格指數的波動特徵，為後面討論 Divisia 三個分解效應不同週期的波動特點做鋪墊。然後，結合對 CPI 的質疑——CPI 是否低估住房消費，我們進一步討論了居住類消費中有關自有住房消費不同核算方法對於中國的適用性及其對 CPI 波動的大致影響效果。

（一）影響中國 CPI 波動特徵

CPI 數據呈現「通脹漲、通縮落」「隨大經濟環境而動」的特徵，而分解效應呈現出以年為週期的波動態勢，消費規模效應和異類商品的差別效應的週期性和規律性更為明顯。顯然，這與中國居民消費規模增長及其消費支出調查方法密切相關。中國居民消費規模每年平穩遞增，消費總量呈現春節前後高、其他時段平穩的特徵；而在消費支出調查框架比較穩定的前提下，耐用消費品、非耐用消費品的差異，生存資料、發展資料、享受資料的消費差異也相對比較固定。特別地，消費結構效應呈現出和 CPI，特別是差分 CPI 類似的分佈形態——兩者尖峰特徵明顯，但消費結構效應更為突出。通過對 CPI 的解構發現，中國 CPI 數據受居民消費支出核算的影響較為明顯。也就是說，選擇什麼樣的籃子商品，以及由籃子商品確定而隨之產生的消費支出結構的調查結果是影響官方公布 CPI 數據特點的主導原因，而目前所選商品的差異性以及居民消費規模的增長效應對 CPI 數據特徵的塑造作用並非特別明顯。中國基於固定籃子指數的 CPI 編製體系與索爾貝克、米爾斯一派的理論更加匹配，即籃子商品而非權重是影響 CPI 核算的主要問題。更確切地說，決定權重的消費支出結構才是影響 CPI 最終核算結果的主要因素，而權重與消費支出結構在技術上的錯位對於 CPI 的影響次之，因為這種影響已經在「五年一大調，一年一小調」的矯正工作中被削弱。

與 CPI 不同的是，消費支出結構受消費計劃或預期的影響較為明顯，這又體現出了實際應用中，固定籃子理論和生活費用理論的互補性，因為只有生活費用指數才去討論消費者根據商品和服務的價格波動如何進行消費組合選擇，也就是消費計劃的問題。而出現這樣的現象，正是中國在採用的是固定籃子理論進行 CPI 核算過程中，時刻關注商品和服務的需求變化，隨時將「過期」商品和服務淘汰，並增加新內容以調整籃子商品，進而改變消費組合形成的結果。

另外，需要特別指出的是，雖然規模效應和異類商品的差異效應不是形成 CPI 分佈特徵的最主要因素，但是，它們對 CPI 計算結果並非沒有影響。只不過一些因素削弱了這兩個效應的影響作用：消費規模的擴大，意味著消費者預算約束線的外延，進而影響消費者消費束，而不斷更新商品和服務項目的結果就是「籃子」與消費束更加吻合；權重與消費支出結構的差異本來也對異類商品的差別效應造成一定影響，這種影響往往伴隨著人們對 CPI 的質疑而發生，調整權重不調整消費支出核算範圍的做法是使得這種差異出現的原因之一。

（二）關於提高中國 CPI 權重調整效果的建議

在提出建議之前，我們有必要對目前一些有關 CPI 編製的觀點進行討論。①按照中國 CPI 編製的方法選擇，不改變現有籃子商品以及現有消費支出核算範圍，單純認為是某種商品的價格上漲了，其消費比重上升了，於是就提高某類商品和服務的權重，不是最合理的做法。本部分的統計分析發現，如果按照中國官方說法：編製指數的權數資料「取自城鄉住戶調查的居民消費支出數據」，那麼，居住類消費的權重過大了。但同時，中國還有自身國情——「專家評估」在設置權重的過程中起到了一定作用，不以「居民消費支出數據」為唯一衡量標準，是不是現有權重就比較合理？這一問題無從考證。這恰好說明了中國數據公布的透明性還有待提升，因為 GDDS 要求官方應該對數據調整方法進行詮釋。②用 SNA 做「擋箭牌」解釋中國現有 CPI 核算過程為什麼不加入「房價」因素的合理性不是很強。一方面，93SNA 已經開始建議將住房因素考慮到 CPI 核算中；另一方面，如果是出於國際可比性的考慮，那麼就更值得推敲，因為國際上並沒有統一的核算 CPI 居住類消費的標準和方法，不同國家根據各自需要以及對住房消費的理解進行方法選擇。因此，結合中國國情選擇合適的方法是目前 CPI 編製可以考慮的問題。基於以上的討論以及本文的實證分析，這裡為 CPI 的核算工作提出以下幾點建議：

第一，廓清 CPI 的定義性質、在中國的使用情況等基本問題是提升中國 CPI 核算水準的前提。其一，中國使用的是籃子價格指數，為盡量彌補其不能體現消費者偏好變化的缺陷①，在實際應用中，應時刻關注居民對於商品和服務的需求變化，隨時將「過期」商品和服務淘汰，並增加新的內容，並依據這些變動定期對權數進行調整，國家統計局已經在這些方面給予重視。這些工作的無非是讓固定籃子指數盡量和真實消費結構相一致。其二，在核算 CPI 過程中關注和重視國際對比，但不拘泥於國際對比。所計算的 CPI 方便國際對比固然有其重要意義：易於比較中國價格水準波動相對於其他國家的劇烈程度，為制定合理的貨幣政策提供對比性參考。但國際上關於 CPI 核算本身存在差異，單純為了可比而進行的國際對比意義不大。而對於基本指數方法，應與國

① 相關闡述見第三章。

際上核算籃子商品的方法相一致。對於具體核算範圍和權重選擇，應與居民現有消費情況相一致，他國的消費籃子與本國終究存在差異，即使籃子商品種類相同，其消費額也必然會由於消費習慣、政府轉移差異等諸多因素的影響有較大差異，所以國際對比要適度。

第二，明確中國 CPI 的用途是解決問題的環節之一。通過第三章的闡述可知，中國 CPI 的用途主要在於：測定通貨膨脹（或緊縮）、設置社保標準、剔除國民經濟核算中價格因素影響。事實上，同時完全滿足三個目的存在很大困難。就第一個用途來而言，投資品的價格對通貨膨脹的敏感度更為顯著；從第二個用途來看，一般消費品價格的波動肯定對設置最低工資、社會救濟標準有顯著的參考價值；從第三個用途來看，和國民經濟核算框架最吻合的核算方法是最有價值的。三個用途各有偏重點，分別要求價格水準的測定適當的關注投資品、更多的關注消費品、盡量的和國民經濟核算相匹配。但是綜合而看，無論是為制定貨幣政策、財政政策服務還是方便核算，最終目的都是通過觀察和分析消費品價格變動「對城鄉居民實際生活費支出的影響程度」而做出有利於經濟發展和民生的政策措施。所以，從這一角度考慮，單就 CPI 而言，核算範圍的選擇應以滿足居民需要為出發點。或者更完善一些，根據不同測度目地設置不同的指數也未嘗不是解決問題的方法，只是成本問題值得商榷。

第三，固定籃子理論下，中國 CPI 核算更應該關注籃子商品的確定也就是消費支出調查的問題。老百姓的感受之所以與 CPI 數據顯示存在差異，除了對 CPI 指標本身的理解存在誤區之外，主要的原因還在於中國消費支出調查的範圍沒有完全反應一般居民的消費習慣。以住房消費為例：在住房保障制度還有待完善的前提下，老百姓「住」的後顧之憂並沒有完全解決，而「住」又是消費構成的重要方面，如果將 CPI 數據作為調整工資水準、設置養老保險等這些與人民基本生活有關的政策依據，將具有消費性質的居住類消費納入核算範圍就有其合理性。再有，老百姓的消費習慣會隨著社會的發展逐漸變化，考慮新產品的進入、舊產品的退出當然是設定籃子商品所必需的。但同時，產品性質的轉換也是應該關注的問題。各界之所以對某類商品的核算特別敏感，是因為其消費已經進入人們的消費束，而核算尚未跟進。

第四，在居住類商品和服務的核算方面，根據中國現實情況，準確區分自有住房的資本性和消費性是需要解決的關鍵性問題之一，真實反應物價波動是 CPI 編製過程中時刻考慮的問題。已經被國際上某些國家有效應用的方法在中國不一定適用，比如：①等值租金法，中國不存在像其他發達國家那樣有效的房產市場，所以等值租金法在中國的利用價值不高。②支出法，中國核算 CPI

更多地體現了消費品價格的即時性，支出法的核算涵蓋了預付金等內容的核算，投資的性質更為明顯，所以支出法與中國 CPI 的使用用途有差異。這並不意味著淨購置法或者消費成本法就是最有效的方法，通過實證比較可以發現，淨購置法更多地體現了「房價」的波動情況，其估計出來的 CPI 的結果略帶「預見」效果，能在一定程度上提前反應價格的上漲或跌落。而消費成本法更多地體現了「房屋價值」或者「房屋成本」的波動性。而現實中，是價格而非價值更貼近老百姓的真實感受，所以，我們更傾向於將淨購置法作為中國自有住房核算的參考。

第十三章　中國消費者信心指數的形成機理研究——統計指數分析方法的拓展與應用

統計指數分析方法應用廣泛，在社會經濟的分析中，除了物價指數之外還有很多的應用。消費者信心指數就是一種建立在統計指數基本分析方法結合示性函數方法的一種典型的指數方法的擴展型的應用分析方法。

消費者信心指數（Consumer Confidence Index，CCI）是反應消費者信心強弱的指標，用以綜合反應並量化消費者對當前經濟形勢、家庭收入、物價、就業和耐用消費品購買的評價，以及對其未來變動的判斷，是以消費者主觀感受預測經濟走勢和市場消費趨向的一個重要的先行指標，因而是監測與把握宏觀經濟運行的一個重要依據。中國以市場需求為導向的改革，消費需求對經濟增長的拉動與制約作用顯著提升。國家統計局於 1997 年 12 月開始調查編製中國消費者信心指數。目前，國家統計局景氣監測中心發布的中國消費者信心指數（與國際著名的調研機構尼爾森公司合作編製），每月編製發布一次，是國家層面的獨立第三方研究機構編製、發布頻率最高的指標。

本書在回顧消費者信心指數的編製以及國內外相關研究的基礎上，根據 2006—2011 年中國有關宏觀經濟指標數據，採用計量經濟模型的分析方法對中國消費者信心指數的形成機理進行了實證研究，分析了消費者信心指數與若干重要宏觀經濟變量之間的複雜聯繫，得出了中國消費者信心指數受到 GDP 增長率的「暈輪效應」影響，以及受城鎮登記失業率、房地產開發景氣指數與 CPI 同比指數等因素影響等若干結論。

一、消費者信心指數的編製與發布概況

消費者信心指數（Consumer Confidence Index ，CCI）是反應消費者信心強弱的指標，用以綜合反應並量化消費者對當前經濟形勢、家庭收入、物價、就業和耐用消費品購買的評價，以及對其未來變動的判斷，是以消費者主觀感受預測經濟走勢和市場消費趨向的一個重要的先行指標，因而是監測與把握宏觀經濟運行的一個重要依據。

20 世紀 40 年代，隨著居民消費需求對經濟增長和結構變遷的制約作用日趨突出，美國密西根大學調查研究中心為了研究消費需求對經濟週期的影響，首先編製了消費者信心指數（以下簡稱「密西根指數」）。隨後，世界各國按照類似做法編製了本國的消費者信心指數。至今，美國、歐洲各國、日本、澳大利亞和中國等都編製並發布了自己的消費者信心指數。儘管各國消費者信心指數的編製方法不盡相同，但不同國家消費者信心指數編製方法基本思路卻大同小異，即參照密西根指數的設計思路。把消費者信心指數看作由消費者預期指數（ICE）和消費者現狀指數（ICC）構成。其中，ICE 反應消費者對收入和總體經濟走勢的態度；ICC 反應消費者對當前各種經濟條件和購買時機的看法，消費者信心指數（CCI）則綜合反應消費者對當前經濟狀況的滿意程度和對未來發展的信心。

在發達市場經濟體，居民消費占 GDP 的比重大，是直接引致經濟增長與波動的最重要的影響因素。消費者信心指數在相當大的程度上直接反應居民對經濟走勢及消費的判斷與意願，因而引起了發達市場經濟國家政府、學界乃至普通公民的高度重視，成為警示社會經濟走向的重要宏觀經濟景氣指標，並在影響全社會消費、就業等方面發揮著十分重要的作用。

中國以市場需求為導向的改革，消費需求對經濟增長的拉動與制約作用顯著提升。國家統計局於 1997 年 12 月開始調查編製中國消費者信心指數。目前，國家統計局景氣監測中心發布的中國消費者信心指數（與國際著名的調研機構尼爾森公司合作編製），每月編製發布一次，是國家層面的獨立第三方研究機構編製、發布頻率最高的指標。

中國消費者信心指數包括「現狀指數」和「預期指數」兩個分指數，系通過對全國 20 個主要城市消費者進行隨機抽樣的調查問卷編製而成。調查問卷主要涉及 5 個方面：受訪者對當前經濟形勢的判斷、對家庭收入的看法、對目前購買商品時機的判斷及對未來整體經濟的判斷以及對自身收入的評判。經過 10 多年編製發布的實踐，中國消費者信心指數已成為中國經濟景氣指數體系的有機組成部分，日益受到國內外的關注。目前，北京、上海、四川、福建和山東等多個省市的統計部門和高等院校也編製和發布了省、市的消費者信心指數。

二、消費者信心指數的研究狀況

消費者信心指數的實質在於把握公眾對於經濟運行和經濟政策的主觀評判與趨勢預測。消費者信心是潛在的理論變量，對它的測度是通過對消費者主觀認識的測度間接實現的，這種方法在理論上隱含著一個假設：即消費者在收入、就業、物價、利率、經濟發展形勢等方面的認識，與潛在的消費者情緒之間存在著相關關係，即在特定時期，通過消費者對上述各方面的認識進行評判，從而得到消費者信心的某個具體分值。

消費心理學認為，消費支出是消費能力和消費意願的函數，因此消費者信心的大幅下降能夠導致消費者支出的減少，西方經濟學界歷來十分重視公眾心理對宏觀經濟的影響。英國著名經濟學家庇古曾經指出「一半的工業生產波動可以由心理因素來解釋」，凱恩斯也提出心理慾望是引起經濟波動的因素之一。關於美國密西根大學 Katona 教授主持創立的消費者信心指數的作用，美、英等大部分研究文獻認為，CCI 對公眾消費有明顯的引導與預測作用。如 Garner（1969）、Markrikadis（1989）、Fuhrer（1993）等人的研究發現，CCI 對消費者未來的消費行為存在影響。Eppright（1998）等人發現 CCI 具有相應的某些經濟指標所不具有的解釋總消費支出的能力。Carroll（1994）、Acemogolu（1994）等人的研究證實，在美國和英國，滯後幾期的 CCI 對當前的消費者行為具有很強的解釋作用。

關於消費者信心指數對宏觀經濟運行的相關性分析呈現出多個角度。多個國家和地區都把消費者信心指數作為監測宏觀經濟運行趨勢的重要指標，其中，CCI 及其各項分類預期數據可以有效地預測短期內主要經濟指標和消費需求的變化趨勢。Kumar（1995）等人認為，在經濟預測變量中加入 CCI 指數能有效地改善預測的效果。Fuhrer（1993）、Hymans（1970）、Mishkin（1978）、Gordon（1984）、Garner（1991）等發現消費者信心更可能與經濟週期同步，並且考慮可支配收入、失業率、通貨膨脹率等其他經濟變量後，其對消費支出的解釋能力明顯下降。這主要是由於消費者預期收入、當前或未來經濟狀況存在不確定性，在正常時期消費者信心對未來消費的預測能力有限，而同時消費者信心的大幅波動對預測經濟轉折具有顯著作用。

在宏觀經濟統計實踐中，美國商務部把「密歇根消費者預期指數」納入經濟先行指標體系，作為其宏觀經濟預測模型的重要變量。值得注意的是，密歇根大學早期的研究發現，1967—1995 年的美國消費者預期失業率與實際失業率顯著相關，實際失業率的變化比消費者預期滯後 9 個月；實際 CPI 的變化比消費者預期滯後 3 個月。2007 年，密歇根大學調查研究中心主任 Richard Curtin 對 37 個國家和地區消費者信心調查數據的研究表明，有 54%的國家和地區的 CCI 調查數據與本國 GDP 增長趨勢顯著相關，能夠有效預測 GDP 增長趨勢；62%國家和地區數據可以有效預測失業率的變化；55%可以有效預測消費市場的變化。實際上，消費者的預測能力並不比訓練有素的經濟學家遜色。

在中國，由於消費者指數發布較晚，所以該領域的研究成果較少。鐘路（2004）較早地介紹了消費者信心指數的編製方法。關於 CCI 的預測性研究者有吳文峰、胡戈遊和吳衝鋒（2004），其研究表明，中國的消費者信心指數基本能夠預測居民的消費行為，但對各個經濟部門的引導信號卻不夠明顯。席曉青、謝荷峰（2009）也討論了 CCI 與 CPI 之間的相關關係。張道德、俞林（2009）的研究表明：PMI（採購經理指數）對 CCI 有正向的推動作用，而 CPI（消費價格指數）對 CCI 存在負向的影響。郭洪偉（2010）討論了中國消費者信心指數編製中存在的問題。李明、黃姍燕、張琦（2011）的研究認為人均消費支出與前期消費和收入有關，CCI 對消費需求具有較好的指示作用等。

綜上所述，國內外關於消費者信心指數的研究大都集中在 CCI 與各種宏觀經濟因素與之間存在的關係以及 CCI 對宏觀經濟的導向功能方面。那麼，中國消費者信心指數作為一項宏觀經濟景氣指標，與中國各種重要的宏觀經濟因素之間的相互關係如何呢？或者說，中國消費者信心指數的形成機理究竟如何呢？為此，我們以國家統計局景氣監測中心發布的中國消費者信心指數的月度數據為依據，在計量經濟模型分析的基礎上重點研究這一問題。

三、指標選擇和數據的預處理

本章重點探究中國消費者信心指數與中國重要的宏觀經濟指標之間的關係。2006 年，國家統計局中國經濟景氣監測中心編製的宏觀經濟景氣監測模型之中，並將消費者信心指數按 1996 年 6 月為基準進行了標準化處理，因此，考慮到數據的可比性，數據樣本起點也確定為 2006 年，同時考慮到樣本數據的系統性，樣本期確定為 2006 年 1 月至 2011 年 12 月。

鑒於宏觀經濟指標眾多，按以下原則選取相關指標：一是具有一定綜合意義的宏觀經濟、社會指標；二是與 CCI 可能存在某種可以解釋的經濟關係；三是具有或者可以轉換為與 CCI 相同量綱的指數形式；四是可以找到 2006—2011 年基本完整的統計數據的指標。按此原則，共遴選（包含指數化處理）了以下 17 個與 CCI 可能存在相關關係的宏觀經濟變量：

國內生產總值（GDP）發展速度（GDPFS）；社會消費品零售總額增速（SPLSEZS）；居民消費價格環比指數（CPIHB）；居民消費價格同比指數（CPITB）；居民非食品消費價格指數（FSPCPI）；工業品出廠價格指數（同比）（PPI）；城鎮家庭人均可支配月收入增速（RJSRZS）；城鎮居民登記失業率（UL）；農村家庭現金月均收入（LCXJSR）；財政收入指數（CZSRZS）；廣義貨幣發行量（M2）增速（M2FS）；衛生、社會保障和社會福利業投資總額增速（SHFL）；出口額當月同比增速（CKTBZS）；製造業採購經理指數（PMI）；房地產開發綜合景氣指數（FDCZZ）；資源回收加工投資額增速（ZYHS）以及深證收盤 A 股綜合指數（SZZS）。

需要說明的是，第一，上述某些重要指標與 CCI 存在統計時段不同的現象，即只有季度數據，無月度數據，如國內生產總值、城鎮居民登記失業率等，而這些指標對本書的研究至關重要。本書的處理辦法是：按均勻分攤假定原則，假定在三個月份中，該指標數值是均勻變動的；對於累計指標，在三個月內平攤；對於時點指標，假定三個月不變。第二，為了保證分析的客觀真實，對於其中少數指標數值存在的個別缺失，保持原始數據，不進行人為修補。本部分數據來源於國家統計局網站和中經網。本部分所使用的全部變量及其主要的特徵數據如表 13-1、表 13-2 所示：

表 13-1　　全部變量及其主要的特徵數據

指標	消費者信心指數	消費價格環比指數	消費價格同比指數	財政收入指數	房地產開發綜合景氣指數	非食品消費價格指數	GDP 發展速度	廣義貨幣發行量增速	出口額當月同比增速
平均值	107.0	100.2	103.2	104.1	102.2	101.0	111.1	101.5	17.80
最大值	113.7	102.7	108.7	188.7	106.6	102.9	114.5	104.7	51.70
最小值	97.0	99.1	98.2	56.23	94.74	97.9	106.6	100.1	-26.40
標準差	4.482	0.628	2.768	31.47	2.878	1.265	2.18	0.992	18.99

表 13-2　　　　　　　　**全部變量及其主要的特徵數據**

指標	製造業採購經理指數	工業品出廠價格指數	城鎮人均可支配月收入增速	社會福利投資增速	社會消費品零售總額增速	深證A股綜合指數	城鎮居民登記失業率	資源回收加工業投資額增速	農村家庭現金月均收入
平均值	53. 2	102. 9	113. 0	31. 97	117. 2	931. 1	4. 136	75. 93	509. 69
最大值	59. 2	110. 1	147. 1	75. 3	123. 3	1, 533	4. 3	172. 9	921. 17
最小值	38. 8	91. 8	96. 43	8. 3	109. 4	315. 3	4. 0	15. 3	234. 35
標準差	3. 57	4. 751	5. 83	18. 24	3. 102	336. 1	0. 103	31. 48	163. 08

四、CCI 的形成機理研究

消費者信心的測度是以消費者主觀表述的測度來間接實現的，一般測度的具體內容是消費者對收入、就業、物價、經濟發展形勢及耐用消費品購買等變量的認識。為此，CCI 的形成機理研究包括：上述變量與 CCI 之間存在著什麼樣的關係；它們是以什麼樣的方式作用於 CCI；其作用的程度和高低如何；除此之外尚有何種變量影響 CCI，等等。顯然，這些研究適宜於採用經典的計量經濟模型，以更清晰地解釋模型的經濟意義。

1. 模型設定、估計和檢驗

首先建立一個包括全部已選擇變量的多元線性迴歸模型：

$$\begin{aligned}
CCI = {} & 227.11 + 0.101,5CPIHB + 0.209,1CPITB + 0.007,3CZSRFS + 0.440,5FDCZZ - 1.082,3FCPCPI + \\
& (2.155,6)(0.199,9) \quad (0.652,9) \quad (0.766,5) \quad (1.933,6) \quad (-1.263,0) \\
& 0.309,7GDPFS + 0.002,7M2FS - 0.146,4PMI + 0.088,8PPI + 0.089,4RJSRZS + 0.082,9SHFL - \\
& (0.880,8) \quad (0.010,0) \quad (-1.321,8) \quad (-0.452,9) \quad (1.733,1) \quad (2.491,0) \\
& 0.243,5SPLSEZS + 0.001,0SZZS - 21.260,7UL + 0.013,6ZYHS - 0.009,5LCXJSR + 0.136,0CKTBZS \\
& (-1.563,7) \quad (-0.750,9) \quad (-2.933,6) \quad (0.971,1) \quad (-4.0,732) \quad (4.523,8) \\
& R^2 = 0.926,9,\ \bar{R}^2 = 0.894,2,\ F = 28.34,\ DW = 1.846,3
\end{aligned} \tag{13.1}$$

顯見該模型存在嚴重的多重共線性，有必要刪除冗餘變量。對全部變量做（向下）逐步迴歸，在逐步剔除社會消費品零售總額增速（SPLSEZS）、居民消費價格（環比）指數（CPIHB）、居民非食品消費價格指數（FSPCPI）、城鎮家庭人均可支配月收入增速（RJSRZS）、財政收入指數（CZSRZS）、廣義貨幣發行量增速（M2FS）、製造業採購經理指數（PMI）、工業品出廠價格指數（PPI）、深證收盤 A 股綜合指數（SZZS）、農村家庭現金月均收入（LCXJSR）和出口額當月同比增速（CKTBZS）等諸變量以及不顯著的常數項後，CCI 對剩餘變量的迴歸結果如下：

$$CCI = -0.317,3CPITB + 0.394,1FDCZZ + 1.412,9GDPFS + 0.069,3SHFL - 14.83UL + 0.023,1ZYHS$$

$$(-2.343,7) \quad (2.748) \quad (7.231,4) \quad (2.792) \quad (-4.968) \quad (2.053)$$

$$R^2 = 0.805,6,\ \bar{R}^2 = 0.788,\ DW = 1.298 \qquad (13.2)$$

可見，此模型中各偏迴歸系數的 T 檢驗均顯著，模型的整體檢驗也比較顯著——由於 CCI 的測度來自公眾的心理測度，波動幅度較大，而我們所設立模型的擬合優度已達到 80%以上，遠高於英國著名經濟學家庇古所說的「一半的工業生產波動可以由心理因素來解釋」的情況，可以認為此模型擬合狀態良好，由此可初步確定該模型作為我們的分析模型。

為了確保模型的科學性和有效性，有必要對模型進行的計量經濟學的檢驗。首先進行多重共線性檢驗：按輔助迴歸方程檢驗法，建立各解釋變量的輔助迴歸方程，可得到各輔助迴歸方程的方差擴大因子均小於 5，可以排除模型存在顯著的多重共線性問題。

為檢驗模型中非球形擾動的影響，我們進行了 Neway-west 自相關一致估計和 white 異方差一致估計。結果顯示兩種估計方法的效果良好，基本可確認本分析模型的非球形擾動性不顯著，模型估計穩健。

為避免迴歸模型存在僞迴歸問題，還需要進行時間序列平穩性的檢驗。此處利用 Eviews5.0 軟件分別對各變量的水準值和一階差分進行 ADF 單位根檢驗，結果見表 13-3。從表 13-3 可以看出：各變量序列在 5%的顯著水準下都是一階差分平穩的，也即都屬於 I（1）序列。因此，它們滿足構造協整方程的必要條件。

表 13-3　　　　各個序列的單位根檢驗結果

變量	檢驗形式 (C, T, K)	ADF 檢驗值	5% 臨界值	變量	檢驗形式 (C, T, K)	ADF 檢驗值	5% 臨界值
CCI	(C. T. 2)	-1.460,2	-2.904,2	△CCI	(C. 0. 2)	-3.838,4	-1.945,7
GDPFS	(C. T. 2)	-1.262,5	-2.904,2	△GDPFS	(C. 0. 2)	-3.928,1	-1.945,7
CPITB	(C. T. 2)	-1.975,6	-3.476,3	△CPITB	(C. 0. 2)	-2.304,9	-1.945,7
UL	(C. T. 2)	-1.571,1	-3.476,3	△UL	(C. 0. 2)	-3.695,5	-2.904,8
FDCZZ	(C. T. 2)	-2.669,8	-2.904,2	△FDCZZ	(C. 0. 2)	-2.563,6	-1.945,7
SHFL	(C. T. 2)	-0.007,4	-2.941,1	△SHFL	(C. 0. 2)	-1.995,6	-1.952,1
ZYHS	(C. T. 2)	-1.207,0	-2.943,4	△ZYHS	(C. 0. 2)	-4.603,5	-1.952,5

註：其中檢驗形式（C，T，K）分別表示單位根檢驗方程包括常數項、時間趨勢和滯後項的階數，加入滯後項是為了使殘差項為白噪聲，△表示差分算子。

如表 13-4 所示，在 5%的顯著水準上各個變量之間存在協整關係。表明我們所創立的多元線性迴歸模型具有經濟分析意義。

表 13-4　　　　　　　　　　Johansen 協整檢驗表

Unrestricted Cointegration Rank Test (Maximum Eigenvalue)				
Hypothesized		Max-Eigen	0. 05	
No. of CE (s)	Eigenvalue	Statistic	Critical Value	Prob.**
None*	0. 866 175	74. 415, 30	46. 231, 42	0. 000, 0
At most 1*	0. 666, 721	40. 654, 72	40. 077, 57	0. 043, 0
At most 2	0. 480, 942	24. 262, 36	33. 876, 87	0. 436, 6

2. 模型經濟意義的分析

由以上分析可確定分析模型為:

$$CCI = - 0.317,3CPITB + 0.394,1FDCZZ + 1.412,9GDPFS + 0.069,3SHFL - 14.83UL + 0.023,1ZYHS \quad (13.3)$$

該模型反應的經濟意義為：在假定其他影響因素保持不變的情況下，當 CPI 同比指數變動 1 個百分點時，消費者信心指數（CCI）將相應變動 -0. 317, 3個百分點；當房地產開發綜合景氣指數（FDCZZ）變動 1 個百分點時，消費者信心指數（CCI）將相應變動 0. 394, 1 個百分點；當國內生產總值增速（GDPFS）變動 1 個百分點時，消費者信心指數（CCI）將相應變動 1. 412, 9 百分點；當城鎮居民登記失業率（UL）變動 1 個百分點時，消費者信心指數將相應變動 - 14. 83 個百分點；當衛生和社會保障投資總額增速（SHFL）變動 1 個百分點時，消費者信心指數（CCI）將相應變動 0. 069, 3 個百分點；當資源回收加工業投資額（ZYHS）增速變動 1 個百分點時，消費者信心指數（CCI）將相應變動 0. 023, 1 個百分點。而我們最初所提出的 17 個解釋變量中的其他變量由於沒有滿足本迴歸模型的計量經濟學檢驗而被剔除。

在前述關於指標選擇和數據的預處理的部分中，已指出在本書中指標遴選的原則之一是該指標具有或者可以轉換為與 CCI 相同量綱的指數形式，這樣便於各指標的對比分析。但從表 13-1 可見，各指標的數列水準（平均數水準）仍然存在很大的差異，不利於各變量之間的對比分析。為了對比分析各解釋變量對 CCI 的影響程度的大小，還需要進行同度量性的處理。

根據迴歸分析的基本理論，對於一般的樣本迴歸方程，各變量的均值形式仍然是滿足該方程的。由此，可在我們創立的多元迴歸模型中，代入各變量的樣本均值（參見表 13-1），可以得到迴歸模型的均值形式。不難驗證，以下迴歸模型的均值形式是均衡的。

$$107.0 = -0.317,3 \times 103.2 + 0.394,1 \times 102.2 + 1.412,9 \times 111.1 + 0.069,3 \times 31.97 - 14.83 \times 4.136 + 0.023,1 \times 75.93 \quad (13.4)$$

由此，我們可以各變量的均值水準為基準，測算出各解釋變量每變動1%對於應變量CCI的影響量（見表13-5）。

表13-5　　各變量變動1%對CCI的影響量

指標	消費價格同比指數	房地產開發綜合景氣指數	GDP發展速度	社會福利投資增速	城鎮居民登記失業率	資源回收加工投資增速
變量的均值水準	1.032	1.022	1.111	0.319,7	0.041,4	0.759,3
變動1%對CCI影響量	-0.327,5	0.402,8	1.569,7	0.022,2	-0.613,4	0.017,5
以ZYHS為1的比值	-18.71	23.02	89.70	1.268,6	-35.05	1

由表13-5可見，經過同度量性處理後，各變量對CCI的影響量就十分清楚了。例如以資源回收加工業投資額增速ZYHS對CCI的影響量為1來計算的話，GDPFS（國內生產總值的發展速度）的影響量是ZYHS（廢棄資源回收加工業投資總額增速）正向的89.7倍；而影響量居於第二位的是城鎮居民登記失業率UL，其對CCI的影響量為ZYHS負向的35.05倍；影響量居於第三位的是FDCZZ（房地產開發綜合景氣指數），其對CCI的影響量為ZYHS正向的23.02倍；影響量居於第四位的是居民消費價格（同比）指數（CPITB），其對CCI的影響量為ZYHS負向的18.71倍；最後，衛生、社會保障和社會福利業投資總額增速（SHFL）對CCI的影響力為資源回收加工投資總額增速（ZYHS）的1.268,6倍。

進一步，為了避免正向和負向影響不同所造成的干擾，將各變量變動1%對CCI的影響量統一取其絕對值，定義為各變量變動1%對CCI的「絕對影響力」，並將其各自所占比重定義為「相對影響力」，就可以更加直觀地對比各解釋變量對CCI的影響程度（見表13-6）。

表13-6　　各變量對CCI的絕對影響力和相對影響力

指標	消費價格同比指數	房地產開發綜合景氣指數	GDP發展速度	社會福利投資增速	城鎮居民登記失業率	資源回收加工投資增速	合計
絕對影響力	0.327,5	0.402,8	1.569,7	0.022,2	0.613,4	0.017,5	2.953
相對影響力(%)	11.09	13.64	53.16	0.75	20.77	0.59	100

從上述研究發現：從各個指數對CCI變動的影響力占總影響力的比重看，

首要影響因素是國內生產總值發展速度（GDPFS），它在 CCI 的形成中起主要作用，其影響力達到 53.16%；城鎮居民登記失業率（UL）在 CCI 形成中起第二位作用，其影響力達 20.77%，失業率愈高，信心指數愈低，即 UL 對 CCI 的負向影響不可小視；而房地產開發綜合景氣指數（FDCZZ）影響力居第三位，達 13.64%；居民消費價格同比指數（CPITB）影響力達 11.09%。這 4 個因素對 CCI 影響力之和已超過總影響力的 98%。而且，在 CCI 的四大主要影響因素中，國內生產總值指數、房地產開發綜合景氣指數構成影響 CCI 的同向變動影響因素；城鎮居民登記失業率和居民消費價格同比指數為影響 CCI 的負向變動影響因素。至於衛生、社會保障和社會福利業投資總額增長率（SHFL）和資源回收利用投資增長率（ZYHS）對 CCI 的影響力比重相差無幾且相對微弱。這就是中國消費者信心指數的形成機理。

問題是：在消費者信心指數的問卷調查中，還包含有對收入水準和耐用消費品購買的兩個指標問項，為什麼沒有在 CCI 的形成機理中體現出來呢？對此我們的分析以下：

首先，計量經濟模型反應的是客觀社會經濟現象之間的客觀和本質的聯繫，它與調查問卷的測度有一定關係，但並不一定完全被測度或打分所決定。個中關係從表 13-7 中可見一斑：

表 13-7　　各重要變量與 CCI 的相關係數表

消費者信心指數	GDP 發展速度	房地產開發綜合景氣指數	資源回收加工投資增速	城鎮居民登記失業率	社會福利投資增速	消費價格同比指數	城鎮人均可支配月收入增速	社會消費品零售總額增速
CCI	0.864	0.613	0.607	-0.501	-0.49	0.408	0.261	0.081

從表 13-7 可見：中國消費者信心指數與反應中國居民收入和消費的兩個主要指標——城鎮家庭人均可支配月收入增速（RJSRZS）和社會消費品零售總額增速（SPLSEZS）之間的相關係數極低，這是它們未能進入我們的迴歸分析模型的主要原因。

其次，消費者信心指數調查是一種帶有濃厚主觀色彩的訪談調查。按照社會經濟調查理論，被訪者的情緒和感受對訪談結果有直接影響。實際上，被訪者在回答某個具體問題時，其判斷不僅來自本問項的直接內容，必然還受到其對一定時期社會經濟總體感受的影響，即是說，在評估某一項具體的社會經濟問題時，被訪者會受到源自整體經濟形勢（例如 GDP，當然也包括物價和就業等因素）特有的「暈輪效應」① 的影響。雖然每個被訪者都在給收入和耐用消費品購買打分，但並非每個人（事實上是只有很少的人）的收入水準都經常在發生變化。同理，被訪者中很多人在當前或近期並沒有發生耐用消費品購買行為，所以大部分人的評判只是反應其對整體經濟形勢以及對消費行為影響的一種個人認識而已。最後，從迴歸模型看，城鎮家庭人均可支配月收入增速（RJSRZS）和社會消費品零售總額增速（SPLSEZS）等變量，未能被模型接受的主要原因，在於變量之間的多重共線性，即這些變量與 GDPFS（國內生產總值發展速度）「共線」，其變動趨勢與 GDPFS 基本相同，而其影響力又明顯小於 GDPFS，則其解釋能力為 GDPFS 所包含。

最後，需要說明的問題是：在消費者信心指數調查中，一般並無房地產方面的指數，但是在我們提出的 CCI 形成機理分析中，房地產開發綜合景氣指數（FDCZZ）卻在分析模型中處於比較重要的地位。對此，我們的分析是，雖然房地產開發綜合景氣指數表面上只是宏觀經濟運行中的投資類指數之一，但由於中國居民購置住房往往需要連帶進行房屋裝修、家具家電換新及汽車消費（尤其住房遠離就業單位）等一系列消費行為，因而房地產開發綜合景氣指數幾乎成為一個包括耐用消費品購置在內的大宗消費需求的代表性指標了。這應當是「房地產開發綜合景氣指數」在消費者信心指數內在形成機制中處於重要地位的基本原因。

此外，在消費者信心指數調查中，也並沒有直接給「資源回收利用投資增長率」（ZYHS）及「衛生、社會保障和社會福利業投資總額」增速（SHFL）的問項打分，而這兩個因素卻出現在反應 CCI 形成機制的迴歸模型中。原因是，CCI 的形成也受到了這兩類因素的影響（儘管影響力度較弱），更重要的是這兩類因素並沒有與模型中的其他因素「共線」，或者說，這兩類因素的數量變化具有一定的獨特性，因而沒有被模型中的其他主要變量所替代。

以上就是我們對中國消費者信心指數形成機理的研究。我們認為：作為一項在國際經濟統計分析中具有重要影響，且中國國家統計局長期編製的一項重要的統計指數，目前在國內的研究是明顯不足的，希望本書中的研究能夠起到拋磚引玉的效果。當然，編製消費者信心指數還有助於把握經濟和市場消費變動趨向以及對宏觀經濟的預測等，限於篇幅，我們對此將另行專門研究。

---

① 「暈輪效應」是一種重要的心理學現象。它是一種影響人際知覺的因素，這種愛屋及烏的強烈知覺的品質或特點，就像月暈的光環一樣，向周圍彌漫、擴散，所以人們也形象地稱這一心理效應為光環效應。

主要參考文獻

[1] SPENCER STAR, ROBERT E. Hall: an approximate divisia index of total factor productivity [J]. Econmetrica, 1976 (3): 257-263.

[2] NEIL BRUCE. A note on consummer's surplus, the divisia index, and measure-ment of welfare changes [J]. Econmetrica, 1977 (5): 1,033-1,037.

[3] P K TRIVEDI. Some discrete approximations to divisia integral indices [J]. International Economy Review, 1981 (2): 71-77.

[4] APOSTOLOS SERLETIS, A LESLIE ROBB. Divisia aggregation and substitutability among monetary assets [J]. Money, Credit and Banking, 1998 (11): 431-446.

[5] RUBENS P CYSNE. Divisia index, inflation, and welfare [J]. Money, Credit and Banking, 2003 (8): 221-237.

[6] GAVIN CAMERON. On the measurement of real R & D-divisia price indices for UK business enterprise R&D [J]. Research Evaluation, 1996 (11): 215-219.

[7] K D PATTERSON. The service flow from consumption goods with an application to friedman's permanent income hypothesis [J]. Oxford Economic Papers, 1992 (44): 289-305.

[8] FORD J L, PENG W S, MULLINEUX A W. Financial innovation and divisia monetary aggregates [J]. Oxford Bulletin of Economics and Statistics, 1992: 87-102.

[9] DONALD L SCHUNK. The relative forecasting performance of the divisia and simple sum monetary aggregates [J]. Money, Credit, and Banking, 2001 (5): 273-282.

[10] KATRIN WESCHE. The demand for divisia money in a core monetary union [J]. Louis Review, 1997 (9-10): 51-60.

[11] ALAN BROWN, ANGUS DEATON. Surveys in applied economics: models of consumer behaviour [J]. The Economic Journal, 1972 (12): 1, 145-1, 236.

[12] BRENT R MOULTON. Bias in the consumer price index: what is the evidence? [J]. Economic perspectives, 1996 (4): 159-177.

[13] W ERWIN DIEWERT. The treatment of owner occupied housing and other durables in a consumer price index [J]. Working Paper Centre for Applied Economic Research, 2004 (3).

[14] JOSEF BAUMGARTNER, ERNST GLATZER, FABIO RUMLER, ALFRED STIGLBAUER. How frequently do consumer prices change in Austria? Evidence from micro CPI data [J]. Eurosystem Inflation Persistence Network, 2005 (523).

[15] MICHAEL J BOSKIN, ELLEN R DULBERGER, ROBERT J GORDON, ZVI GRILICHES, DALE W JORGENSON. Consumer prices, the consumer price index, and the cost of living [J]. Economic Perspectives, 1998 (5): 3-26.

[16] REYKJAVIK. The consumer price index and index number purpose [J]. Paper Presented at the Fifth Meeting of the International Working Group on Price Indices (The Ottawa Group), 1999 (8): 25-27.

[17] ANN DOUGHERTY, ROBERT VAN ORDER. Inflation, housing costs, and the consumer price index [J]. The American Economic Review, 1982 (3): 154-164.

[18] CLAUDE HILLINGER. Measuring real value and inflation [J]. Economics Discussion Paper, 2008.

[19]《社會經濟統計學原理教科書》編寫組. 社會經濟統計學原理教科書 [M]. 北京: 中國統計出版社, 1984.

[20] 陳濤. 多因素統計綜合指數編製的新方法 [J]. 統計與決策, 2008 (11).

[21] 賈俊平, 金永進. 統計學 [M]. 北京: 中國人民大學出版社, 2004.

[22] 劉燕娜. 中國股票價格與實際利率之間關係的實證檢驗 [J]. 統計與決策, 2005 (6).

[23] 劉偉. 關於通貨膨脹測量標準的若干思考 [J]. 金融研究, 1997 (7).

[24] 林峰, 葛新權. 經濟統計分析方法 [M]. 北京: 社會科學文獻出版社, 2003.

[25] 劉曉紅. 應用掃描數據改進 CPI 的編製 [J]. 統計研究, 2008 (7).

[26] 胡學鋒. 對統計指數幾個問題的思考 [J]. 統計教育, 2005 (1).

[27] 亢大麟, 王振龍. 統計指數研究的幾點思考 [J]. 統計與決策, 2005 (5).

[28] 哈繼銘. CPI 掩蓋通脹壓力 [J]. 財經, 2005 (6).

[29] 焦鵬. 關於統計指數型偏誤理論的深層思考 [J]. 統計與決策, 2007 (8).

[30] 黃菁. 環境污染與工業結構——基於 Divisia 指數分解法的研究 [J]. 統計研究, 2009 (12).

[31] 胡曉輝. 對中國現行城鎮居民消費價格指數編製方法的探討 [J]. 商業研究, 2000 (7).

[32] 莫萬貴. 在 CPI 中體現住房消費成本變動的基本方法及國際比較 [J]. 中國金融, 2007 (12).

[33] 龐浩. 統計學 [M]. 成都: 西南財經大學出版社, 2000.

[34] 錢伯海, 黃良文. 統計學 [M]. 成都: 四川人民出版社, 1994.

[35] 任棟. 抽樣調查技術 [M] 成都: 西南財經大學出版社, 2001.

[36] 任棟, 周麗暉. 購房支出應部分計入消費物價指數 [J]. 時代經貿, 2006 (11).

[37] 孫慧均. 指數理論研究 [M]. 大連: 東北財經大學出版社, 1998.

[38] 孫慧均. 動態統計理論探討 [J]. 統計研究, 2005 (2).

[39] 邵祥能, 楊本會, 莫之御. 試論經濟指數的編製原理 [M]. 統計研究第三輯. 北京: 中國統計出版社, 1982.

[40] 譚本豔, 柳劍平. 中國 CPI 波動的長驅動力與短驅動力——基於 CPI 分類指數的分析 [J]. 統計研究, 2008 (2).

[41] 吴軍委. 中國貨幣供應量的 Divisia 指數研究 [J]. 統計與決策, 2008 (10).

[42] 伍超標. 統計指數的隨機化方法及其應用 [M]. 北京: 中國統計出版社, 2000.

[43] 王軍平. 住房價格上漲對 CPI 的傳導效應——兼論中國 CPI 編製體系的缺陷 [J]. 經濟學家, 2006 (6).

[44] 王超, 張志堅. 現行消費物價指數編製的缺陷及解決方法 [J]. 統計與決策, 2004 (3).

[45] 許永紅, 曾五一. 基於中國城市統計數據的 CPI 偏差估計 [J]. 統

計研究，2009（4）：3-8.

［46］徐國祥. 統計指數理論及應用［M］. 北京：中國統計出版社，2004.

［47］葉茂林. 一種新的統計指數——弧指數［J］. 數量經濟技術經濟研究，2002（7）.

［48］楊燦. 指數性質的數學測驗問題［J］. 統計研究，1987（6）.

［49］楊燦. 經濟指數理論問題研究［J］. 中國經濟問題，2001（4）.

［50］楊燦. 現代指數形式理論評析［J］. 廈門大學學報（哲學社會科學版），2002（3）.

［51］揚堅白，莫曰達，馮杞靖，邵祥能. 統計學原理［M］. 上海：上海人民出版社，1987.

［52］楊曾武，等. 社會經濟統計學教科書［M］. 北京：中國統計出版社，1984.

［53］楊緬昆，楊宏亮. 論質量指數——兼論名義物價指標的調整［J］. 統計研究，2000（1）.

［54］朱喜安，郜元興. 統計指數的貝葉斯方法［J］. 統計研究，2006（2）.

［55］張曉波. Divisia 指數的理論與實踐［J］. 統計研究，1992（1）：41-45.

［56］潘紅宇，鄧述慧. 中國 Divisia M2 需求模型［J］. 系統工程理論與實踐 2001（2）.

［57］保羅·薩繆爾森，威廉·諾德豪斯. 微觀經濟學［M］. 北京：人民郵電出版社，2004.

［58］周惠彬，任棟. 中國通貨膨脹率路徑的波動性測度［J］. 統計與決策，2009（7）.

［59］鐘路 . 消費者信心指數的編製方法［J］. 廣東經濟，2004（5）.

［60］吴文峰，胡戈遊，吴衝鋒. 中國消費者信心指數的信號引導功能［J］. 系統工程理論方法應用，2004（5）.

［61］席曉青，謝荷峰，陳南岳 . CCI 和 CPI 關係的實證研究［J］. 南開管理評論，2009（5）.

［62］張道德，俞林. CPI、PMI 與消費者信心指數 CCI 的關係研究及實證分析［J］. 中國物價 2009（9）.

［63］鄭京平. GDDS 在中國［M］. 北京：中國統計出版社，2006.

國家圖書館出版品預行編目（CIP）資料

統計指數理論的創新研究 / 任棟, 王琦 著. -- 第一版.
-- 臺北市：崧博出版：財經錢線文化發行, 2019.05
面； 公分
POD版

ISBN 978-957-735-853-0(平裝)

1.統計比率

511.81 108006482

書　名：統計指數理論的創新研究
作　者：任棟、王琦 著
發 行 人：黃振庭
出 版 者：崧博出版事業有限公司
發 行 者：財經錢線文化事業有限公司
E-mail：sonbookservice@gmail.com
粉 絲 頁： 網 址：
地　址：台北市中正區重慶南路一段六十一號八樓 815 室
8F.-815, No.61, Sec. 1, Chongqing S. Rd., Zhongzheng
Dist., Taipei City 100, Taiwan (R.O.C.)
電　話：(02)2370-3310 傳　真：(02) 2370-3210
總 經 銷：紅螞蟻圖書有限公司
地　址: 台北市內湖區舊宗路二段 121 巷 19 號
電　話:02-2795-3656 傳真 :02-2795-4100 網址：
印　刷：京峯彩色印刷有限公司（京峰數位）

本書版權為西南財經大學出版社所有授權崧博出版事業股份有限公司獨家發行電子書及繁體書繁體字版。若有其他相關權利及授權需求請與本公司聯繫。

定　價：450元
發行日期：2019 年 05 月第一版
◎ 本書以 POD 印製發行